U0822595

绿典之路

“绿典之路”丛书编委会

吕忠梅　汪　劲　张梓太
王明远　秦天宝　黄　辉
于文轩　竺　效　刘洪岩
徐以祥　焦艳鹏　张忠民

各国环境法典译丛

哈萨克斯坦共和国生态法典

ЭКОЛОГИЧЕСКИЙ КОДЕКС РЕСПУБЛИКИ КАЗАХСТАН

刘洪岩　马　鑫　译/校

法律出版社
LAW PRESS · CHINA
——北　京——

图书在版编目（CIP）数据

哈萨克斯坦共和国生态法典 / 刘洪岩，马鑫译. --
北京 ：法律出版社，2022
ISBN 978-7-5197-5738-0

Ⅰ. ①哈… Ⅱ. ①刘… ②马… Ⅲ. ①环境保护法-法典-哈萨克 Ⅳ. ①D936.126

中国版本图书馆 CIP 数据核字（2021）第 129811 号

哈萨克斯坦共和国生态法典
HASAKESITAN GONGHEGUO SHENGTAI FADIAN

刘洪岩　马　鑫　译

责任编辑 吴　昉
装帧设计 凌点工作室

出版发行 法律出版社
编辑统筹 法律教育出版分社
责任校对 晁明慧
责任印制 刘晓伟
经　　销 新华书店

开本 710 毫米×1000 毫米 1/16
印张 20.5 **字数** 335 千
版本 2022 年 1 月第 1 版
印次 2022 年 1 月第 1 次印刷
印刷 北京盛通印刷股份有限公司

地址：北京市丰台区莲花池西里 7 号（100073）
网址：www.lawpress.com.cn
投稿邮箱：info@lawpress.com.cn
举报盗版邮箱：jbwq@lawpress.com.cn

销售电话：010-83938349
客服电话：010-83938350
咨询电话：010-63939796
版权所有·侵权必究
书号：ISBN 978-7-5197-5738-0
定价：68.00 元

凡购买本社图书，如有印装错误，我社负责退换。电话：010-83938349

感谢以下单位为“各国环境法典译丛”提供的大力支持！

中国法学会
阿里巴巴公益基金会
北京大学教育基金会

标示"绿典"之路(代总序)

对法律人而言,"法典"似乎是一个不可抵挡的诱惑。在我的阅读范围内,什么是法典,没有答案;但我知道,法典化是学术与实践紧密结合的过程,法学理论是法典的基础,法典是法学理论的规范性表达,没有法学和法学家,就没有法典!正因为有法学和法学家的存在,世界上从来不缺少推动法典化的力量,也未消失过反对的声音。不可否认,法典化运动是近代以来一个普遍的法律现象,在法典的制定上,法学家发挥着不可替代的作用。

十二表法是法典,抑或民法大全是法典?真的很难回答。在最宽泛的意义上,法典是一种成文的法律作品,主要是对某一法律领域最根本的原则和基础性的规范作出规定。法典是整体的、系统的,不是单一的法律,也不是对多部法律的简单汇编;法典是科学系统编纂的成果,是对法学和法律的提炼和结合,需要由法学家和法律家共同参与才能完成。法典化作为一种理想的立法模式和方法,各类法律不断地完善、补充以及体系化,最终都是以制定法典作为目标的。

即便如此,环境法人对环境法典依然有太多的疑问。从形式上看,大陆法系的一些国家制定了环境法典,更多国家没有环境法典;有的国家环境法律冠有"法典"之名,但学者们却认为其不是一部法典;有的国家环境法典连续多达数本,有的国家环境法典只有可怜的几十条。从内容上看,不同国家的环境法典更是千差万别,与具有基本相同体例的各国民法典相比,简直是"冰火两重天"。从法典化的过程看,有的国家经过三十多年的争论,多次启动环境法典制定,始终不得其果;有的国家几乎还没有开始环境保护,就在国外专家的帮助下,出台了环境法典;还有的国家环境法典已经制定完成,却因为种种原因不能或者不敢颁行……到底什么时候需要环境法典？环境法典是社会变革的必然结果吗？特定的个人或政治家对环境法典有怎样的作用？应如何认识环境法典与环境法学的关系？剪不断、理还乱，直叫人爱也法典，恨也法典！

在中国，环境法典同样是环境法人的不变"初心"，也始终走在坎坷崎岖的道路上。20世纪70年代，中国环境保护立法起步之始，就设定了法典化目标。1979年，在时任国务院环境保护领导小组副组长李超伯代表国务院向全国人大常委会所作的《关于〈中华人民共和国环境保护法(草案)〉的说明》中，就明确指出这部法律主要是规定国家在环境保护方面的基本方针和基本政策，应成为环境保护领域的基本法。虽然这部法律因种种原因以《中华人民共和国环境保护法(试行)》的方式颁布，但以基本法为龙头、单行法为骨干的环境立法体系一直延续至今，"体系化"这个法典的核心要素始终存在。在环境法理论研究中，法典化是一个永恒的课题，三十多年的中国环境法发展史上，不断有学者推出有价值的环境法典研究成果。2011年年底，全国人大常委会讨论启动《环境保护法》的修订时，将修订后的《环境保护法》作为环境法典总则加以考虑并为进行环境法典编纂奠定基础的建议再次提出，遗憾的是没有得到采纳。2014年，十二届全国人大第八次常委会审议通过的《环境保护法修订案》只是进一步明确了其在环境保护领域的综合法定位。在学者们看来，这是《环境保护法》地位的提升，但由此带来的立法实践"困扰"日显，随着《大气污染防治法》《海洋环境保护法》《水污染防治法》等环境保护单行法修订工作的展开，如何处理与《环境保护法》的关系，成为一个现实的问题。或者高度重复立法或者法律支离破碎的困境，使立法者开始关注并思考环境法典编纂的必要性及可行性；人大代表、政协委员关于环境法典编纂的议案、建议逐渐增多，将编纂环境法典纳入第十三届全国人大常委会立法计划的呼声也日益高涨。

不得不承认，我们这一辈环境法人赶上了最好的时代！过去四十年经济社会高速发展所积累的生态环境问题成为制约中国未来的"瓶颈"已是社会共识，用法治手段推进生态文明建设、打赢污染防治攻坚战的举措彰显坚定的政治意志，中国自己的立法、执法、司法经验和理论成果奠定了环境法体系化、整体化的基础。种种现象表明，展开法典化研究和推进环境法典编纂的一些必要条件已经具备；但是，这些客观现实均不能构成中国必须编纂环境法典的充分理由。中国是否需要环境法典,是否存在环境法典的替代方案?如果我们认为中国应该有环境法典,也必须回答中国需要怎样的环境法典、如何构建适应环境法典需求的环境法知识体系、如何在现有环境立法与资源立法的基础上进行建构、如何处理环境法典与民法典等传统法典的关系……别有滋味在心头,真让人喜也法典,忧也法典!

一个时代的学者有一个时代的使命,回答环境法典编纂的基本理论问题,是今天的中国环境法学者必须直面的时代课题。这需要学者们有时不我待的担当和舍我其谁的勇气,以严肃的学术态度、坚毅的学术精神、科学的学术方法、理性的学术论证,提出能够让立法决策者接受、让社会接受的成果。至于最后的结论,无论是圆梦环境法典还是梦碎环境法典,都具有同等的非凡价值。我们要做的,仅仅是忠实记录所走过的道路,并留下一个又一个路标,昭示后来人。

在我的心目中,“绿典之路”丛书就是这样一个树立路标的系统工程。之所以将环境法典称为“绿典”,是希望为我们的路标涂上最鲜明的底色,为每个行路人提供更高辨识度。面对可能前行、可能转折、可能返回的环境法典之路,希望既提供国外先行者的路线图,鼓励研究参照系、重走经典线,为可行或不可行之路插上绿色路标;也总结中国的经验,鼓励漫漫长路上下求索,逢山开路、遇水搭桥,为开辟康庄大道设定绿色标识。为此,“绿典之路”丛书设计了“各国环境法典译丛”“外国环境法典研究文丛”“中国环境法典研究文丛”“环境法典相关研究文丛”等若干子系列,从构建环境法典研究“生态系统”的角度,探索环境法典化的“生态平衡”。出现在“绿典之路”上的每一本论著,都应该既有独立的功能与作用,也能为提升生态系统的服务能力贡献智慧与力量。

我知道,任何国家制定法典,都有很多既偶然又必然的因素发挥着作用,结果不可预测。在中国,环境法典的出台,也许很快,也许很慢,甚至慢到我们这一代人都无缘相见。但是,我更明白,学者对法典的追求,从来不是以被命名为法典的某个法律文件为直接目的。在法典化的进程中,创新和创造环境法知识体系、合理解释环境法社会现象、准确把握环境法运行规律、教授和传承环境法思维方式、巩固和提升环境法学术品质,都是学者为环境法典所做的最好准备和最大贡献。因此,“绿典之路”丛书是否可以在当下直接为中国环境法典编纂做出贡献,可遇而不可求。但是,记录环境法学的思维过程,记载环境法学人的心路历程,记忆环境法学科的品格养成,为后人标示中国环境法典化之路,一定可以实现。

2014年的今天,全国人大常委会高票通过《环境保护法修订案》,这部“长出了牙齿”的法律,凝聚了几代环境法人的心血,是环境法理论成果与立法决策的有机结合,值得环境法人骄傲和自豪!2018年春天,我们托起心中的向往,满怀信心再出发!期待在“绿典之路”上,环境法学者不断成长,环境法成果不断涌现,环境法学科不断完善,环境法品格不断成熟!

吕忠梅

2018年4月24日

于北京太平桥大街23号

译者序

哈萨克斯坦共和国原为哈萨克斯坦苏维埃社会主义共和国，是苏联加盟共和国之一。1991年12月8日，苏联加盟共和国中除波罗的海三国（立陶宛、拉脱维亚、爱沙尼亚）之外的12个加盟共和国共同签署了一项《关于建立独联体协议的议定书》，宣布成立独立国家联合体，简称独联体。1991年12月16日，宣布独立后的哈萨克斯坦苏维埃社会主义共和国更名为哈萨克斯坦共和国，现为独联体成员国之一。

在环境保护领域，《关于建立独联体协议的议定书》确立了独联体各成员国在环境保护领域合作的基本框架和协调机制，以及共同参与建设全面的国际安全体系的行动目标。据此，哈萨克斯坦共和国在生态立法方面一直秉持与独联体各成员国协同发展以及与相关国际条约接轨并行的原则，成为独联体成员国中最先，也是唯一正式通过生态法典的国家。

一、哈萨克斯坦共和国生态法法典化的主要历程

（一）哈萨克斯坦共和国生态立法发展的起始阶段（1991年至1996年）

苏联解体后，哈萨克斯坦共和国境内的经济活动主体以国有企业为主，其该时期的生态立法主要用于规制国家行政部门和国企之间的关系。历经5年的独立发展，哈萨克斯坦共和国逐渐融入国际社会，其国内的经济组织结构也随之发生了根本性变化，生态法律法规已无法满足对市场机制下自然资源的可持续利用和环境保护关系的调整，不能适应日新月异的社会发展要求，无法很好地应对环境退化、生态危机等日益凸显的问题。

(二)哈萨克斯坦共和国生态立法迅猛发展阶段(1997年至2006年)

为了适应国家新形势的发展,填补立法空白,消除立法冲突,发展和完善环境保护的法律体系,哈萨克斯坦共和国开启了加强生态立法的新篇章。在这一时期,哈萨克斯坦共和国基本实现完整的生态法律体系构建。在2001年颁布的《环境保护法》中,对保护当代人和后代人的生态利益、保障生态安全、预防生态损害、保护生物物种多样性和合理使用自然资源作出了明确规定。该部法律明确了公民和社会组织在环境保护领域的权利和义务以及国家机关和地方自治机关在环境保护和自然资源利用方面的职权;全面规定了环境标准制度,自然资源利用许可制度,国家自然资源利用和综合利用、再生及保护制度,国家自然资源地籍登记制度,环境保护经济措施,生态鉴定,对经济和其他社会活动的生态要求,具有特殊经济、科学和文化价值的环境客体的保护制度,国际环境保护合作等。同时,哈萨克斯坦共和国还颁布了与环境基本法——《环境保护法》配套的《生态鉴定法》《特别自然保护区法》《大气保护法》《土地法典》《水法典》《森林法典》《动物界保护、再生和利用法》《强制生态保险法》等法律。

这一时期,哈萨克斯坦共和国生态立法最鲜明的特点是通过经济手段来保障国家生态安全。2001年,哈萨克斯坦共和国总统批准了《哈萨克斯坦共和国法律政策构想》,推动建立国家生态监督体系,制定和完善生态保险制度、防止盗猎和森林盗伐制度、生态损害赔偿制度、统一国家生态监测制度、强制生态审计制度以及生活和工业废物管理制度等,将预防和管理环境污染的经济手段引入生态立法之中。2003年,哈萨克斯坦共和国总统批准了《2004－2015年哈萨克斯坦共和国生态安全构想》,确定了国家可持续生态发展的综合措施,号召公民和社会组织积极参与环境保护事业,为此专门成立了自然保护组织——自然保护委员会,该委员会的任务是协调和发展与科学研究机构的合作及组织工作,研究环境保护相关问题,推动公众参与解决国家生态安全保障。

(三)哈萨克斯坦共和国生态法法典化阶段(2007年至今)

《2004－2015年哈萨克斯坦共和国生态安全构想》发布后,为了在2010年前为社会的可持续发展确立基本的生态标准,赋予生态要求和生态标准直接有效的法律地位,在法律层面对环境保护问题进行系统化整合,并将国际生态保护标准引入到本国的环境保护立法实践之中,2004 年 11 月 10 日,哈萨克斯坦共和国成立了生态法典编纂部门间特别工作组,标志着哈萨克斯坦共和国生态法典编纂工作的正式启动。

生态法典编纂部门间特别工作组由哈萨克斯坦共和国环境保护部法律法规司的工作人员、法律专家和哈萨克斯坦共和国大型企业的法务工作者组成,该工作组起草了生态立法改革构想以及生态法典草案基本部分。哈萨克斯坦共和国生态法典编纂时,选取了近 20 项不同国际组织的指导性和建议性法律文件、14 项国际公约、近 30 项欧盟指令和外国法律法规、《独联体生态示范法典》以及 200 余部哈萨克斯坦共和国法律法规。经过多方不懈的共同努力,《哈萨克斯坦共和国生态法典》终于于 2007 年 1 月 9 日问世,截至 2018 年,已历经 50 余次修订。

二、《哈萨克斯坦共和国生态法典》的体例和主要内容

《哈萨克斯坦共和国生态法典》在体例结构上分为总则和分则,共由 9 编、47 章、326 条构成。在生态法典编纂时,将《环境保护法》《生态鉴定法》《大气保护法》等法律纳入其中。《特别自然保护区法》由于种种原因没有纳入,其仍保留独立的法律地位和法律效力。

(一) 总则部分

总则部分由 7 编、27 章、193 条组成,主要规定了如下内容。

1. 第一编:总章

(1)基本概念术语的解释(第一编第一章第 1 条)。法典对生态法律相关概念和术语进行了系统化梳理和解释,且提出了一系列新概念(共计 105 项)。

(2)明确生态法典的适用范围,与其他法律部门法、成员国法及国际条约的关系。生态法典明确了国际条约与该生态法典之间优先适用关系,以及该生态法典与哈萨克斯坦共和国其他环境保护领域法律法规之间优先适用关系(第一章第 2 条);确定了法典的适用范围——用以协调在哈萨克斯坦共和国境内实施与自然资源利用和环境影响有关的经济活动和其他社会活动时所产生的环境保护、恢复和保存,自然资源利用和再生领域的法律关系,但生态法典没有涵盖的部分环境客体及特别自然保护区保护和利用关系,由哈萨克斯坦共和国生态特别立法进行调整,其中包括生态法典第 8 ~ 9 条规定的对国家自然保护资源和特

别自然保护区的法律调整(第一章第3条)。

(3)立法原则的体系化,注重确立可持续发展的生态基础。第一,生态法典中详细列举了11项可持续发展的生态基础作为编纂整部生态法典、制定各项生态制度的奠基之石:良好的环境权;保护生物多样性;维护国家利益优先;公平地满足当代人的需要和后代人的需要;发展可持续的生产和消费模式;应当在考虑环境状况的情况下,制定符合社会发展和经济发展条件的生态标准;公民获得生态信息的权利和全面参与解决环境保护问题和可持续发展问题的权利;遏制和预防生态损害等(第一章第4条)。第二,生态法典规定了15项基本的立法原则,如保障国家可持续发展和生态安全原则、采用生态系统方法协调生态关系原则、预防环境污染及其他环境损害原则、环境损害赔偿原则、环境影响付费和许可原则、优先采用最佳生态清洁和资源节约型技术原则、将生产和消费废弃物作为再生资源优先使用原则、环境风险预防原则以及在通过实施决议时应当推定拟议经济活动和其他社会活动存在生态危险原则、实施主体承担环境影响评价及人类健康评估义务原则等。因哈萨克斯坦共和国绝大多数的矿产地和石油产地被外国公司掌控,因此在制定生态法典时,特别提出在自然资源利用和对环境施加影响时,应当确保国家利益优先这一原则(第一章第5条)。

(4)明确国家生态管理的基本方向,明晰生态法典详尽的保护客体。生态法典详细规定了国家在环境保护和自然资源利用领域的基本规制方向:生态许可,生态标准,环境保护领域的技术规范,生态鉴定,生态监督,环境保护的经济协调和融资制度(温室气体的排放配额、温室气体清查、减少温室气体排放和吸收的市场机制、温室气体的实际排放量和吸收量的监测系统),生态监测,自然资源利用者、环境污染源以及污染区域的国家统计,生态教育和生态规划。生态法典还明确了环境保护客体(第一章第7条):土地、地下资源、地表水和地下水,大气,森林和其他植被,动物界、生物体基因库,自然生态系统、地球气候和臭氧层,特别自然保护区和国家自然保护储备区属于应受到特殊保护的客体。

(5)注重对自然资源利用规制。生态法典将"自然资源利用"定义为:自然人和法人在人类日常生活、经济活动和其他社会活动中对自然资源的利用和(或)对环境产生影响。并将"自然资源利用"划分为两大类:一般性自然资源利用和特殊性自然资源利用(第一章第10条);并对自然资源利用者进行了界定(第一章第11条);按照自然资源要素种类,分别对其特殊性自然资源利用权的产生基础及条件进行了界定(第一章第12条)。

(6)明确国家机关和公民、社会团体在环境保护领域的权利和义务。生态法典规定了自然人以及社会团体在环境保护领域的权利和义务(第二章第13条、第14条);详细列出了自然资源利用领域的国家机关名录,并明确规定了环境保护和自然资源领域国家和各级地方机关的职权(第二章、第三章)。

2. 第二编:环境保护领域的行为许可、生态标准、环境保护领域的技术规范、环境影响评价、生态鉴定、生态许可、生态审计等生态法律制度

(1)生态标准制度。生态法典将生态标准分为环境质量标准、排放标准、自然资源利用和保护标准。排放标准是新制定的标准,包括技术设施排放标准、最大允许排放和排泄污染物标准、生产和消费废弃物处理标准、允许施加物理影响标准(设施产生的热量、噪音水平、振动、电离辐射等物理影响),其中技术设施排放标准是在引进最佳可行技术的基础上,针对具体工艺和行业的技术设施规定的标准。除了上述标准外,生态法典还针对特定地区(住宅区、特别自然保护区、休闲区、沙漠和半沙漠地区)制定了环境质量标准,环境质量标准是在考虑逐步提高环境质量需要的情况下,在一定时期内环境标准化参数的最大值,其目的是让哈萨克斯坦共和国整体环境逐渐符合环境质量标准。生态法典还对生态标准的制定程序、其他自然资源状况的标准作出了规定(第四章第22~29条)。

(2)环境保护领域的技术规范。生态法典规定,环境保护客体状况是否良好以及操作规程是否合格应当由哈萨克斯坦共和国技术领域的立法来确定;禁止销售属于应当进行强制合格评定,但却未通过合格评定的产品、服务、工艺流程。生产者可以在自愿的基础上标记生态清洁产品符号,其产品必须符合生态标准,证明其生产活动对环境、居民健康和生物资源造成有害或不良影响的最低程度。同时,生态法典还明确规定,生产的产品是否符合环保要求的名录和程序由技术规范立法来规定,而非由生态法典来确定。此外,生态法典还对普及国际生态标准、缩减环境保护部门对使用国际生态标准的自然资源利用者的检查频率、环境保护经济管理机制等方法,鼓励自然资源利用者采用国际环保标准作出明确规定(第五章第30~34条)。

(3)环境影响评价和生态鉴定。生态法典详细规定了环境影响评价的程序,按照评价的重要性和完整性对环境影响评价客体进行了分类。据此,生态法典将经济活动和其他社会活动按照生产客体的卫生等级划分成四类,同时直接

详细列举了活动的具体类型,如将勘探和开采矿产活动规定为第一类,将所有类型的自然资源利用和特殊性水资源利用规定为第二类等。同时,生态法典将生态鉴定分为国家生态鉴定和社会生态鉴定,对生态鉴定客体、实施机关的职权、实施程序、期限、生态鉴定结论的效力、生态鉴定专家的权利和义务以及资质和要求、公众参与权和参与方式、生态鉴定过程中产生分歧的审理程序、生态鉴定的资金支持等方面作出详尽规定(第六、七章)。

(4)生态许可。按照生态法典规定,生态标准与生态许可共同构成了生态许可制度,生态标准是发放综合性生态许可证的依据。同时,生态法典用专章对应当取得生态许可的主体、生态许可的客体、内容、程序、时效、拒绝颁发和暂停许可、废止、取消环境排放许可证的依据及综合许可证制度作出规定(第八章)。

(5)生态审计。生态法典明确了实施生态审计的主体和客体范围、审计类型、审计目的、审计内容和程序、生态审计员和被审计主体的权利与义务,将生态审计分为强制性生态审计和自发性生态审计。生态法典规定,在自然人和法人实施的经济活动和其他社会活动对环境造成大规模损失的情况下,以及在从事生态危险类型的经济活动和其他社会活动的法人(自然资源利用者)重组或破产的情况下,应当进行强制性生态审计。同时,生态法典对实施生态审计的各阶段具体活动作了单章规定(第九章)。

(6)温室气体排放和吸收领域的国家规制。生态法典的特色之一是将温室气体排放和吸收以单独章节的形式予以关注,确立了国家在排放和吸收温室气体领域进行规制的基本原则,规定了温室气体排放配额、国家温室气体排放配额的分配计划、行政管理主体、减少温室气体排放和吸收的市场机制、独立信息提供者、有关减少温室气体排放和(或)增加温室气体吸收的国家项目、监测温室气体排放的程序,以及生态(绿色)投资等内容丰富并极具有创见性的应对气候变化的国家管理机制[第九(乙)章]。

3.第三编:生态保护的经济手段

生态法典规定了环境保护和自然资源利用的经济协调机制以及用经济标准评估生态损害的方法和程序。生态法典将环境保护和自然资源利用的经济机制规制类型分为环境保护措施的规划和融资、环境排放付费制度、特定自然资源的有偿使用、环境保护的经济刺激措施、环境排放的市场化管理机制、减少温室气体排放和吸收的市场机制、生态保险、生产者(进口商)生态保护的扩大义务以及对环境损害进行经济评估等。

生态法典规定，环境保护措施的资金支持来源包括财政资金、自然资源利用者的个人资金和哈萨克斯坦共和国法律法规未禁止的其他来源。同时，生态法典分别对不同资金来源的环境保护措施支持规划进行了细化。为减少环境排放，经授权的环境保护机关可以通过设定环境排放限额和配额标准、核准配额交易程序，将市场机制引入环境减排的交易体系，从而在自然资源利用者之间通过市场化机制，实现对环境排放年度配额的公平享有。

此外，生态法典还以单独章节的形式就“对环境损害进行的经济评估”进行了专门规制，包括经济评估环境损害的程序、评估环境损害的直接方法和间接方法等。

4. 第四编：生态监督

生态法典将生态监督分为国家生态监督、走访性生态监督、生产性生态监督和社会生态监督。

(1) 国家生态监督。生态法典规定了在环境保护、自然资源保护、再生和利用领域中国家监督的概念、任务和方向、程序、分类（根据自然资源类型）、国家生态监督的组织方法、实施生态监督的负责人组成及其权利和义务等（第十二章）。

(2) 走访性生态监督。生态法典规定了国家其他的生态监督形式，包括分析监督、室内检查等，同时对实施国家生态监督责任人的决策程序、作为（不作为）的诉讼程序以及信息保密程序作出规定（第十三章）。

(3) 生产性生态监督。生态法典对生产性生态监督的任务、目的、程序、自然资源利用者的权利和义务规定了详尽的内容。并对制定生产性生态监督计划，尤其对生产监测的类型以及组织开展生态监测、生产性生态监督的统计和报告提出具体的要求（第十四章）。

(4) 社会生态监督。生态法典对社会生态监督的目的和程序，特别对进行社会生态监督时的信息和其他方面的协作作出详尽规定（第十五章）。

5. 第五编：生态监测和生态清查

(1) 生态监测。生态法典第十六章将生态监测分为环境状况监测、自然资源监测、专门类型监测。

第一，环境状况监测。生态法典将环境状况检测分为8种类型：大气状况监测、大气降水状况监测、水资源质量监测、土壤状况监测、气象监测、辐射监测、跨境污染监测、背景监测。并对各种类型的环境监测的内涵、范围和内容作出界定。

第二,自然资源监测。生态法典按照自然资源要素和自然综合体(土地、水、地下资源、森林、动物、植物、山区、特别自然保护区),对自然资源进行了分类。并对各类型的自然资源监测的内涵、范围和内容进行了界定。

第三,专门类型的监测。生态法典将专门类型监测分为军事试验场的监测、拜科努尔宇宙航天综合体的监测、温室气体和臭氧消耗物质的使用监测、卫生防疫监测、气候和地球臭氧层的监测、紧急生态情况和生态灾区的监测、宇宙空间监测。并对各类型的专门监测的内涵、范围和内容进行了界定。

第四,其他规定。生态法典对国家环境监测和自然资源监测统一系统的概念、任务、原则作出规定,同时对环境监测和自然资源监测系统的维护、运行基础、资金支持、统一信息系统进行了细化。

(2)环境污染区域的国家统计。生态法典明确了环境污染区域的国家统计的任务和原则,对污染区域登记簿的管理作了程序性规定(第十七章)。

(3)生态清查。生态法典将自然资源、生产和消费废弃物、填埋有害物质、填埋放射性废弃物以及向地下资源排放废水、排放和吸收温室气体的情况作为生态清查的对象,要求建立统一的国家自然资源清查系统。该清查系统是各行业部门之间的信息共享系统,对所有类型的国家清查实现一体化清单管理,保障对国家的自然潜能和经济潜能实施统一的、综合的核算与评估。同时,生态法典细化和规制了对不同清查对象所开展的清查内容、具体措施、目的任务和组织管理[第十八章至第二十(乙)章]。

(4)生态信息。生态法典对生态信息的内涵、生态信息库、污染物排放和转移的国家登记册、国家生态地图册、获取生态信息的途径、各主体在获取生态信息方面的权利和义务、提供生态信息的程序和期限以及国家生态情况报告编写作了系统性规定,以确保权利主体生态信息权的获取(第二十一章)。

6. 第六编:生态紧急情况区和生态灾难区的设立

生态法典对生态紧急情况区和生态灾难区的概念和标准进行了界定,对启动生态紧急应急措施的条件和程序进行了特别的法律规制。同时,对缘于事故的生态损害赔偿问题和监测问题、终止制度以及违反相关制度规定的责任追究规定了详尽的条件和程序(第二十三、二十四章)。

7. 第七编:生态文化教育、环境保护领域的科学研究和国际合作开展

(1)生态文化教育。生态法典将生态文化教育分为学校开展的生态教育和

非学校开展的生态教育，确定了学校生态教育和非学校开展的生态教育的具体内容和措施，以及提高相关专家资质水平的目的和任务、组织基础和国家支持计划（第二十五章）。

(2)生态科学研究。生态法典设专章确立了生态科学研究的目的和任务、基本方向、具体措施和要求（第二十六章）。

(3)国际合作。生态法典对环境保护领域的国际合作的优先事项和级别、合作原则、经济基础、生态违法的国际责任、跨国合作机制、落实国际条约等相关事宜作出详尽规定（第二十七章），成为生态法典与时俱进地迈向国际化发展的重要标志。

（二）分则部分

分则部分由2编、20章、133条组成。主要内容如下：

1. 第八编：在实施经济活动和其他社会活动时应当遵守的生态要求

(1)生态法典对开展经济活动和其他社会活动时应当遵守的一般性生态要求作出了规定，将活动的生态要求进行类化，规定了制定生态要求和批准生态要求的条件和程序，以及在国家财产私有化时应考虑生态要求的义务；同时规定，从事具有生态危险性经济活动和其他社会活动的自然资源利用者，在破产、重组和清算时应当履行的符合生态要求的相关义务和责任（第二十八章第194～197条）。

(2)针对不同活动类型制定相应的生态要求。生态法典针对设计和建造居民区，承担安置和建造的企业、相关设施和其他客体的利用（如使用工业设施、电力资源、交通通信设施、农业和土壤改良资源等），生产和使用汽车以及其他交通工具，安置原子能发电站、热能发电站和水力发电站，军事、国防和军事活动对自然资源进行利用规定了一般性生态要求（第二十九、三十章）。

(3)对使用和保护各自然要素的规制。生态法典将自然要素分为臭氧层和气候、大气、土壤、地下资源、森林、植物和动物、水体，并针对各自然要素的保护关系进行了法律规制，突出了对珍稀和濒危动植物、特别自然保护区、里海北部国家保护区的合理利用与依法管理（第三十一章至第三十八章）。

(4)对特定活动提出特殊的生态管制。生态法典对放射性材料和原子能的使用，存在潜在生态危险的化学和生物物质的生产和使用，转基因产品和生物的利用，生产和消费废弃物时应当遵守的生态要求（废弃物利用的所有权、无主废弃物、废弃物所有权的转让),生产和消费废弃物,放射性废弃物的处理、填埋、贮存、运输等提出要求,同时对放射性物质的填埋和贮存、生产和消费废弃物所有权的确定、生产者(进口商)和经营者的延伸性义务、国家对温室气体和消耗臭氧层物质排放活动的管理分别作了专章规定(第三十九章至第四十五章)。

2. 第九编:生态违法责任和生态纠纷解决机制

生态法典对生态违法的类型、违反哈萨克斯坦共和国生态立法所应当承担的法律责任、因违反哈萨克斯坦共和国的生态立法所造成损失的生态损害赔偿及其程序以及生态纠纷解决程序作出了具体而详尽的规定。

三、《哈萨克斯坦共和国生态法典》的特点及启示

中国与哈萨克斯坦两国为一衣带水的近邻。在法律传统方面,哈萨克斯坦共和国法律体系虽脱胎于苏联社会主义法系,但本质上属于传统大陆法系国家。同样,中国近现代意义的立法体系虽具有诸多本土特色,但本质上也属于大陆法系国家,与哈萨克斯坦共和国法律体系有诸多相通之处。在双边合作方面,哈萨克斯坦共和国作为“一带一路”框架下的核心国家和合作伙伴,目前,逾三千家中国企业落户哈萨克斯坦,成为阿斯塔纳发展“互联互通”的主力军,了解和遵守哈萨克斯坦共和国的相关立法可以为企业顺利开展对哈萨克斯坦经贸合作保驾护航。在生态系统结构方面,哈萨克斯坦共和国与我国领土接壤,两国在环境条件和自然禀赋等方面具有诸多相似之处。同时,两国共同的霍尔果斯界河保障着中国40万亩农田和10万多居民以及哈萨克斯坦45万亩草场和3万多居民用水。可以说,推动两国生态立法的协作与沟通是造福两国人民的重要之举。故此,无论从两国法律传统相通性、经贸合作的现实性,抑或两国生态系统的同质性考虑,《哈萨克斯坦共和国生态法典》的编纂经验对我国环境立法的法典化进程都可以提供一定启示和借鉴:

1. 生态法典编纂事半功倍的法律规范选择的系统化方法。哈萨克斯坦共和国在生态法典编纂的过程中,突出强调了环境保护和自然资源可持续利用法律规范实施的实效性,通过盘点和审视国内生态立法的实施水平、环境和自然资源保护立法及其参与的国际环境保护条约适用状况,及时废止不能满足社会发展需要的生态法律法规,这一举措不仅实现了对庞杂的生态立法体系整体上的“瘦身”,优化了生态立法的结构体系,而且通过法典编纂的契机,提升了生态法

典的法律地位。

哈萨克斯坦通过实质编纂的法典编纂模式(在整合现行法律法规的同时，根据需要，对法律规范的相关原则、结构体例和制度规范进行实质性革新)，对生态法律概念作出严谨的界定，填补了现行生态立法的空白与不足，消除了现行生态立法相互的矛盾与冲突，完善了不适应社会发展的生态法律制度，同时，还创造性地建立了更符合未来社会经济发展需求的新型法律制度，将环境保护立法、自然资源立法、民法、行政法和其他立法相协调，与国际环境保护标准相衔接。

2. 法典结构体例逻辑严谨，充分实现了生态立法的系统化和体系化。《哈萨克斯坦共和国生态法典》采取“编—章—条”的编纂体例，立法思路简明清晰。总则部分对术语概念、立法目的、调整范围、立法原则和职责划分等基本问题进行了明确的规定，对环境保护领域的许可制度、生态标准、环境保护领域的技术规范、环境影响评价、生态鉴定、生态审计、生态监督、经济调节、生态清查、生态教育等机制进行了原则而细致地规范。分则部分对各类自然资源要素、经济活动和其他社会活动作了类型化规制。《哈萨克斯坦共和国生态法典》在编纂方法上，从宏观上对各项生态法律制度进行了整合，从微观上根据各类型经济活动和社会活动的特点以及各自然资源要素的不同类别进行有针对性的规制设计，避免了法典编纂“挂一漏万”或“大杂烩”的弊端。生态法典在内容方面更加注重规范的体系化、各项制度的原则和要求的协调性，并将各项制度的核心理念系统化、规范化，以避免法典编纂规范取舍上的顾此失彼。

3. 从法律技术上很好地解决了环境保护与自然资源利用法律规范的交叉重叠和对立关系。环境保护和自然资源利用二者既相对独立又密不可分，法律意义上的“环境”是由各自然资源要素组成的统一整体，对各自然资源要素的利用必然会影响环境要素的数量变化和质量改变。只有在经济活动和其他社会活动中合理地和可持续地利用各自然要素，才能达到对环境整体保护的立法目的。法典名称采用“生态”这一核心概念，将“环境”与“资源”法律内涵意义指向上的交叉重叠与对立关系有机地融于一体，避免科学规范体系和学科分类上的歧义。《哈萨克斯坦共和国生态法典》将环境保护和自然资源利用均衡地纳入法典规范性法律文件选择的范围之中，其法典规范的客体范围不仅涵盖环境保护关系，还涵盖自然资源利用关系。虽然仍有部分自然资源客体利用关系未能如愿列入法典之中，但不可否认生态法典在解决二者的交叉与对立方面做出的努力尝试。

4. 法典编纂组织工作参与上的广泛性与视野上的全局性。哈萨克斯坦共和国在制定生态法典时,组建了跨部门的立法工作小组,其成员不仅包括各相关部门的国家公职人员,还包括法律学者和实业界人士。这样的做法,不仅能够有效地打破法典编纂的部门和专业壁垒,而且可以从全局的高度把握和确定应纳入生态法典调整的客体范围,化解法典编纂中无法避免的各个环境保护部门和自然资源利用部门职责和权力分配上的矛盾,确保各方能够紧密合作、及时沟通与协作机制联动,实现从多个维度对现行的生态法律法规进行系统化盘点、梳理、选择与评估,从而有利于更为深入和全面地实现生态法典的系统化编纂。

5. 注重与国际接轨,借鉴而不盲从国外立法经验。哈萨克斯坦共和国在进行生态法典编纂之时,做了充分的前期准备工作,不仅对国内相关立法做了全景式研究和筛选,还将其缔结和参加的国际公约、欧盟指令、国外相关立法、《独联体生态示范法典》作为参考对象进行深入的甄选,以便通过生态法典编纂更好地落实和履行国际条约规定的国家义务,与国际先进的环境保护制度相接轨,与独联体各成员国的环境保护立法相协调。同时,哈萨克斯坦共和国的生态法典编纂并不盲从国外经验,而是根据自身国情的现实情况和实际需要,对国际生态立法的先进理念和制度有选择性地吸取和借鉴,保持了法典的本土化特色,而且更充分地保障法典实施的社会实效性。

四、《哈萨克斯坦共和国生态法典》翻译工作始末

本书为2017年6月15日修订的《哈萨克斯坦共和国生态法典》俄文原本的中译本,俄文原本公布于哈萨克斯坦共和国能源部统一生态网络资源官网(URL:http://ecogosfond.kz)。

《哈萨克斯坦共和国生态法典》翻译工作组成立于2017年7月。在完成资料收集工作后,翻译工作组成员通览整部法典,对使用频率较高的法典核心术语的翻译进行了斟酌和敲定,最终形成核心术语表。2017年8月,翻译工作组正式开始《哈萨克斯坦共和国生态法典》的翻译工作,并于2018年10月完成初稿。

2019年开始,翻译工作组在吸收相关领域专家的建议和意见的基础上,对初稿进行多次完善,对术语表进行了多次校正。在此基础上,翻译工作组后续对译稿进行了两次校对:第一次为交叉校对,第二次为统校。为保证译本质量,翻

译工作组还于2020年邀请了俄罗斯中亚法律研究领域的专家和研究生对校对稿进行外部审读,对反馈出的问题做最后的修正。在审校过程中,翻译工作组对使用频率较高的法典核心术语进行了汇总和整理,逐一进行审校和确定,形成了附录部分的专业术语对照表,并于2020年9月将最终的法典译本和附录提交出版社。

法典翻译过程中,翻译工作组得到了哈萨克斯坦共和国著名生态法学家古利纳拉·达科萨巴耶夫娜教授的悉心指导。2017年10月22日,翻译工作组成员还与来京参加"各国环境法典翻译出版国际研讨会"的俄罗斯国立司法大学的阿列克谢·谢尔盖耶维奇·什拉博科夫副教授针对法典翻译过程中遇到的文本释义、近义概念辨析、重点术语解释等问题组织了专门的小组讨论会。会后,翻译工作组同阿列克谢·谢尔盖耶维奇·什拉博科夫副教授一直保持着密切的交流和沟通,对翻译过程中出现的各类问题及时做出确认和处理。通过与俄罗斯专家们的深入交流和讨论,译者对翻译过程中遇到的重点难点概念和词汇加深了理解,保障了翻译文本的准确性和专业性。在此,对两位专家的悉心解答和帮助表示衷心感谢!

最后,特别感谢对此次翻译工作提供大力支持的阿里巴巴慈善基金会,以及为法典翻译和法典翻译组织工作付出辛劳的北京大学教育基金会。对领导和推动此项法典翻译工作的吕忠梅教授、汪劲教授、张梓太教授、竺效教授以及在法典译校过程中给予支持和帮助的各界专家,为本书出版提供帮助的法律出版社吴昉编辑等同仁,谨此一并衷心感谢。

历时四年打磨,在各方的共同努力之下,《哈萨克斯坦共和国生态法典》的中译本终于与读者见面。作为译者,很荣幸能在助力中国生态法治建设、促进中外法律文化交流、推动中国生态环境立法的法典化进程中贡献绵薄之力。作为译者,既感到兴奋,又不免有些惴惴不安。环境法(生态法)是一门极其复杂的法学交叉学科,生态示范法典的内容涉及多学科和跨部门的术语交叉以及俄语长短句式的复杂表达,尽管译者力求做到译本尽善尽美,但碍于能力有限,翻译中难免存在错误与不足,望得到各位专家和读者的指正与赐教。

刘洪岩

2021年8月于北京止止斋

译校者简介

刘洪岩 1976年12月出生于黑龙江省庆安县。中国社会科学院法学研究所研究员、生态法研究室主任;中国社会科学院研究生院(中国社会科学院大学)教授、博士生导师。中国社会科学院法学研究所法理学博士后研究人员(2008~2010年),俄罗斯科学院国家与法研究所生态法学博士(2006年)。兼任中国环境科学学会环境资源法研究会副主任、中国法学会环境资源法研究会常务理事、北京市法学会环境资源法研究会副会长、北京市法学会生态法治研究会副会长。曾获得"教育部优秀海外留学人员""黑龙江省留学人员归国报国奖""黑龙江省杰出法学工作者"等荣誉称号。主要研究领域为生态法学、法理学及法哲学、比较法学(俄罗斯、东欧中亚法)。近年来,先后在《法学研究》、《环球法律评论》、《俄罗斯东欧中亚研究》、《国家与法》(俄罗斯)、《国家与法:理论与实践》(俄罗斯)、《社会与法》(俄罗斯)、《外国立法与比较法》(俄罗斯)等国内外期刊发表论文和译著百余篇;在国内外出版专著5部、合著和编著10余部;主持和参与国家社科基金、霍英东教育基金、全国人大常委会法制工作委员会、中国社会科学院、司法部、国家保密局、人社部、生态环境部、自然资源部、工信部、教育部等各类项目30余项,参与20余部环境与资源立法的起草和修订工作,完成内部研究报告40余份。

马 鑫 1990年12月出生于吉林省长春市。俄罗斯科学院国家与法研究所法学博士。2013年毕业于北京师范大学,获得文学学士(俄语)、经济学双学士学位;毕业后经国家留学基金管理委员会选派赴俄攻读法学硕博学位,硕博阶段分别研修国际私法和环境法;现为海南大学法学院讲师。近5年在中俄学术期刊共发表20余篇论文,参与编写2部法学著作,主持和参与4项省级和国家级科研项目等。

目　录

总则部分

分 则 部 分

哈萨克斯坦共和国生态法典

（该法典于2007年1月9日颁布并生效，自颁布以来作了多次修订和补充，修订和补充最新截止日期为2017年6月15日）

根据2016年4月8日颁布的第491-5号哈萨克斯坦共和国法律，如下修订与补充自2018年1月1日起生效：

根据2009年6月23日颁布的第164-4号哈萨克斯坦共和国法律（见旧版）、2009年7月17日颁布的第188-4号哈萨克斯坦共和国法律（见旧版）、2011年7月22日颁布的第479-4号哈萨克斯坦共和国法律（见旧版）、2011年12月3日颁布的第555-5号哈萨克斯坦共和国法律（见旧版）、2011年7月15日颁布的第461-4号哈萨克斯坦共和国法律（自其正式颁布之日起期满6个月后生效）（见旧版）、2012年4月27日颁布的第15-5号哈萨克斯坦共和国法律（见旧版）、2013年6月21日颁布的第107-5号哈萨克斯坦共和国法律（见旧版）、2015年11月16日颁布的第404-5号哈萨克斯坦共和国法律（见旧版）、2015年11月17日颁布的第407-5号哈萨克斯坦共和国法律（自2016年1月1日起生效）（见旧版）、2016年4月8日颁布的第491-5号哈萨克斯坦共和国法律（见旧版）、2016年4月25日颁布的第505-5号哈萨克斯坦共和国法律（见旧版）、2016年4月28日颁布的第506-5号哈萨克斯坦共和国法律（见旧版）、2017年6月15日颁布的第73-5号哈萨克斯坦共和国法律（见旧版），对目录进行修订。

目　录

分则部分

总 则 部 分

第一编　总　章

第一章　基本原则

根据2009年6月23日第164-4号哈萨克斯坦共和国法律(见旧版)、2009年7月17日第188-4号哈萨克斯坦共和国法律(见旧版)、2011年7月5日第452-4号哈萨克斯坦共和国法律(自其正式颁布之日起期满3个月后生效)(见旧版)、2011年7月22日颁布的第779-4号哈萨克斯坦共和国法律(见旧版),对第1条进行修订;其载于2011年12月3日颁布的第505-4号哈萨克斯坦共和国法律中(见旧版);根据2013年6月13日第102-5号哈萨克斯坦共和国法律,对第1条进行修订(见旧版)。

第1条　本法典中所使用的基本概念

本法典中所使用的基本概念如下:

1. 移动大气污染物排放源,是指利用不同类型的燃料、配备有内燃发动机的交通工具、工艺以及其他移动装置和设备;

2. 观测点,是指用于观察环境气象、农业气象和水文特征的固定观察点或者移动观察点;

3. 既定数量,是指在考虑哈萨克斯坦共和国国际条约义务框架内确定的温室气体吸收量的情况下,确定的温室气体排放总量;

4. 既定数量单位,是指根据哈萨克斯坦共和国缔结的气候变化领域的国际协议所确定的哈萨克斯坦共和国温室气体排放量的碳单位;

5. 生物多样性,是指单一物种、不同物种之间以及生态系统中的植物界和动物界客体的多样性;

6. 生物资源，是指对人类具有实际或者潜在效用或者价值的生物系统的基因资源，生物体或者生物体的部分，生物群落或者生态系统中其他生物的组成部分；

7. 联合执行机制，是指哈萨克斯坦共和国执行国际条约规定的联合执行投资项目的程序，该投资项目允许在限制和（或者）减少温室气体排放量义务的国家法人之间实现碳交易；

第 8 款载于 2016 年 4 月 8 日颁布的第 491-5 号哈萨克斯坦共和国法律中（见旧版）

8. 验证，是指经授权的负责验证和检测的机关对温室气体排放监测计划以及对制定关于减少温室气体排放和吸收温室气体的项目决策和文件是否符合哈萨克斯坦共和国批准的国际条约和哈萨克斯坦共和国立法要求的进行确认；

第 9 款载于 2016 年 4 月 8 日颁布的第 491-4 号哈萨克斯坦共和国法律中（见旧版）

9. 检验，是指经授权的负责验证和检测的机关，根据哈萨克斯坦共和国的立法规定对记录在设备出厂证中的关于作业者信息的真实性，以及在年度清查温室气体的报告中所记载的关于温室气体排放量信息的真实性，以及关于减少温室气体排放和增加温室气体吸收信息的真实性进行确认；

10. 转基因生物，是指利用基因工程方法获得的含有基因工程物质（基因、基因片段或者基因组）的，有别于自然生物的，能够再生或者转移遗传基因物质的生物体；

11. 转基因产品，是指利用基因工程方法获得的含有非活体转基因生物体或者其组成部分的植物源和（或者）动物源的产品；

根据 2016 年 4 月 25 日颁布的第 505-5 号哈萨克斯坦共和国法律，将第 11-1 款和第 11-2 款补充至本条

11-1. 水文监测，是指对水体状况以及国家水体监测系统的组成部分进行定期观测和（或者）周期性观测，以便获取有关水体状况及时有效的情报和预测信息；

11-2. 分散介质，是一种可以使油污分解成小液滴，使其能够更加有效地与水混合，并且使其在自然过程的作用下保持其厚度直至分解的表面活性物质和溶剂的混合物；

12. 最佳可行技术，是指为了减少经济活动对环境的负面影响以确保实现环

境质量指标而采取和计划采用的具有组织和管理措施保障的行业技艺、技术和设备；

根据2017年2月27日颁布的第49-6号哈萨克斯坦共和国法律，将第12-1款补充至本条

12-1. 项目生态鉴定，是指就生态安全的问题和工程的环境保护问题对项目决策和清算进行专家评估，该鉴定属于以下鉴定的一部分：

对有关新建或者重建（扩建、改装技术设备、现代化）以及对现有房屋和设施、其综合体、工程和运输通信进行大修的项目（技术和经济论证和项目预算文件）进行本部门以外的综合性鉴定；

对需要经哈萨克斯坦共和国政府或者各州的地方代表机关、各直辖市的地方代表机关以及首都的地方代表机关批准的居民人数超过10万的地区城市总体计划项目，直辖市的城市总体计划项目、首都的城市总体计划项目以及州意义的市的城市总体计划项目进行综合性的城市鉴定；

13. 持久性有机污染物，是指耐分解的危险性最高的有机化合物，其具有生物集中囤积特征，属于通过空气和水体跨境转移的客体和迁移物种，并且在远离其释放源处沉淀，在陆地生态系统和水生态系统中沉积，破坏生物体免疫系统和内分泌系统以及引发其他疾病，其中包括癌症；

14. 配额单位，是指用于计算配额量的碳单位；

15. 公共废弃物，是指在居民点形成的消费废弃物，其中包括因人类生活活动而产生的消费废弃物，以及在构成成分和性质方面与消费废弃物类似的生产废弃物；

根据2016年4月28日颁布的第506-5号哈萨克斯坦共和国法律，将第15-1款补充至本条

15-1. 分开收集公共废弃物，是指根据废弃物的类型和成分分别收集公共废弃物的过程，以确保对废弃物进行后续的利用、加工和处理；

16. 根据2013年6月13日颁布的第102-5号哈萨克斯坦共和国法律，本款已废止（见旧版）；

17. 碳单位，是指相当于1吨二氧化碳的核算单位；

18. 国家碳单位登记册的操作员，是指管理国家碳单位登记册的组织；

19. 碳单位的二次流通，是指在转让、销售和其他碳单位流通的过程中，在温室气体排放市场的主体之间形成的法律关系；

20. 国家碳单位登记册,是指与引入流通、储存、转让、收购、保留、取消、停止碳单位流通有关交易的统计制度;

根据2016年4月28日颁布的第506-5号哈萨克斯坦共和国法律,将第20-1款补充至本条

20-1. 再生原料,是指通过分开收集、分拣、研磨、压制的过程中或者通过其他对消费废弃物施加影响的方式获得的材料,和(或者)为获取产品而准备利用和(或者)加工的消费废弃物;

21. 废弃物统计,是指收集和提供关于废弃物的数量特性和质量特性的信息以及废弃物处理方法的系统;

根据2015年11月17日颁布的第407-5号哈萨克斯坦共和国法律,将第21-1款补充至本条(自2016年1月1日起生效)

21-1. 支付组织收集、运输、加工、无害化处理、使用和(或者)利用废弃物的费用,是指向生产者(进口商)附加义务的经营者支付由生产者(进口商)组织收集、运输、加工、无害化处理、使用和(或者)利用生产者(进口商)附加义务涉及的产品(商品)及其包装丧失消费属性后产生的废弃物的费用;

22. 废弃物处理,是指关于填埋和清除废弃物的作业;

23. 废弃物无害化处理,是指通过机械、物理化学或者生物手段减少或者消除废弃物的危险属性;

24. 废弃物利用,是指将废弃物作为重复利用材料资源或者能量资源进行的利用;

25. 废弃物填埋,是指将废弃物存放在专门为保证其无限期地安全储存而设定的地方;

26. 废弃物类型,是指根据废弃物的分类手册确定的,在废弃物源地、属性和处理技术方面具有相同特征的废弃物总和;

27. 废弃物安置,是指对生产废弃物以及消费废弃物进行的保存或者填埋;

28. 废弃物加工,是指从废弃物中提取后续生产(制作)商品或者其他产品所用的原料和(或者)其他材料的物理过程、化学过程或者生物过程(其中包括分拣),以及旨在改变废弃物属性以简化废弃物处理过程、减少废弃物的体积或者降低其危险属性的物理过程、化学过程或者生物过程(其中包括分拣);

29. 废弃物保存,是指将废弃物保存在专门为其后续利用、加工和(或者)处理而设定的地方;

30. 废弃物分类，是指根据废弃物对环境和人类健康的危险程度将废弃物划分为不同等级的程序；

根据2016年4月28日颁布的第506-5号哈萨克斯坦共和国法律，将第30-1款补充至本条

30-1. 废弃物的临时保存，是指因其活动而产生废弃物的人员在项目文书规定的期间将生产废弃物和消费废弃物储存在临时的保存地（但不得超过6个月），以便后续将废弃物移交给从事废弃物利用、加工和处理作业的机构，以及从事不能加工和利用的废弃物清除作业的机构；

31. 废弃物管理，是指与废弃物有关的活动类型，其中包括预防和尽量减少废弃物的形成，统计和监测、集中囤积废弃物，以及收集、加工、利用、无害化处理、运输、保存（贮存）和清除废弃物；

32. 废物分类手册，是指应用性质的信息参考文件，其内容包括废弃物的分类结果；

33. 非危险废弃物，是指不具有危险性质的废弃物；

第34款载于2016年4月25日颁布的第505-5号哈萨克斯坦共和国法律中（见旧版）

34. 危险废弃物，是指包含具有一种或者几种危险属性（毒性、爆炸危险性、放射性、火灾危险性、高反应性）的有害物质的废弃物，该废弃物本身会对环境和人类健康产生直接危险或者潜在危险，或者在该废弃物与其他物质接触时，会对环境和人类健康产生直接危险或者潜在危险；

35. 危险废弃物登记证，是指根据废弃物的产生地、数量指数和质量指数、废弃物的管理条例、监督方法、对环境和人类健康和（或者）人员财产造成的有害影响的类型而对废弃物的形成过程进行标准化说明的文件，以及有关废弃物生产者和其他废弃物所有人的信息的文件；

36. 危险化学物质，是指其属性会对人类健康和环境造成直接或者潜在有害影响的物质；

37. 良好环境，是指其状况能够确保生态安全以及居民健康，确保保护生物多样性、预防污染、生态系统功能的持续发挥、自然资源的再生以及合理利用的环境；

第38款载于2016年4月8日颁布的第491-5号哈萨克斯坦共和国法律中（见旧版）

38. 设备，是指温室气体排放的固定源，或者工业场地上同一区块内的由成

套技术流程相连接的温室气体排放的固定源群组；

第39款载于2016年4月8日颁布的第491-5号哈萨克斯坦共和国法律中(见旧版)

39. 设备操作者，是指具有设备产权或者其他合法利用设备资质的自然人或者法人；

第40款载于2016年4月8日颁布的第491-5号哈萨克斯坦共和国法律中(见旧版)

40. 设备出厂证，是指包含所采用技术的特征、设备所在地的地理位置以及设备操作者的活动类型的信息的文件；

41. 环境，是指自然客体和人工客体的总和，其中包括大气、地球臭氧层、地表水和地下水、土地、地下资源、植物界和动物界，以及与上述客体相互作用的气候；

42. 环境损害，是指环境污染或者超过规定标准开采自然资源，从而引起或者正在引起自然资源退化和枯竭或者生物体死亡；

第43款载于2016年4月25日颁布的第505-5号哈萨克斯坦共和国法律中(见旧版)

43. 环境排放，是指在环境中排放污染物质，排泄污染物质，处置生产废弃物和消费废弃物，在环境中露天处置和保存硫黄；

44. 环境临时排放限额，是指针对特定时期制定的向环境排放的标准量；

45. 环境排放配额，是指分配给某个特定的自然资源利用者的特定时间内的环境临时排放限额的一部分；

46. 环境保护，是指旨在保护和恢复环境、预防经济活动和其他社会活动对环境造成的不良影响以及消除其后果的国家措施和社会措施的体系；

47. 授权性环境保护机关，是指在环境保护领域和自然资源利用领域实施管理和进行跨部门协调的中央执行机关及其地方机关；

48. 环境污染，是指污染物质、放射性材料、生产废弃物和消费废弃物进入环境，噪声、振动、磁场对环境的影响以及对环境施加的其他有害物理影响；

见:2016年11月25日第8号哈萨克斯坦共和国最高法院《关于法院就民事问题适用哈萨克斯坦共和国生态立法的若干问题》的规范性决议

49. 事故性环境污染，是指自然人和(或者)法人在实施生态危险类型的经济活动和其他社会活动时发生事故而引发的突然性、非蓄意的环境污染，包括向大气排放和(或者)向水体排泄有害物质,或者在地表和地下分散固体污染物、液体污染物或者气体污染物,或者形成气味、噪声、振动、辐射,或者超过了某一特定时间内允许水平的电磁影响、温度影响、光影响或者其他物理、化学、生物有害影响;

50. 环境污染区域,是指超过既定标准的危险化学物质污染了的地表的有限区域和水体区域,除为处置废弃物和排泄废水而安装的用来预防地表污染、地下资源污染和地下水污染的客体外;

51. 环境质量,是指环境状态的特征;

52. 环境质量标准,是指有利于人类生命和健康的环境状况和自然资源状态的指数表征;

53. 环境质量指标,是指为逐步改善环境质量之需,一段时间内环境标准参数的最高水平阈值;

54. 生存环境,是指生物体或者群落的自然栖息地或者地区的类型;

55. 国家监测网,是指用于监测环境中发生的物理过程和化学过程,确定环境气象特征、气候特征、高空气象特征、水文特征、太阳地球物理特征、水文气象特征的固定监测点和移动监测点、实验室和监测中心的系统;

56. 国家生态监督,是指经授权的机关在其职权范围内,以确保自然人和法人遵守哈萨克斯坦共和国在环境保护领域的法律、哈萨克斯坦共和国总统在环境保护领域的法令以及哈萨克斯坦共和国政府在环境保护领域的决议而实施的活动;

根据 2016 年 4 月 25 日颁布的第 505-5 号哈萨克斯坦共和国法律,将第 56-1 款补充至本条

56-1. 超标排放,是指超过生态许可证规定标准的环境排放;

57. 臭氧消耗物质,是指单独存在或者以混合物的形式存在的,被用于经济活动和其他社会活动的化学物质或者是该类社会活动的产物并且能够对臭氧层造成有害影响的化学物质;

58. 臭氧消耗物质的无害化处理,是指通过破坏臭氧消耗物质的危险属性,使其永久性地转化或者分解成不会对环境(其中包括臭氧层)产生不良影响的成分;

59. 臭氧消耗物质的利用,是指旨在收集和保存在维修服务过程中从机械、设备、集装箱和其他设备中提取出的臭氧消耗物质的综合性措施,以便对无法恢

复的臭氧消耗物质进行二次利用或者无害化处理；

根据2015年11月17日颁布的第407-5号哈萨克斯坦共和国法律，将第59-1款补充至本条（自2016年1月1日起生效）

59-1. 生产者（进口商）的附加义务，是指在哈萨克斯坦共和国境内从事生产活动和（或者）向哈萨克斯坦共和国境内运输产品（商品）的自然人和法人确保对已丧失消费属性的产品（商品）废弃物及该产品（商品）的包装进行收集、运输、加工、无害化处理、使用和（或者）利用的义务；

根据2015年11月17日颁布的第407-5号哈萨克斯坦共和国法律，将第59-2款补充至本条（自2016年1月1日起生效）

59-2. 关于组织收集、运输、加工、无害化处理、使用和（或）利用生产者（进口商）附加义务涉及的产品（商品）及其包装丧失消费属性后形成的废弃物的协议，即生产者（进口商）附加义务的经营者与生产者（进口商）之间根据上述事实的示范协议签署的合同；

根据2015年11月17日颁布的第407-5号哈萨克斯坦共和国法律，将第59-3款补充至本条（自2016年1月1日起生效）

59-3. 关于组织收集、运输、加工、无害化处理、使用和（或者）利用生产者（进口商）附加义务涉及的产品（商品）及其包装丧失消费属性后形成的废弃物的示范协议，是指由生产者（进口商）的附加义务的经营者确认的，用于协调生产者（进口商）附加义务的经营者和生产者（进口商）附加义务涉及的产品（商品）的生产者（进口商）之间的法律关系；

根据2015年11月17日颁布的第407-5号哈萨克斯坦共和国法律，将第59-4款补充至本条（自2016年1月1日起生效）

59-4. 生产者（进口商）的附加义务的经营者，是指由哈萨克斯坦共和国政府确认的，组织收集、运输、加工、无害化处理、使用和（或者）利用生产者（进口商）的附加义务涉及的产品（商品）及其包装丧失消费属性后形成的废弃物的法人；

60. 生产废弃物，是指在生产过程中产生的，完全或者部分丧失原有消费属性的剩余原料、物质、其他制品和产品；

61. 可持续的生产和消费模式，是指在减少不可再生资源的消耗、恢复可再生资源以及减少人为环境污染的同时，以增加生产为特征的社会经济模式；

根据 2016 年 4 月 25 日颁布的第 505-5 号哈萨克斯坦共和国法律，将第 61-1 款补充至本条

61-1. 未经授权的排放，是指在没有生态许可证的情况下向环境排放，除移动源的排放外；

62. 温室气体，是指吸收天然来源和（或者）人为来源的热红外辐射的大气气体成分，和（或者）作为其辐射源的大气气体成分；

63. 温室气体的吸收单位，是指用于计算温室气体吸收所采用的碳单位；

64. 温室气体清查，是指确定温室气体排放和吸收的总量；

65. 温室气体排放源和吸收源的国家清查，是指温室气体排放源、温室气体排放源所产生的排放量，以及在对设备操作人员设定的界线范围内的温室气体吸收量的统计系统；

根据 2016 年 4 月 8 日颁布的第 491-5 号哈萨克斯坦共和国法律，将第 65-1 款至第 65-3 款补充至本条

65-1. 监测温室气体排放的计划，是指由设备操作者在国家温室气体排放配额分配计划的有效期内制定的，在相关期间或者在落实减少温室气体排放和增加温室气体吸收项目和计划的期间批准的文件；

65-2. 注销温室气体排放配额，是指在国家碳单位登记册中实施的，根据温室气体排放清查年度报告批准的相关期间的国家温室气体排放配额分配年度计划中碳单位的取消（注销）；

65-3. 温室气体排放固定源，是指不可移动的温室气体排放源或者需要固定位置运行的可移动的温室气体排放源；

根据 2017 年 4 月 5 日颁布的第 56-6 号哈萨克斯坦共和国法律，将第 65-4 款补充至本条

65-4. 温室气体排放单位系数比率，是指单位产品的温室气体排放比例的指标；

66. 放射性废弃物，是指放射性物质的含量超过哈萨克斯坦共和国在原子能利用领域的立法规定的数量和浓度的废弃物；

67. 鉴定客体的实行，是指根据预先计划、初步设计和项目文件规定的决议开展有关建设、利用、清除工业客体以及其他客体，提供服务、使制品和技艺进入经济循环的工作，以及制定规范性法律法规，鉴定客体的其他实际执行情况；

68. 废水，是指用于生产或者生活所需，并含有能够改变其原始成分或者物

理属性的额外杂质(污染物)的水。在大气降水时、街道洒水时或者在大气降水和街道洒水之后,从居民区以及工业企业区流淌出的水,以及在开采矿产的过程中形成的水均被认定为废水;

69. 水体,是指具有边界、体积以及水分状况的,集中在地表地势中的水以及土地地下的水;

70. 液体废弃物,是指以液态形式呈现的任何废弃物,除废水外;

71. 自然资源利用者,是指利用自然资源和(或者)向环境排放污染物的自然人或者法人;

72. 自然客体,是指具有边界、体积以及存在状态的自然客体;

73. 自然资源,是指具有消费价值的自然客体:土地、地下资源、水、植物界以及动物界;

74. 保护自然资源,是指旨在保护各种自然资源免受不合理利用、破坏、退化导致其消费属性丧失的国家措施和社会措施体系;

75. 自然资源枯竭,是指自然资源储备的数量特征和质量特征部分或者全部丧失;

76. 清洁发展机制,是指在不承担限制和(或者)减少国家法人资助的温室气体排放的量化义务的国家领土上,以及承担限制和(或者)减少温室气体排放的量化义务的国家领土上实施关于限制和(或者)减少温室气体排放项目的机制;

77. 独立的信息提供者,是指在规制温室气体排放和温室气体吸收领域进行有关统计、监测和落实项目机制的专业活动的法人;

78. 固体生活废弃物,是指以固态形式呈现的公共废弃物;

79. 消费废弃物,是指在消费或者开采过程中形成的产品、制品以及其他物质的残余物,以及丧失了全部或者部分原始消费属性的商品(产品);

80. 生态危险型的经济活动和其他社会活动,是指因其活动发生或者可能发生事故性环境污染的自然人和(或者)法人的活动;

81. 排放交易,是指在减少温室气体排放和温室气体吸收的市场机制框架下,购买和销售温室气体的排放配额;

82. 减排单位,是指因落实联合实施机制框架下的项目而获得的碳单位;

83. 经认证的减排单位,是指因落实清洁发展机制下的项目而获得的碳单位;

84. 内部减排单位,是指用于确定因落实温室气体减排和(或者)吸收的内部项目所实现的减少温室气体排放和(或者)吸收量的碳单位;

85. 生态启蒙,是指为了在社会中形成生态文化基础,对生态知识、有关环境状况、自然资源的信息以及生态安全的信息进行传播;

86. 生态审计,是指对被审计主体的经济活动和其他社会活动展开独立检查,旨在查明和评估生态危险,并提出有关提高被审计主体活动的生态安全水平的建议;

87. 生态教育,是指不断教育、教学、自我教育以及个人发展的过程,旨在形成知识和技能体系、价值取向、道德和美学关系,以确保个人对环境状况的责任;

88. 生态(绿色)投资,是指将从配量单位、管理国家温室气体排放配额分配计划的配额储备中获得的资金投入到减少温室气体排放或者增加温室气体吸收的项目、计划和活动中;

89. 生态系统,是指作为一个统一的功能整体而相互作用的生物体和其栖息地的无生命环境相互关联的总和;

90. 生态危险,是指在人为因素和自然因素的影响下,包括灾害和灾难的影响下(包括威胁到个人和社会切身利益的自然灾害),发生或者可能发生破坏,从而改变环境状态的状况;

91. 生态安全,是指保护个人、社会和国家的切身利益和权利免受人为和自然环境影响的威胁的状态;

92. 生态危险客体,是指其建设和活动可能会对人类健康和环境造成或者正在造成有害影响的经济客体和其他客体;

93. 生态危险技术和设备,是指用于经济活动或者其他社会活动的,并且会对环境造成危险的装置、机器、设备、器具;

94. 生态危险技艺,是指在生产过程中实施的,会对环境造成危险的加工、制造、改变原材料、材料或者半成品的状态、属性、形式的方法总和;

95. 生态管理,是指环境保护的行政管理,其中包括:组织结构、计划、责任、方法、程序、过程和用于制定、推行、实施、分析和维护企业环境政策的资源;

96. 生态监测,是指系统地观察和评估环境状况及其影响;

97. 生态标准制度,是指规则(规范)及其包含的环境状况和环境状况影响程度的定量和定性指标(标准)的体系;

98. 生态许可证,是指自然人和法人享有向环境排放的权利证明文件;

99. 生态鉴定，是指确定拟议实施的经济活动以及其他社会活动是否符合环境质量标准和生态要求，以及明确实施生态鉴定客体的可能性，以便预防该活动可能对环境造成的不良影响以及其他相关的社会结果；

100. 生态清洁产品的标识，是指用于确认被标识商品符合生态清洁产品标准的注册标识；

101. 生态要求，是指限制和禁止本法典、哈萨克斯坦共和国的其他规范性法律法规以及标准性技术文件所规定的会对环境和居民健康造成不良影响的经济活动和其他活动；

第102款载于2015年10月29日颁布的第376-5号哈萨克斯坦共和国法律中（自2016年1月1日起生效）（见旧版）

102. 生态标志，是指向按照哈萨克斯坦共和国技术法规领域立法规定的程序确认合格的产品授予生态清洁产品的标志；

103. 生态风险，是指由于某种因素的影响，环境状况和（或者）自然客体的状况发生不良变化的可能性；

104. 单位排放技术标准，是指每单位时间或者单位产出或者其他指标的环境排放量，在确定该排放标准时，要确保本国经济成本可接受的具体技术手段能够执行该标准；

105. 排放标准，是指允许排放指标，遵守排放标准可以确保符合环境质量标准。

第2条　哈萨克斯坦共和国的生态立法

1. 哈萨克斯坦共和国生态立法以哈萨克斯坦共和国宪法为基础，由本法典以及哈萨克斯坦共和国的其他法律法规共同组成。

2. 在哈萨克斯坦共和国批准的国际协约规定的条例与本法典规定的条例不一致时，应当优先适用国际协约的条例。

3. 在本法典与哈萨克斯坦共和国其他用于规制环境保护领域关系的法律冲突时，应当优先适用本法典的规定。

4. 不受本法典规制的保护和利用环境客体领域的关系，以及保护和利用特别自然保护区领域的关系，应当由哈萨克斯坦共和国的特别法进行规制。

见：2016年11月25日第8号哈萨克斯坦共和国最高法院《关于法院就民事问题适用哈萨克斯坦共和国生态立法的若干问题》的规范性决议

第3条　本法典调整的关系

1. 在哈萨克斯坦共和国领土上开展经济活动以及其他与自然资源利用和环境影响有关的社会活动时产生的环境保护领域的关系、恢复和保护环境领域的关系、利用和再生自然资源领域的关系均由本法典进行规制。

2. 自然人和法人、国家以及在环境保护领域开展国家监管和在自然资源利用领域进行国家管理的国家机关为本法典规制关系的参与者。

第4条　哈萨克斯坦共和国可持续发展的生态基础

哈萨克斯坦共和国可持续发展的生态基础如下：

1. 国家实现为人类生命和健康提供良好环境的目标；

2. 保护环境和保护生物多样性；

3. 保障和落实哈萨克斯坦共和国开发本国自然资源的权利以及在自然资源利用和环境影响问题上维护国家利益的权利；

4. 公平地满足当代人的需要和后代人的需要；

5. 发展可持续的生产和消费模式；

6. 应当在考虑环境状况的情况下，制定符合社会发展和经济发展条件的生态标准；

7. 确保每个人获得生态信息的权利，以及公众全面参与解决环境保护问题和可持续发展问题的权利；

8. 确保在环境保护领域采取的措施的公开性；

9. 为保护、维护和恢复地球生态系统的健康状态以及完整性而发展全球合作伙伴关系；

10. 促进有关环境损害责任国际法的发展；

11. 遏制和预防会对环境造成严重损害的任何类型的活动和物质，或者被认为会对人类健康造成损害的任何类型的活动和物质转移到其他国家，并且当存在对环境造成严重损害或者不可逆转的威胁时，应当采取预防措施。

第5条　哈萨克斯坦共和国生态立法的基本原则

哈萨克斯坦共和国生态立法基本原则如下：

1. 确保哈萨克斯坦共和国的可持续发展；

2. 确保生态安全；

3. 采用生态系统性的方法来规制生态关系；

4. 在环境保护领域实施国家监管，以及在自然资源利用领域进行国家管理；

5. 必须采取预防性措施以预防环境污染以及以其他任何形式对环境造成的损害；

6. 必须承担违反哈萨克斯坦共和国生态立法的责任；

7. 必须对环境损害进行赔偿；

8. 环境影响付费制度和许可制度；

9. 在利用自然资源和对环境施加影响时，应当采用最佳生态清洁型工艺和资源节约型工艺；

10. 相互协助、协调和公开环境保护领域的国家机关活动；

11. 激励自然资源利用者预防、减少和消除环境污染，减少废弃物；

根据2016年4月28日颁布的第506-5号哈萨克斯坦共和国法律，将第11-1款补充至本条

11-1. 优先利用作为再生资源的生产废弃物和消费废弃物；

12. 确保生态信息的通俗易懂；

13. 在利用自然资源和对环境施加影响时，应当保障国家利益；

14. 应当协调哈萨克斯坦共和国的生态立法与国际法原则和规则；

15. 推定拟议实施的经济活动和其他社会活动存在生态危险，在通过该决议时，必须评估该拟议实施的经济活动和其他社会活动对环境和居民健康的影响。

第6条　在环境保护领域实施国家监管和在自然资源利用领域进行国家管理的基本规则

1. 环境保护领域的国家监管包括：

(1)许可环境保护领域的活动；

(2)制定生态标准；

(3)制定环境保护领域的技术法规；

(4)国家生态鉴定；

(5)签发生态许可证；

(6)国家生态监督；

(7)确立环境保护的经济协调体系，促进引进最佳生态清洁型技艺和自然保护措施的融资制度；

生态法典对知识产权法的修改

根据2011年12月3日颁布的第505-4号哈萨克斯坦共和国法律，将第7-1子项至第7-4子项补充至本条

(7-1)温室气体的排放配额；

(7-2)对温室气体进行清查；

(7-3)建立减少温室气体排放和温室气体吸收的市场机制；

(7-4)建立温室气体的实际排放量和温室气体的吸收量的监测系统；

(8)国家生态监测；

(9)对自然资源利用者、环境污染源以及污染区域进行国家统计；

(10)生态教育和生态启蒙。

2. 自然资源利用领域的国家管理包括：

(1)国家对自然资源的利用进行计划；

(2)国家对自然资源的保护、利用和再生进行监督；

(3)签发自然资源利用权的许可证，以及签订自然资源利用权的合同(协议)；

(4)组织恢复和再生自然资源，引进资源节约型技艺；

(5)对自然资源进行监测和清查；

(6)制定自然资源利用的临时限额，以及分配自然资源利用的配额；

(7)对自然资源利用、恢复和再生的国家法人进行管理；

(8)组织保护自然资源。

第7条 环境保护客体

1. 应当保护土地、地下资源、地表水和地下水；大气；森林和其他植被；动物界，生物体基因库；自然生态系统、地球气候和地球臭氧层免遭破坏、退化、损害和污染以及免受其他有害影响。

2. 特别自然保护区和国家自然保护资源的客体应当受到特殊保护。

第8条 国家自然保护资源

1. 国家自然保护资源，是指位于国家保护之下的环境客体总和，该环境客体作为自然度量、稀世之珍和遗物、基因储备、科学研究的客体、启蒙客体、教育客体、旅游客体和娱乐客体具有特殊的生态、科学、历史文化和娱乐价值。

2. 由《哈萨克斯坦共和国特别自然保护区法》规定国家自然保护资源的

客体。

3. 通过建立特别自然保护区的方法，以及建立禁止和限制利用具有特殊生态、科学、历史文化和娱乐价值的环境客体的方法来确保对国家自然保护资源的保护。

第 9 条　特别自然保护区

1. 特别自然保护区，是指与建立特殊保护制度的国家自然保护资源的客体以及自然综合体相连的土地和水体及其上空的区域。

2. 特别自然保护区的类型、建立程序、保护制度的类型以及特别自然保护区个别类型的活动组织特点均由《哈萨克斯坦共和国特别自然保护区法》制定。

第 10 条　自然资源利用的概念和类型

1. 自然资源利用，是指利用自然资源和（或者）在人类日常生活中、在自然人和法人的经济活动和其他社会活动中对环境施加影响。

2. 自然资源利用分为一般性自然资源利用和特殊性自然资源利用。

3. 一般性自然资源利用，是指永久性的自然资源利用，为满足居民生存所必需的无偿利用自然资源。

在哈萨克斯坦共和国法律规定的情况下，可对一般性自然资源利用进行限制。

4. 特殊性自然资源利用，是指根据本法典和其他哈萨克斯坦共和国法律规定的程序，有偿利用自然资源和（或者）向环境排放污染物的自然人和（或者）法人的活动。

5. 自然资源利用类型分为：

（1）土地利用；

（2）水资源利用；

（3）森林资源利用；

（4）地下资源利用；

（5）动物界利用；

（6）植物界利用；

（7）向环境排放；

（8）哈萨克斯坦共和国法律规定的其他自然资源利用类型。

6. 特殊性自然资源利用权的产生特点由哈萨克斯坦共和国的相关法律根据不同类型的自然资源利用进行确定。

7. 特殊性自然资源利用可以包括一种或者多种类型的自然资源利用。

见:2016 年 11 月 25 日第 8 号哈萨克斯坦共和国最高法院《关于法院就民事问题适用哈萨克斯坦共和国生态立法的若干问题》的规范性决议

第 11 条　自然资源利用者

1. 自然资源利用者,是指永久或者临时存在于哈萨克斯坦共和国领土上的自然人和法人。

2. 自然资源利用者分为:

(1)永久性的(自然资源利用权具有无限期性质)和临时性的(自然资源利用权具有特定期性质);

(2)一级的(从国家获得的或者按照转让自然资源利用权的程序或者通用的权利继承程序从其他一级的自然资源利用者处获得的自然资源利用权)和二级的(根据合同从保留一级自然资源利用者地位的一级自然资源利用者处获得的临时性自然资源利用权);

3. 自然资源利用者应当遵守本法典和哈萨克斯坦共和国的其他规范性法律法规规定的要求。

见:2008 年 12 月 13 日颁布的哈萨克斯坦共和国财政部财务委员会第 HK-12-23/10887 号信件

第 12 条　特殊性自然资源利用权的产生基础以及行使条件

1. 特殊性自然资源利用权的产生基础:

(1)利用和提取自然资源的许可证,以及在环境保护领域进行个别活动类型的许可证;

(2)根据哈萨克斯坦共和国法律规定的程序颁布的关于授予自然资源利用权的哈萨克斯坦共和国政府或者地方执行机关的决定;

(3)根据哈萨克斯坦共和国法律法规规定的程序签订的自然资源利用合同(协议)。

2. 根据哈萨克斯坦共和国立法法规规定的程序,特殊性自然资源利用权可以在本条第 1 款中所示的一项、两项或者全部项的基础上产生。

根据2009年11月16日颁布的第200-4号哈萨克斯坦共和国法律，对第3款进行修订（自2010年1月1日起生效）（见旧版）

3. 在持有生态许可证的情况下，允许向环境排放污染物的自然资源利用者行使特殊性自然资源利用权，除移动源的排放外。

4. 根据哈萨克斯坦共和国的立法向自然人和（或者）法人授予自然资源利用权。

5. 获得特殊性自然资源利用权的自然人和法人，除哈萨克斯坦共和国法律规定的情况外，无权支配特殊性自然资源利用权。

6. 根据哈萨克斯坦共和国法律对特殊性自然资源利用权进行限制或者禁止以确保国家安全和保护环境。

第二章　自然人、社会团体以及地方自治机关的权利与义务

第 13 条　自然人在环境保护领域享有的权利以及承担的义务

1. 自然人享有以下权利：

（1）在对其生命健康有利的良好环境中生存；

（2）实施有关保护和改善环境的措施；

（3）成立社会环保组织和建立环境保护基金；

（4）按照哈萨克斯坦共和国立法规定的程序，参与国家机构关于环境问题的决策过程；

（5）根据哈萨克斯坦共和国的立法，参加环境保护领域的会议、集会、纠察，游行示威和公民投票；

根据 2016 年 11 月 15 日颁布的第 404-5 号哈萨克斯坦共和国法律，对第 6 项进行修订（见旧版）

（6）向国家机关提交有关环境保护问题的信件、投诉、申请、要求和建议书，并且要求对上述文件进行审议；

（7）从国家机关和国家组织获得及时、完整和真实可靠的生态信息；

（8）在环境保护法规草案的制定阶段参与草案的讨论，以及向草案的设计者提出意见；

（9）参与制定有关环境的计划和方案；

（10）提出有关开展社会生态鉴定的建议，并且参与社会生态鉴定；

（11）通过行政程序或者司法程序提出取消关于安置、建设、重建和运行企业、设备和其他生态危害性客体的决策的要求，以及提出取消关于限制和终止对环境和人类健康造成不良影响的自然人和法人的经济活动和其他活动的决议的

要求；

(12)向法院提起因违反哈萨克斯坦共和国环境立法对其健康和财产造成损害的损害赔偿诉讼。

2. 自然人应当承担以下义务：

(1)保护环境，珍爱自然资源；

(2)落实旨在合理利用自然资源、保护环境和保障生态安全的措施；

(3)预防可能因其过错而对生态安全造成威胁；

(4)按照哈萨克斯坦共和国的环境立法开展活动。

3. 哈萨克斯坦共和国法律规定的自然人的其他权利和义务。

第 14 条 社会团体在环境保护领域享有的权利和承担的义务

1. 社会团体在环境保护领域开展活动时享有以下权利：

(1)制定和宣传生态计划，保护公民的权利和利益，号召公民自愿、积极地参与环境保护活动；

根据 2016 年 4 月 8 日颁布的第 491-5 号哈萨克斯坦共和国法律，将第 1-1 子项补充至本条

(1-1)向法院申请保护自然人和法人在环境保护和自然资源利用方面的权利、自由和合法权益，其中包括保护不确定群体的利益；

(2)执行有关环境保护和环境改善、合理利用和再生自然资源的工作，参与保护具有特殊生态、科学、历史文化和娱乐价值的环境客体以及参与特别自然保护区的活动；

(3)根据哈萨克斯坦共和国立法规定的程序参与国家机关通过有关环境问题的决策；

(4)完成有关生态教育和生态启蒙的工作，开展环境保护领域的科学研究；

(5)发起和组织社会生态鉴定，并举行听证会；

(6)开展社会生态监督；

(7)从国家机关和国家组织获取及时、完整和真实可靠的生态信息；

见：2016 年 11 月 25 日第 8 号哈萨克斯坦共和国最高法院《关于法院就民事问题适用哈萨克斯坦共和国生态立法的若干问题》的规范性决议

(8)与国家机关和国际组织在环境保护领域相互配合、开展合作，以及与国家机关和国际组织签订协议，根据该协议完成哈萨克斯坦共和国立法规定的特

定工作；

(9)在关于环境保护的规范性法律法规草案的制定阶段，参与讨论并向草案的设计者提出意见；

(10)参与制定与环境相关的计划和方案；

(11)提出关于追究自然人和(或者)法人责任的问题，向法院提起因违反哈萨克斯坦生态立法对公民健康和(或者)财产造成损害的损害赔偿诉讼；

(12)通过行政程序或者司法程序提出取消关于安置、建设、重建和运行企业、设备和其他生态危害性客体的决策的要求，以及提出取消关于限制和终止对环境和人类健康造成不良影响的自然人和法人的经济活动和其他活动的决议的要求；

见:2016 年 11 月 25 日第 8 号哈萨克斯坦共和国最高法院《关于法院就民事问题适用哈萨克斯坦共和国生态立法的若干问题》的规范性决议

(13)建立环境保护基金。

2. 社会组织在环境保护领域开展活动时应当承担以下义务：

(1)落实旨在合理利用自然资源、保护环境和生态安全保障的措施；

(2)根据哈萨克斯坦共和国的立法开展活动。

3. 哈萨克斯坦共和国法律规定的社会团体的其他权利和义务。

第 15 条　地方自治机关在环境保护和自然资源利用领域的职权

地方自治机关在环境保护和自然资源利用领域的职权如下：

1. 组织居民区的美化以及绿化工作；

2. 组织有关确保居民区卫生清洁的工作；

3. 维护生产废弃物和消费废弃物的储存场所和填埋场所；

4. 向经授权负责保护和利用历史文化遗产的国家机关和地方执行机关提出建议并说明具有生态、科学、历史、文化、娱乐价值的自然客体和其他客体属于历史遗迹或者文化古迹。

第三章　国家机关在环境保护和自然资源利用领域的职权

第16条　哈萨克斯坦共和国政府的职权

哈萨克斯坦政府在环境保护和自然资源利用领域应当：

1. 制定环境保护领域和自然资源利用领域以及废弃物管理领域国家政策的主要方针，以及制定实施上述政策方针的战略措施；

根据2011年12月3日颁布的第505-4号哈萨克斯坦共和国法律，将第1-1款补充至本条

1-1. 落实关于履行哈萨克斯坦共和国在气候变化领域签订的国际条约义务的国家政策；

2. 根据2011年12月3日颁布的第505-4号哈萨克斯坦共和国法律，本款已废止（见旧版）；

3. 根据2013年7月3日颁布的第124-5号哈萨克斯坦共和国法律，本款已废止（见旧版）；

4. 按照哈萨克斯坦共和国法律规定的程序，对授予自然资源利用权作出决议；

根据2015年11月17日颁布的第407-5号哈萨克斯坦共和国法律，将第4-1款补充至本条（自2016年1月1日起生效）

4-1. 确定生产者（进口商）附加义务的经营者，以及有权作为股东（创始人）参与创立生产者（进口商）附加义务的经营者并购买生产者（进口商）附加义务的经营者的股份（持股份额）；

根据2015年11月17日颁布的第407-5号哈萨克斯坦共和国法律，将第4-2款补充至本条（自2016年1月1日起生效）

4-2. 核准落实生产者(进口商)附加义务的规定;

根据2011年12月3日颁布的第505-4号哈萨克斯坦共和国法律,对第5款进行修订(见旧版)

5. 根据2013年7月3日颁布的第124-5号哈萨克斯坦共和国法律,本条已废止(见旧版);

6. 根据2014年9月29日颁布的第239-5号哈萨克斯坦共和国法律,本条已废止(见旧版);

根据2008年12月10日颁布的第101-4号哈萨克斯坦共和国法律(自2009年1月1日起生效)(见旧版)、2011年7月22日第479-4号哈萨克斯坦共和国法律(见旧版)、2011年12月3日第505-4号哈萨克斯坦共和国法律(见旧版),对第7款进行修订;第7款载于2014年9月29日颁布的第239-5号哈萨克斯坦共和国法律中(见旧版);根据2016年4月8日颁布的第491-5号哈萨克斯坦共和国法律,对第7款进行修订(见旧版)

7. 批准:

国家温室气体排放配额分配计划;

对环境污染损害进行经济评估的规定;

国家生态信息基金的管理规定;

关于哈萨克斯坦共和国环境状况和自然资源利用的国家报告的条例制定;

第8款载于2014年9月29日颁布的第239-5号哈萨克斯坦共和国法律中(见旧版)

8. 确定具有特殊生态、科学和文化意义的环境保护客体的目录;

根据2011年12月3日颁布的第505-4号哈萨克斯坦共和国法律(见旧版)、2013年6月21日颁布的第107-5号哈萨克斯坦共和国法律(见旧版),对第9款进行修订;第9款载于2014年9月29日颁布的第239-5号哈萨克斯坦共和国法律中(见旧版);根据2016年4月8日颁布的第491-5号哈萨克斯坦共和国法律,对第9款进行修订(见旧版)

9. 设定:

里海北部国家保护区的边界线;

废弃物进出口的程序以及中转过境的程序;

温室气体排放配额的分配程序,以及形成针对国家温室气体排放配额分配计划的配额量和配额量储备的程序;

旨在减少温室气体排放和温室气体吸收项目的审议、批准以及实施程序；

10. 开展国际合作；

11. 将该地区宣告为紧急生态情况区，以及通过有关终止紧急生态情况区法律制度的决议；

根据 2011 年 12 月 3 日颁布的第 505–4 号哈萨克斯坦共和国法律，将第 11–1 款补充至本条

11–1. 通过关于限制在实施项目期间获得的部分温室气体减排和吸收单位转让给其他国家的登记册和（或者）将其转入国家温室气体排放配额分配计划的配额量储备中；

根据 2011 年 7 月 5 日颁布的第 452–4 号哈萨克斯坦共和国法律，将第 12 款补充至本条（自其正式颁布之日起 3 个月期满后生效）

12. 履行哈萨克斯坦共和国宪法、法律以及总统令赋予的其他职能。

第 17 条　环境保护领域授权机关的职权

环境保护领域的授权机关应当：

第 1 款载于 2013 年 7 月 3 日颁布的第 124–5 号哈萨克斯坦共和国法律中（见旧版）

1. 在环境保护领域实施统一的国家政策；

根据 2011 年 12 月 3 日颁布的第 505–4 号哈萨克斯坦共和国法律，将第 1–1 款补充至本条

1–1. 根据 2013 年 7 月 3 日颁布的第 124–5 号哈萨克斯坦共和国法律，本条已废止（见旧版）；

根据 2013 年 6 月 13 日颁布的第 102–5 号哈萨克斯坦共和国法律，将第 1–2 款、第 1–3 款、第 1–4 款、第 1–5 款、第 1–6 款、第 1–7 款补充至本条

1–2. 落实国家在环境保护领域的政策；

1–3. 根据 2014 年 9 月 29 日颁布的第 239–5 号哈萨克斯坦共和国法律，本条已废止（见旧版）；

1–4. 在其职权范围内，制定和批准公共废弃物管理领域的规范性技术文件；

1–5. 组织公共废弃物管理领域的方法保证；

1–6. 根据 2014 年 9 月 29 日颁布的第 239–5 号哈萨克斯坦共和国法律，本

条已废止(见旧版);

第1-7款载于2014年9月29日颁布的第239-5号哈萨克斯坦共和国法律中(见旧版)

1-7. 制定和批准计算公共废弃物形成和集中囤积规范的示范规则;

根据2016年4月28日颁布的第506-5号哈萨克斯坦共和国法律,将第1-8款补充至本条

1-8. 在其职权范围内,制定和批准环境保护领域的规范性技术文件;

根据2016年4月28日颁布的第506-5号哈萨克斯坦共和国法律,将第1-9款补充至本条

1-9. 在其职权范围内,制定和批准环境保护领域的方法建议;

2. 在其职权范围内,协调中央执行机关和地方执行机关在实施环境保护方面的活动;

3. 在保护气候和地球臭氧层领域实施国家管理;

4. 在其职权范围内,协调自然人和法人在保护气候和地球臭氧层领域、保护生物多样性领域、防护土地荒漠化和退化领域的活动;

5. 在其职权范围内,确立或者批准经济活动和其他社会活动的生态标准和生态要求;

第6款载于2013年7月3日颁布的第124-5号哈萨克斯坦共和国法律中(见旧版)

6. 制定环境质量指标;

7. 根据2013年7月3日颁布的第124-5号哈萨克斯坦共和国法律,本条已废止(见旧版);

根据2011年12月3日颁布的第505-4号哈萨克斯坦共和国法律,对第8款进行修订(见旧版)

8. 在其职权范围内,签发生态许可证,并在生态许可证中制定环境排放限额;

根据2008年12月4日颁布的第97-4号哈萨克斯坦共和国法律,将第8-1款补充至本条(自2009年1月1日起生效)

8-1. 根据2012年4月27日颁布的第15-5号哈萨克斯坦共和国法律,本条已废止(见旧版);

根据2016年4月25日颁布的第505-5号哈萨克斯坦共和国法律,将第8-2款补充至本条

8-2. 监督环境保护领域提供国家服务的地方执行机关的活动;

9. 实施国家生态监督;

根据2015年11月17日颁布的第407-5号哈萨克斯坦共和国法律,将第9-1款补充至本条(自2016年1月1日起生效)

9-1. 对生产者(进口商)附加义务的履行实行国家监督;

根据2015年11月17日颁布的第407-5号哈萨克斯坦共和国法律,将第9-2款补充至本条(自2016年1月1日起生效)

9-2. 向哈萨克斯坦共和国政府提出申请以确定生产者(进口商)的附加义务;

10. 签发环境保护领域履行工作和提供服务的许可证;

11. 在其职权范围内,批准自然资源利用许可证和合同;

第12款载于2014年12月29日颁布的第269-5号哈萨克斯坦共和国法律中(见旧版);根据2017年2月27日颁布的第49-6号哈萨克斯坦共和国法律,对第12款进行修订(见旧版)

12. 在本条款和哈萨克斯坦共和国其他法律规定的职权范围内,实施国家生态鉴定,以及协调哈萨克斯坦共和国境内的生态鉴定活动,对生态鉴定进行方法指导,除对计划进行的生态鉴定外;

根据2008年12月4日颁布的第97-4号哈萨克斯坦共和国法律,对第13款进行修订(见旧版)(自2009年1月1日起生效)

13. 根据2011年12月3日颁布的第505-4号哈萨克斯坦共和国法律,本条已废止(见旧版);

14. 作出有关进行强制性生态审计的决议,并确定强制性生态审计的结论形式;

15. 组织对环境状况进行国家监测和其他个别类型的专业监测,同时协调管理国家统一的环境和自然资源监测系统;

16. 组织管理自然资源统一清查系统;

17. 组织管理生产废弃物和消费废弃物的国家清查;

18. 组织管理有害物质和放射性废弃物的填埋、向地下排放污水的国家清查,以及批准关于管理国家清查的指导性方法文件;

19. 组织管理环境污染地块的国家统计；

根据 2011 年 12 月 3 日颁布的第 505-4 号哈萨克斯坦共和国法律，对第 20 款进行修订（见旧版）

20. 组织管理臭氧消耗物质的消耗的国家清查；

根据 2011 年 12 月 3 日颁布的第 505-4 号哈萨克斯坦共和国法律，将第 20-1 款至第 20-3 款补充至本条

20-1. 组织管理碳单位的国家登记；

20-2. 组织管理温室气体排放源和吸收源的国家清查；

20-3. 确定关于激励废弃物利用和减少废弃物形成量的措施清单；

根据 2016 年 4 月 8 日颁布的第 491-5 号哈萨克斯坦共和国法律，将第 20-4 款补充至本条

20-4. 管理国家污染源排放和转移登记册；

见：国家污染源排放和转移登记册的管理条例

第 21 款载于 2013 年 6 月 21 日颁布的第 107-5 号哈萨克斯坦共和国法律中（见旧版）

21. 许可哈萨克斯坦共和国进口非关税同盟成员国的臭氧消耗物质和含有臭氧消耗物质的产品时，以及哈萨克斯坦共和国向非关税同盟国家出口臭氧消耗物质和含有臭氧消耗物质的产品；

根据 2013 年 6 月 21 日颁布的第 107-5 号哈萨克斯坦共和国法律，将第 21-1 款补充至本条

21-1. 为利用臭氧消耗物质进行施工，修理、安装和维护含有臭氧消耗物质的设备签发许可证；

见：《为利用臭氧消耗物质进行施工，修理、安装和维护含有臭氧消耗物质的设备签发许可证》国家服务标准（2015 年 4 月 23 日颁布的第 301 号哈萨克斯坦共和国能源署命令附件 3）

根据 2013 年 6 月 21 日颁布的第 107-5 号哈萨克斯坦共和国法律，将第 21-2 款补充至本条

21-2. 对哈萨克斯坦共和国领土上的废弃物跨境运输签发意见书；

22. 根据 2016 年 3 月 29 日颁布的第 479-5 号哈萨克斯坦共和国法律，本条已废止（见旧版）；

23. 组织管理国家生态信息基金，为获取拟议实施的经济活动和其他社会活动的环境影响评估程序和决策过程的信息，确定时限和程序；

24. 制定最佳可行技术的清单，以及组织管理最佳可行技术登记册；

根据 2009 年 6 月 23 日颁布的第 164–4 号哈萨克斯坦共和国法律，将第 24–1 款补充至本条

24–1. 对生态危险型技艺、技术和设备进行登记；

根据 2016 年 4 月 25 日颁布的第 505–5 号哈萨克斯坦共和国法律，将第 24–2 款补充至本条

24–2. 批准用于清除哈萨克斯坦共和国海域和内陆水域紧急石油泄漏的分散剂的清单；

25. 确定安置于各等级废弃场的废弃物的清单；

26. 制定环境保护领域的技术法规；

根据 2015 年 11 月 17 日颁布的第 407–5 号哈萨克斯坦共和国法律，将第 26–1 款补充至本条（自 2016 年 1 月 1 日起生效）

26–1. 制定生产者（进口商）附加义务的条例；

27. 制定和批准关于组织和开展国家生态监督的文件形式；

根据 2017 年 4 月 5 日颁布的第 56–6 号哈萨克斯坦共和国法律，将第 27–1 款补充至本条

27–1. 制定和批准温室气体排放的单位系数比率清单；

28. 制定和批准关于开展环境影响评价和国家生态鉴定的指导性和方法性文件，其中包括开展国家生态鉴定的程序；

根据 2008 年 12 月 10 日颁布的第 101–4 号哈萨克斯坦共和国法律，将第 28–1 款补充至本条（自 2009 年 1 月 1 日起生效）

28–1. 根据 2009 年 7 月 17 日颁布的第 188–4 号哈萨克斯坦共和国法律，本条已废止（见旧版）；

根据 2011 年 12 月 3 日颁布的第 505–4 号哈萨克斯坦共和国法律，将第 28–2 款至第 28–8 款补充至本条

28–2. 制定温室气体清查的监测程序和监督程序；

28–3. 制定温室气体排放和吸收领域项目机制的程序；

28–4. 制定国家温室气体排放配额分配计划；

第28-5款载于2016年4月8日颁布的第491-5号哈萨克斯坦共和国法律中(见旧版)

28-5.制定温室气体排放配额分配程序以及国家温室气体排放配额分配计划中既定数量和配额量形成的程序;

28-6.制定废弃物管理计划的程序;

28-7.制定在里海哈萨克斯坦段开展石油作业时组织和开展生产行为生态监测的规则;

28-8.制定在里海哈萨克斯坦段开展石油作业时组织和开展生态背景研究的规则;

根据2014年12月29日颁布的第269-5号哈萨克斯坦共和国法律,将第28-9款补充至本条

28-9.批准确定废弃物的危害程度和废弃物编码的方法;

根据2016年4月8日颁布的第491-5号哈萨克斯坦共和国法律,将第28-10款至第28-11款补充至本条

28-10.组织制定关于哈萨克斯坦共和国环境状况和自然资源利用的国家报告;

28-11.制定管理国家生态信息基金的规则;

根据2016年4月28日颁布的第506-5号哈萨克斯坦共和国法律,将第28-12款补充至本条

28-12.确定管理根据卫星导航系统的数据跟踪废弃物专业运输车辆的移动情况信息系统的组织;

根据2011年12月3日颁布的第505-4号哈萨克斯坦共和国法律(见旧版)、2011年7月15日颁布的第461-4号哈萨克斯坦共和国法律(自其正式颁布之日起6个月期满后生效)、2014年9月29日颁布的第239-5号哈萨克斯坦共和国法律(见旧版)、2015年11月17日颁布的第407-5号哈萨克斯坦共和国法律(自2016年1月1日起生效)(见旧版)、2016年4月8日颁布的第491-5号哈萨克斯坦共和国法律(见旧版)、2016年4月25日颁布的第505-5号哈萨克斯坦共和国法律(见旧版)、2016年4月28日颁布的第506-5号哈萨克斯坦共和国法律(见旧版),对第29款进行修订

29.批准以下内容:

确定环境排放标准的方法;

确定关于将分散剂列入用于清除哈萨克斯坦共和国海域和内陆水域石油泄漏分散剂清单的方法；

危险废弃物的报告形式；

将自然资源利用条件列入环境排放许可证的程序，签发环境排放许可证的文件形式及其填写程序；

环境保护措施的示范清单；

计算环境排放费用的方法；

国家生态鉴定结论的形式；

技术监管领域的专家委员会的组成和地位；

交换关于管理国家统一的环境和自然资源监测系统信息的清单、方式和时限；

将温室气体排放和吸收管理领域的项目机制单位转换为配额单位的程序；

制定关于减少温室气体排放的国内项目程序，以及能够实施该项目的经济产业和行业清单；

根据哈萨克斯坦共和国的国际条约相互承认配额单位和其他碳单位的程序；

实施温室气体排放配额和碳单位交易的程序；

以开展贸易为目的，管理温室气体排放单位的监测、统计和汇报的程序；

设备出厂证的形式；

关于温室气体清查报告的形式；

规范温室气体排放测量和统计的程序；

计算温室气体排放量、减少排放量以及温室气体吸收量的方法；

处理持久性有机污染物和含有持久性有机污染物的废弃物的规则；

管理国家碳单位登记册的程序；

最佳可行技术清单；

制定排放标准的污染物和废弃物分类清单；

配额的交易程序和减少环境排放义务的交易程序；

对环境保护领域许可活动类型的资格要求；

环境保护领域的技术法规；

国家污染区登记册的管理程序；

清查温室气体的监测和监督程序；

落实温室气体排放和吸收领域项目机制的程序；

制定废弃物管理计划的规则；

在里海哈萨克斯坦段进行石油业务时组织和开展生态监测的规则；

生产者（进口商）附加义务涉及的产品（商品）清单；

组织收集、运输、加工、无害化处理、使用和（或者）利用废弃物的费用计算方法；

与经授权经营国家支持的高新工业领域的国家机关一同，鼓励在哈萨克斯坦共和国境内生产生态清洁型汽车（符合4级生态级别及4级以上的生态级别；配电动马达）及其零部件；

温室气体排放监测计划的形式；

国家污染源排放和转移登记册的管理规定；

国家温室气体排放配额分配计划中配额量的分配方法；

经济活动分类清单，该项目可以提公开听证会；

提供以下信息的形式：

关于将环境排放费用划入预算的信息；

关于将环境损害的罚款划入预算的信息；

关于将因违反哈萨克斯坦共和国的生态立法所缴纳的罚款划入预算的信息；

关于用于环境保护措施的预算支出；

关于采取清除哈萨克斯坦共和国海上和内陆水域紧急石油泄漏的方法的规则；

关于废弃物清查报告的形式及其填写说明；

关于废弃物安置客体清查事项的填写方式；

关于固体生活废弃物的收集、运输、利用、加工和填埋税费的计算方法；

关于在里海哈萨克斯坦段开展石油作业时的组织规则和研究生态背景的规则；

根据2011年12月3日颁布的第505-4号哈萨克斯坦共和国法律（见旧版）、2011年7月15日颁布的第461-4号哈萨克斯坦共和国法律（自其正式颁布之日起6个月期满后生效）（见旧版）、2014年9月29日颁布的第239-5号哈萨克斯坦法律（见旧版）、2016年4月8日颁布的第491-5号哈萨克斯坦共和国法律（见旧版），对第30款进行修订

30. 规定以下内容：

举行听证会的程序；

为温室气体减排和吸收的市场机制主体制定温室气体排放配额；

对生产行为进行生态监督的结果报告的要求；

确定环境质量指标的程序；

综合生态许可证的签发程序，以及可以用综合生态许可证替代环境排放许可证的工业客体的分类清单；

利用臭氧消耗物质施工许可证的签发程序，维修、安装和维护含有臭氧消耗物质设备许可证的签发程序；

见：《为利用臭氧消耗物质进行施工，修理、安装和维护含有臭氧消耗物质的设备签发许可证》国家服务标准（2015 年 4 月 23 日颁布的第 301 号哈萨克斯坦共和国能源署命令附件 3）

臭氧消耗物质消耗量的统计程序；

评估区域生态情况的标准；

评估土地环境的标准；

受国家规制的温室气体的清单；

哈萨克斯坦共和国的国际条约规定的温室气体和其他衍生气体的部分分配量、减排单位、核证减排单位、吸收单位的创建程序和流通程序；

签发、修改和注销温室气体排放配额的程序；

落实生态（绿色）投资的程序；

31. 完善国家生态监督机构体系中实验分析监督部门的活动；

第 32 款载于 2013 年 7 月 3 日颁布的第 124-5 号哈萨克斯坦共和国法律中（见旧版）

32. 参与协调综合利用水体和保护水体的流域计划，制定流域协议，以及在其职权范围内落实流域水资源管理的原则；

33. 开展环境保护领域的国际合作；

34. 签署环保领域的协议和备忘录；

35. 根据 2014 年 1 月 13 日颁布的第 159-5 号哈萨克斯坦共和国法律，本条已废止（见旧版）；

36. 根据 2014 年 1 月 13 日颁布的第 159-5 号哈萨克斯坦共和国法律，本条已废止（见旧版）；

根据 2011 年 12 月 3 日颁布的第 505-4 号哈萨克斯坦共和国法律，将第 36-1 款至第 36-4 款补充至本条

36-1. 落实哈萨克斯坦共和国在气候变化领域的国际条约；

36-2. 确定有关落实哈萨克斯坦共和国在气候变化领域的国际条约的工作机构；

36-3. 批准旨在减少哈萨克斯坦共和国境内温室气体的排放和温室气体吸收的项目；

36-4. 根据 2016 年 4 月 8 日颁布的第 491-5 号哈萨克斯坦共和国法律，本条已废止(见旧版)；

37. 根据 2011 年 7 月 5 日颁布的第 452-4 号哈萨克斯坦共和国法律，本条已废止(自其正式颁布之日起 3 个月期满后生效)(见旧版)；

38. 根据 2014 年 12 月 29 日颁布的第 269-5 号哈萨克斯坦共和国法律，本条已废止(见旧版)；

根据 2011 年 12 月 3 日颁布的第 505-4 号哈萨克斯坦共和国法律，将第 38-1 款至第 38-6 款补充至本条

38-1. 协调中央执行机关的活动以落实哈萨克斯坦共和国签署的有关保护自然遗产和文化遗产的国际条约；

38-2. 组织落实哈萨克斯坦共和国关于持久性有机污染物的国际条约；

38-3. 履行国家机关的职能，以落实哈萨克斯坦共和国签署的关于国际贸易中对某些危险化学物质和除莠剂预先同意程序的国际条约；

38-4. 批准进行气象和水文监测的指导性和方法性文件；

38-5. 批准关于计算环境排放的指导性和方法性文件，协调利用软件系统来计算环境排放标准；

38-6. 在履行哈萨克斯坦共和国关于持久性有机污染物的国际条约义务、监督危险废弃物跨境运输和清除的国际条约义务，以及国际贸易中对某些危险化学物质和除莠剂预先同意程序的国际条约义务的框架下，对化学危险物质，其中包括持久性有机污染物，实行国家管理；

根据 2014 年 9 月 29 日颁布的第 239-5 号哈萨克斯坦共和国法律，将第 38-7 款至第 38-8 款补充至本条

38-7. 在其职权范围内，确定自然资源国家统计、国家清查和国家监测的管理程序；

38-8. 确定以下内容:

经济活动和其他社会活动的生态危险分类清单;

环境保护领域公开竞争项目的实施程序;

法院判决确认属于国家财产的无主危险废弃物的管理秩序;

废物安置场清算资金的建立程序;

根据2011年7月5日颁布的第452-4号哈萨克斯坦共和国法律,将第39款补充至本条(自其正式颁布之日起3个月期满后生效)

39. 履行本法典、哈萨克斯坦共和国其他法律、总统令和哈政府法令规定的其他职权。

第17-1条　根据2013年6月13日颁布的第102-5号哈萨克斯坦共和国法律,本条已废止(见旧版)

第18条　国家特别授权机关的职权

1. 经特别授权的环境保护领域、自然资源再生和利用领域的国家机关是指:

(1)经授权的水资源利用和保护领域的国家机关;

(2)经授权的土地资源管理领域的中央机关;

(3)经授权的林业领域的国家机关;

(4)经授权的动物界保护、繁殖和利用领域的国家机关;

(5)经授权的特别自然保护区的国家机关;

(6)经授权的地下资源研究和利用领域的国家机关;

第7项载于2014年4月11日颁布的第189-5号哈萨克斯坦共和国法律中(见旧版)

(7)经授权的民事保护领域的国家机关;

(8)经授权的卫生和流行病防疫安全领域的国家机关;

第9项载于2014年1月17日颁布的第165-5号哈萨克斯坦共和国法律中(见旧版)

(9)经授权的兽医领域的机关;

(10)经授权的植物保护和检疫领域的国家机关;

(11)经授权的原子能利用领域的国家机关。

第2款载于2014年4月11日颁布的第189-5号哈萨克斯坦共和国法律中(见旧版)

2. 国家特别授权机关的职权应当由哈萨克斯坦共和国的土地资源立法,水资源立法,森林资源立法,哈萨克斯坦共和国在动物卫生保健、保护、繁殖和利用领域的立法,在特别自然保护区、兽医、植物检疫、原子能利用、辐射安全保障领域的立法,有关地下资源和地下资源利用的立法,有关公民保护、植物保护立法进行确定。

根据2011年7月22日颁布的第479-4号哈萨克斯坦共和国法律,对第19条进行修订(见旧版)

第19条　环境保护领域的各州地方代表机关、直辖市地方代表机关和首都地方代表机关的职权

环境保护领域的各州地方代表机关、直辖市地方代表机关和首都地方代表机关(以下简称地方代表机关):

1. 根据2013年7月3日颁布的第124-5号哈萨克斯坦共和国法律,本条已废止(见旧版);

2. 在其职权范围内,批准有关废弃物管理的计划;

第3款载于2011年12月3日颁布的第505-4号哈萨克斯坦共和国法律中(见旧版)

3. 在其职权范围内,批准行政区域单位内的环境质量指标;

根据2011年12月3日颁布的第505-4号哈萨克斯坦共和国法律,将第3-1款补充至本条

3-1. 批准区域发展计划以及减少温室气体排放和温室气体吸收的项目;

4. 听取地方执行机关负责人和法人关于环境保护和自然资源利用情况的报告;

5. 在其职权范围内,通过自然资源利用条例,违反该条例应当承担行政责任;

6. 根据2008年12月10日颁布的第101-4号哈萨克斯坦共和国法律,本条已废止(自2009年1月1日起生效)(见旧版);

根据2011年7月22日颁布的第479-4号哈萨克斯坦共和国法律,将第6-1款补充至本条

6-1. 批准公共废弃物形成和集中囤积的规范；

根据 2011 年 7 月 5 日颁布的第 452-4 号哈萨克斯坦共和国法律，将第 7 款补充至本条（自其正式颁布之日起 3 个月期满后生效）

7. 根据哈萨克斯坦共和国立法的规定，行使其他保障公民权利和合法利益的职权。

根据 2011 年 7 月 22 日颁布的第 479-4 号哈萨克斯坦共和国法律，将第 19-1 条补充至本法典；根据 2015 年 11 月 17 日颁布的第 407-5 号哈萨克斯坦共和国法律，对其进行修订（自 2016 年 1 月 1 日起生效）（见旧版）；第 19-1 条载于 2016 年 4 月 28 日颁布的第 505-5 号哈萨克斯坦共和国法律中（见旧版）

第 19-1 条　公共事业领域的各州区地方代表机关、各州市地方代表机关、直辖市地方代表机关、首都地方代表机关的职权

公共事业领域的各州区地方代表机关、各州市地方代表机关、直辖市地方代表机关、首都地方代表机关有以下职权：

1. 批准公共废弃物形成和集中囤积的规范；
2. 批准固体生活废弃物的收集、运输、利用，加工以及填埋的税率；
3. 批准法院判决确认属于公共财产的无主废弃物的管理规定；
4. 根据哈萨克斯坦共和国的立法行使其他保障公民权利和合法利益的职权。

根据 2011 年 7 月 22 日颁布的第 479-4 号哈萨克斯坦共和国法律，对第 20 条进行修订（见旧版）

第 20 条　环境保护领域的各州地方执行机关、直辖市地方执行机关、首都地方执行机关的职权

环境保护领域的各州地方执行机关、直辖市地方执行机关、首都地方执行机关（以下简称地方执行机关）：

1. 根据 2013 年 7 月 3 日颁布的第 124-5 号哈萨克斯坦共和国法律，本条已废止（见旧版）；

根据 2013 年 6 月 13 日颁布的第 102-5 号哈萨克斯坦共和国法律，将第 1-1 款补充至本条

1-1. 落实国家在环境保护领域的政策；

根据2013年6月13日颁布的第102-5号哈萨克斯坦共和国法律，将第1-2款补充至本条

1-2. 在职权范围内，签署环境保护领域的协约和备忘录；

第2款载于2014年12月29日颁布的第269-5号哈萨克斯坦共和国法律中(见旧版)、2017年2月27日颁布的第49-6号哈萨克斯坦共和国法律中(见旧版)

2. 在其职权范围内，基于客体建设项目的本部门以外的综合性鉴定结论，禁止或者允许对现有客体新建或改建(重建、扩建、技术改装、现代化以及大修)；

第3款载于2017年2月27日颁布的第49-6号哈萨克斯坦共和国法律中(见旧版)

3. 在其职权范围内，针对经济活动客体组织和开展国家生态鉴定，除针对项目组织和开展的生态鉴定外；

根据2008年12月4日颁布的第97-4号哈萨克斯坦共和国法律，将第3-1款补充至本条(见旧版)；第3-1款载于2011年12月3日颁布的第505-4号哈萨克斯坦共和国法律中(见旧版)

3-1. 在其职权范围内，签发环境排放许可证，并在许可证中制定环境排放临时限额；

4. 在开展国家生态鉴定时，举行听证会；

5. 针对环境保护领域文件的制定作出决议，并向经授权的环境保护领域的机关提交该文件的草案并对其进行审议；

根据2011年7月15日颁布的第461-4号哈萨克斯坦共和国法律，对第6款进行修订(自其正式颁布之日起6个月期满后生效)(见旧版)

6. 聘请环境保护领域履行工作和提供服务的编制外的专家(自然人和法人)开展鉴定工作；

7. 在其职权范围内，制定环境质量指标；

8. 组织制定关于废弃物管理的计划，并确保该计划的执行；

根据2011年7月22日颁布的第479-4号哈萨克斯坦共和国法律，将第8-1款补充至本条

8-1. 制定公共废弃物形成和集中囤积的规范，并向地方代表机关提请核准该规范；

9. 对生产废弃物和消费废弃物安置设施的建设用地进行划分；

10. 确保用于清除和安置废弃物的客体的建设；

11. 确保在处理公共废弃物时遵守生态要求；

12. 监督废弃物的产生量，并制定措施以及采取经济干预手段以减少废弃物的产生，提高废弃物的再利用或者替代利用的水平，以及减少废弃物的填埋量；

13. 按照哈萨克斯坦共和国法律规定的程序，作出关于自然资源利用的决议；

14. 告知居民有关相应区域范围内自然客体状况的信息；

15. 对开展社会生态鉴定进行登记；

16. 制定环境保护领域的投资草案，并且向经授权的环境保护领域的机关提交该投资草案；

根据2011年7月5日颁布的第452-4号哈萨克斯坦共和国法律，将第17款补充至本条（自其正式颁布之日起3个月期满后生效）

17. 为保障地方政府的利益，执行哈萨克斯坦共和国立法赋予地方执行机关的其他权力；

根据2014年9月29日颁布的第239-5号哈萨克斯坦共和国法律，将第17-1款至第17-3款补充至本条

17-1. 在其职权范围内，协调环境保护措施；

17-2. 组织开展处理公共废弃物领域的科学应用研究和实验开发工作；

17-3. 批准公共废弃物形成和集中囤积规范的计算规则；

根据2011年12月3日颁布的第505-4号哈萨克斯坦共和国法律，将第18款补充至本条；第18款载于2013年7月3日颁布的第124-5号哈萨克斯坦共和国法律中（见旧版）

18. 制定以及与经授权的环境保护领域的机关协商有关减少温室气体排放和温室气体吸收的草案。

根据2011年7月22日颁布的第479-4号哈萨克斯坦共和国法律，将第20-1条补充至本法典；根据2014年9月29日颁布的第239-5号哈萨克斯坦共和国法律，对第20-1条进行修订（见旧版）；根据2015年11月17日颁布的第407-5号哈萨克斯坦共和国法律（自2016年1月1日起生效），对第20-1条进行修订；第20-1条载于2016年4月28日颁布的第506-5号哈萨克斯坦共和国法律中（见旧版）

第 20-1 条　公共事业领域的各州区地方执行机关、各州市地方执行机关、直辖市地方执行机关、首都地方执行机关的职权

公共事业领域的各州区地方执行机关、各州市地方执行机关、直辖市地方执行机关、首都地方执行机关：

1. 落实国家在处理公共废弃物领域的政策；

2. 制定公共废弃物形成和集中囤积规范，并向各州区地方代表机关、各州市地方代表机关、直辖市地方代表机关、首都地方代表机关提请核准该规范；

3. 根据经授权的环境保护领域的机关制定和批准的方法，与生产者（进口商）附加义务的经营者一同制定收集、运输、利用、加工和填埋固体生活废弃物的税费，并向各州区地方代表机关、各州市地方代表机关、直辖市地方代表机关、首都地方代表机关提请核准该税费；

4. 与生产者（进口商）附加义务的经营者一同确定从事收集、运输、利用、加工和填埋固体生活废弃物的主体之间的税费金额以及分配程序；

5. 制定经法院判决确认属于公共财产的无主废弃物的管理规范，并向各州区地方代表机关、各州市地方代表机关、直辖市地方代表机关、首都地方代表机关提请核准该管理规范；

6. 为保障地方政府利益，执行哈萨克斯坦共和国立法赋予地方执行机关的其他职权。

第二编　环境保护领域的行为许可制度、生态标准制度、环境保护领域的技术法规、环境影响评价制度、生态鉴定制度、生态许可制度、生态审计制度

根据2011年7月15日颁布的第461-4号哈萨克斯坦共和国法律，对第21条进行修订（自其正式颁布之日起6个月期满后生效）（见旧版）；根据2012年7月10日颁布的第36-5号哈萨克斯坦共和国法律，对其进行修订（见旧版）

第21条　环境保护领域的行为许可制度

1. 根据本法典第40条规定，自然人和法人关于Ⅰ类经济活动和其他社会活动的环境保护设计、标准和生态审计，应当依据环境保护领域履行工作和提供服务的许可证进行。

第2款载于2014年5月16日颁布的第203-5号哈萨克斯坦共和国法律中（见旧版）

2. 环境保护领域履行工作和提供服务活动是由环境保护领域的授权机关根据哈萨克斯坦共和国关于许可证和通知的立法进行许可的。

第3款载于2014年9月29日颁布的第239-5号哈萨克斯坦共和国法律中（见旧版）

3. 环境保护领域许可类型活动的资质要求应当经环境保护领域授权机关批准。

第四章　生态标准制度

第22条　实施生态标准制度的目的

1. 生态标准制度的目的在于规范环境质量并确定可能对其造成的影响、确保生态安全、保护生态系统和生物多样性。

2. 在实施生态标准制度过程中建立环境质量标准、排放标准以及自然资源利用和保护领域的标准。

根据2016年4月25日颁布的第505–5号哈萨克斯坦共和国法律，将第3款补充至本条

3. 因采用方法清除事故性石油泄漏而造成的排放不应规定标准。

第23条　环境质量标准和确定环境质量标准的程序

1. 环境质量标准包括：

(1) 根据环境状态的化学指标建立的标准，其中包括最大允许浓度标准（包括放射性物质）和化学物质大致安全水平；

(2) 根据环境状态的物理指标建立的标准，其中包括噪声、振动、磁场、放射性、热等物理影响的最大允许水平；

(3) 根据环境状态的生物指标建立的标准，包括用作环境质量指标的植物、动物和其他生物体的种类和群体的生物指标，以及由卫生和防疫条例和规则、卫生标准规定的微生物最大允许浓度标准：

土壤地位级、腐殖质含量、土壤水蚀和风蚀指标及其沼泽化、土壤盐渍化、土壤碱化和土地的其他土壤特征；

区域的森林覆盖率和造林、森林杂物堆积、森林卫生状况、个别森林储备地块的其他质量指标；

用于饮用水和其他目的的水质量标准；

哈萨克斯坦共和国立法规定的其他自然资源状况标准；

(4)哈萨克斯坦共和国立法规定的其他环境质量标准。

2. 为了制定最大允许浓度标准，由人口卫生和防疫福利领域被授权的国家机关对潜在危险化学物质进行国家登记管理，包括根据其危险程度对有害物质进行分类，在哈萨克斯坦共和国境内允许使用经过国家登记的化学物质。

3. 制定物质的最大允许浓度标准和大致安全水平的程序由哈萨克斯坦共和国关于人口卫生和防疫福利，保护、生殖和使用动物以及哈萨克斯坦共和国土地立法的相关规定确定。

4. 根据哈萨克斯坦共和国的各种自然资源立法建立自然资源状况标准。

根据2013年7月3日颁布的第124–5号哈萨克斯坦共和国法律，将第24条补充至本法典(见旧版)

第24条　环境质量指标

1. 可以针对个别区域建立环境质量指标。

2. 环境质量指标规定了一段时间内环境标准化参数的限制水平，同时考虑到环境质量逐步提高的需要。

3. 可以建立各种环境质量指标：

(1)住宅区；

(2)特别自然保护区；

(3)娱乐区；

(4)沙漠地区和半沙漠地区；

(5)水体。

第4款载于2013年7月3日颁布的第124–5号哈萨克斯坦共和国法律中(见旧版)

4. 在哈萨克斯坦共和国国家计划制度文件中制定环境质量指标。

5. 建立环境质量指标应当确保：

(1)在哈萨克斯坦共和国全境分阶段实现环境质量标准；

(2)生态安全和降低居民健康风险；

第3项载于2013年7月3日颁布的第124–5号哈萨克斯坦共和国法律中(见旧版)

(3)环境质量标准化的同时考虑社会经济条件、哈萨克斯坦共和国国家计划制度的文件以及需要保护生态系统、动植物遗传基金等。

第6款载于2014年9月29日颁布的第239-5号哈萨克斯坦共和国法律中(见旧版)

6. 确定环境质量指标的程序由环境保护领域被授权的机构制定。

第25条　排放标准

1. 排放标准包括:

(1)技术具体排放标准;

(2)最大允许排放和排泄污染物质的标准;

(3)安置生产和消费废弃物的标准;

(4)根据2016年4月25日颁布的第505-5号哈萨克斯坦共和国法律,本项已废止(见旧版);

根据2011年3月12日颁布的第505-4号哈萨克斯坦共和国法律,将第5项补充至本条

(5)在环境中露天安置硫黄的标准。

2. 排放标准应确保符合环境质量标准,同时考虑到区域和水域的自然特征,并根据最大允许浓度或者环境质量指标来计算。

3. 排放标准的数值是签发生态许可证的基础,并作出关于必须采取技术措施的决定以减少经济活动和其他社会活动对环境和居民健康的负面影响。

第26条　排放的技术容量标准

1. 根据最佳可行技术为具体工业过程和行业制定技术具体排放标准。

2. 在技术规程中制定技术具体排放标准,且其是综合生态许可证的基础。

根据2011年12月3日颁布的第505-4号哈萨克斯坦共和国法律,将第3款补充至本条

3. 通过技术规程制定移动源的大气污染物排放技术具体排放标准。

第27条载于2011年12月3日颁布的第505-4号哈萨克斯坦共和国法律中(见旧版)

第 27 条　最大允许排放污染物的标准和最大允许排泄污染物的标准、安置生产废弃物和消费废弃物的标准

1. 除温室气体排放外，最大允许排放和排泄污染物质的标准、安置生产和消费废弃物的标准是根据每个固定排放源和整个企业计算得出的排放值，以保障实现环境质量标准。

第 2 款载于 2014 年 12 月 29 日颁布的第 269-5 号哈萨克斯坦共和国法律中（见旧版）

2. 在发放包含标准计算值项目的环境排放许可证时，应对最大允许排放和排泄污染物质的最大允许量、生产和消费废弃物的处置标准，固体排放源和移动排放源以及技术过程和设备制定具体的排放标准。上述第Ⅰ类、第Ⅱ类和第Ⅲ类客体排放和排泄污染物质的最大允许量标准的有效期，以及生产和消费废弃物的处置标准的有效期为 10 天；第Ⅳ类客体排放和排泄污染物质的最大允许量标准的有效期、生产和消费废弃物的处置标准的有效期为无限期。

第 28 条　排放标准的制定程序

第 1 款载于 2011 年 12 月 3 日颁布的第 505-4 号哈萨克斯坦共和国法律中（见旧版）

1. 环境排放标准应当作为拟议实施的经济活动和其他社会活动的环境影响评价的一部分或者以单独的文件形式提供给运营企业。

根据 2011 年 7 月 15 日颁布的第 461-4 号哈萨克斯坦共和国法律，对第 2 款进行修订（自其正式颁布之日 6 个月期满后生效）（见旧版）

2. 根据本法典第 40 条的规定，应当由具有环境保护领域履行工作和提供服务许可证的自然人和法人制定第Ⅰ类经济活动和其他社会活动的排放标准。

第 3 款载于 2016 年 4 月 25 日颁布的第 505-5 号哈萨克斯坦共和国法律中（见旧版）

3. 为了在卫生防护区边界和附近居民区达到环境质量标准的目标，将某些排放源的排放标准设定为等于特定技术排放标准，或者通过计算和（或者）仪器确定排放标准。

4. 由环境保护领域授权机关通过计算的方式核准排放标准的确定方法。

第 5 款载于 2012 年 7 月 10 日颁布的第 34-5 号哈萨克斯坦共和国法律中（见

旧版)

5. 在确定排放标准时应当考虑到现有的环境污染。由国家水文气象局根据与项目定制人或者项目组织的合同提供环境质量参数的背景浓度。提供环境质量参数的背景浓度属于与环境状况监测有关的活动。

第6款载于2011年12月3日颁布的第505–4号哈萨克斯坦共和国法律(见旧版)、2015年10月29日颁布的第376–5号哈萨克斯坦共和国法律中(自2016年1月1日起生效)(见旧版)

6. 对移动源污染物的大气排放标准不作规定。由哈萨克斯坦共和国在技术法规领域的立法确定废气中主要大气污染物的限制浓度。

见:2007年8月25日公布的第03–2–1–4/8548号哈萨克斯坦共和国环境保护部信件,2007年8月21日公布的第04–2–2–5/7729号哈萨克斯坦共和国环境保护部信件;2011年4月12日公布的哈萨克斯坦共和国环境保护部解答。

第29条　其他自然资源状况的标准

1. 为保护自然资源并使其再生确定自然资源状况标准。

2. 由哈萨克斯坦共和国关于地下资源和地下资源使用的立法,保护、再生和使用动物资源的立法,有关土地、水资源和森林资源的立法制定自然资源状况标准和确定程序。

第五章　环境保护领域的技术法规

第 30 条载于 2015 年 10 月 29 日颁布的第 376-5 号哈萨克斯坦共和国法律中(自 2016 年 1 月 1 日起生效)(见旧版)

第 30 条　环境保护领域确认合格的客体和程序

由哈萨克斯坦共和国在技术法规领域的立法确定环境保护领域确认合格的客体和程序。

第 31 条　以确保生态安全为目的制定的确认合格的标准

1. 统一的标准可确保遵守技术法规领域的法律法规所规定的要求。

组织标准的适用具有自愿性,并且不应与技术法规领域的法律法规所规定的要求相抵触。

2. 禁止销售必须通过确认合格但未通过的产品、服务、流程。

第 32 条　生态标识

1. 生态标识的任务是:

(1)确保消费者不购买(使用)对环境有害的产品;

(2)在各类产品的生产、使用和清除(废物利用、加工)中预防环境污染;

(3)确保设备、技术流程、生产和产品的安全;

(4)引进环保工艺流程、设备和生产;

(5)防止将危害生态的产品和技术进口到国内;

(6)促进出口并提高本土产品的竞争力。

2. 生态标志的客体是指在其生产过程中对环境、人类健康和生物资源危害最小或者影响最小的产品。生态标志的客体包括产品的生产过程和应用技术。

第3款载于2015年10月29日颁布的第376-5号哈萨克斯坦共和国法律中(自2016年1月1日起生效)(见旧版)

3. 确认合格后,生产者自会愿将自己的产品标记为生态清洁型产品。产品的生态标志是由相关行业的非营利组织根据哈萨克斯坦共和国在技术法规领域立法规定的程序落实。

4. 生态清洁型产品的标准,生态清洁型产品的标签形式和技术要求由非营利组织根据《哈萨克斯坦共和国技术法规法》制定。

第33条　技术法规领域的鉴定专家委员会

环境保护领域授权机关的技术法规专家委员会起草技术法规草案,并审议环境保护领域制定和应用技术法规的建议。

第34条　国际标准的采用

1. 通过以下方法鼓励自然资源利用者采用环境保护管理体系的国际标准:

(1)宣传有关国际标准的信息;

(2)环境保护领域授权机关对已采用环境保护管理体系国际标准并持有确认采用该标准文件的自然资源利用者减少检查频率;

(3)利用环境保护经济协调机制。

2. 按照哈萨克斯坦共和国的立法采取鼓励采用国际标准的措施。

根据2011年12月3日颁布的第505-4号哈萨克斯坦共和国法律,将第34-1条补充至本法典

第34-1条　温室气体排放和吸收标准

根据2016年4月8日颁布的第491-5号哈萨克斯坦共和国法律,对第1款进行修订(见旧版)

1. 为协调温室气体排放和吸收、清查、检验和验证的项目机制,环境保护领域的授权机关应当与技术法规领域的授权机关协同制定和批准在哈萨克斯坦共和国领土内承认并允许的国际标准和国内标准的规则和准则。

2. 温室气体排放和吸收领域国家规制的主体在其活动中应当遵守环境保护领域授权机关承认和许可的标准。

第六章　环境影响评价制度

第 35 条　环境影响评价

环境影响评价，是指评价经济活动和其他社会活动对环境和人类健康可能造成的后果，并按照哈萨克斯坦共和国生态立法的要求制定措施以预防不良影响（自然生态系统和自然资源的破坏、退化、损害和枯竭）和改善环境。

第 36 条　强制进行环境影响评价

1. 环境影响评价对可能会给环境和人类健康造成直接或者间接影响的任何经济活动和其他社会活动均具有强制性。

2. 禁止开发和实施影响环境而未对其进行环境影响评价的经济活动和其他社会活动项目。环境影响评价结论应当作为初步计划文件、计划文件、初步项目文件和项目文件中不可分割的组成部分。

根据 2011 年 7 月 15 日颁布的第 461-4 号哈萨克斯坦共和国法律，对第 3 款进行修订（自其正式颁布之日起 6 个月期满后生效）（见旧版）

3. 根据本法典要求应当对项目客体的预期活动进行环境影响评价。

4. 项目定制人（发起人）和设计人应当根据环境影响评价结论确保采取对环境和人类健康造成最小损害的方案。

第 37 条载于 2011 年 7 月 15 日颁布的第 461-4 号哈萨克斯坦共和国法律中（自其正式颁布之日起 6 个月期满后生效）（见旧版）；根据 2014 年 7 月 2 日颁布的第 225-5 号哈萨克斯坦共和国法律，对其进行修订（见旧版）

第 37 条　实施环境影响评价的各阶段

1. 环境影响评价应根据哈萨克斯坦共和国立法规定的城市计划和建设设计

的各阶段依次进行环境影响评价。

2. 环境影响评价包括以下几个阶段：

(1)初步环境影响评估，第Ⅳ类客体除外(第一阶段)；

(2)进行环境影响评估，综合全面地分析实施项目或者进一步实施经济活动和其他社会活动可能产生的影响，论证替代方案并制定环境保护管理计划(方案)，第Ⅳ类客体除外(第二阶段)；

(3)“环境保护”章节应当作为工作计划中的一部分，其内容包括预防不良环境影响的技术方案，第Ⅳ类客体除外(第三阶段)。

3. 在环境影响评价第二阶段或者第三阶段应当根据本法典第四章制定环境排放标准。

第 38 条　实施环境影响评价的程序

根据 2011 年 7 月 15 日颁布的第 461-4 号哈萨克斯坦共和国法律，对第 1 款进行修订(自其正式颁布之日起 6 个月期满后生效)(见旧版)

1. 根据本法典第 40 条规定，由已取得环境保护领域履行工作和提供服务许可证的自然人和法人实施第Ⅰ类经济活动和其他社会活动的环境影响评价。

2. 拟议实施活动的定制人(发起人)应当确保环境影响评价的组织工作和资金支持。

根据 2011 年 12 月 3 日颁布的第 505-4 号哈萨克斯坦共和国法律，对第 3 款进行修订(见旧版)

3. 开展环境影响评价的自然人和法人应当按照合同对定制人负责以及对环境影响评价结论的可靠性、完整性和质量负责。

根据哈萨克斯坦共和国法律的规定，定制人对其提供的用于国家生态鉴定的环境影响评价材料的真实性负责。

4. 在执行环境影响评价程序时，由环境保护领域授权机关监督是否遵守哈萨克斯坦共和国的生态立法。

见：环境影响评价操作指南

第 39 条　在环境影响评价的过程中应当考虑的影响类型

1. 在环境影响评价过程中应当考虑：

(1)直接影响——主要类型和相关类型的拟议实施活动在客体安置区造成

的直接影响；

(2)间接影响——因实施项目产生的间接(次要)因素引起的环境影响；

(3)集中囤积影响——由过去、现在或者合理可预测的因项目实施活动引起的不断增加的变化而产生的影响。

2. 在环境影响评价过程中对以下要素进行影响评价：

根据2011年12月3日颁布的第505-4号哈萨克斯坦共和国法律，对第1项进行修订(见旧版)

(1)大气、温室气体排放的影响除外；

(2)地表水和地下水；

(3)水体底部的表面；

(4)自然景观；

(5)土地资源和土壤覆盖；

(6)植物界；

(7)动物界；

(8)生态系统状况；

(9)人口健康状况；

(10)社会领域(就业人口、教育、运输基础设施)。

3. 在开展环境影响评价过程中应当考虑对环境和人类健康的负面影响因素和正面影响因素。

第40条　根据评价的意义和完整性对环境影响评价客体进行分类

根据2016年4月25日颁布的第505-5号哈萨克斯坦共和国法律，对第1款进行修订(见旧版)

1. 按照评价的意义和完整性将环境影响评价的经济活动和其他社会活动分为四类——第Ⅰ类、第Ⅱ类、第Ⅲ类、第Ⅳ类。

第Ⅰ类包括根据生产客体卫生分类属于第一、二危险类别的活动，同时包括矿产勘探和开采活动，普通矿物除外。

第Ⅱ类包括根据生产客体卫生分类属于第三危险类别的活动，同时包括普通矿物的开采活动、各类森林资源使用活动和各类特殊用水活动。

第Ⅲ类包括根据生产客体卫生分类属于第四危险类别的活动。

第Ⅳ类包括根据生产客体卫生分类属于第五危险类别的活动。

根据2011年7月15日颁布的第461-4号哈萨克斯坦共和国法律，将第1-1款补充至本条（自其正式颁布之日起6个月期满后生效）；载于2014年12月29日颁布的第269-5号哈萨克斯坦共和国法律中（见旧版）

1-1. 根据生产客体卫生分类未被进行危险类别分类的活动属于第Ⅳ类。

2. 由环境影响评价的操作指南确定不同类别客体进行环境影响评价的不同要求。

第41条 环境影响评价文件

1. 环境影响评价文件包括：

（1）经济活动和其他社会活动定制人；

根据2011年12月3日颁布的第505-4号哈萨克斯坦共和国法律，对第2项进行修订（见旧版）

（2）具有拟议实施活动必要性论证的申请书、投资论证、技术和经济论证（项目）、工作草案中需要核准的部分、说明性文件；

（3）在实施活动前或者当前环境各要素的状况描述；

（4）项目描述包括：

整个项目的目标和数量以及在建设和运行阶段的对安置地区的要求；

生产过程的主要特征，包括所用材料和设备的种类和数量，并说明拟议实施的活动可能会对环境各要素造成影响的类型、环境排放总量以及成分组成，原材料消耗量和成分组成、资源的回收量和成分组成；

第5项载于2009年6月23日颁布的第164-4号哈萨克斯坦共和国法律中（见旧版）

（5）分析应用技术是否符合最佳可行技术和具体技术标准，以及是否符合技术法规以及技艺、技术和设备的生态要求；

（6）关于替代方案的信息并指出选择项目方案的主要原因；

（7）描述活动对环境、人类健康和社会经济条件可能产生的影响；

（8）拟议实施的经济活动和其他社会活动对环境的不明影响；

（9）评价生态危险和对人类健康的危险；

（10）描述预防、减少环境影响的措施，包括生态监测的建议；

（11）项目环境排放标准和自然资源利用标准；

根据2016年4月8日颁布的第491-5号哈萨克斯坦共和国法律，将第11-1子项

和第 11–2 子项补充至本款

(11–1)论证环境保护措施计划；

(11–2)论证废弃物管理方案；

(12)论证生产生态监督方案；

(13)在考虑到可能发生的危险和对造成的损害进行赔偿的同时，对项目进行生态经济评价；

(14)关于公众意见的材料，其中包括公众对拟议实施的活动就生态方面的讨论结果拟定的协议和结论；

(15)指出在进行环境影响评价时存在的任何困难和信息的不足；

(16)关于环境影响评价结果的基本结论。

2. 拟议实施活动的定制人(发起人)按照环境影响评价结论准备和提交有关拟议实施活动或者正在实施活动的生态后果的声明，作为决定是否允许开展该活动的依据。

3. 由环境影响评价操作指南确定环境影响评价各阶段文件内容的完整性。

第 42 条　实施环境影响评价的方法保障

1. 根据在环境保护领域授权机关批准的实施环境影响评价的指导性和方法性文件开展环境影响评价。

2. 环境保护领域授权机关在其职权范围内监督开展环境影响评价过程中相关自然人和法人是否遵守实施环境影响评价指导性和方法性文件的要求。

第 43 条　跨境影响客体环境影响评价的特点

对可能产生跨境影响的客体进行环境影响评价的特点由哈萨克斯坦共和国批准的国际条约确定。

第 44 条　根据 2011 年 7 月 15 日颁布的第 461–4 号哈萨克斯坦共和国法律，本条已废止(自其正式颁布之日起 6 个月期满后生效)(见旧版)

第七章　生态鉴定制度

第 45 条　生态鉴定的类型

在哈萨克斯坦共和国实施国家生态鉴定和社会生态鉴定。

第 46 条　生态鉴定的目的

生态鉴定的目的：

（1）确定和限制拟议实施的管理活动、经济活动、投资活动、立法活动和其他活动对环境和人口健康可能造成的不良后果；

（2）确保经济发展和环境保护的利益平衡，防止在自然资源利用过程中对第三方造成损害。

第 47 条　国家生态鉴定的客体

根据 2009 年 6 月 23 日颁布的第 164-4 号哈萨克斯坦共和国法律（见旧版）、2011 年 12 月 3 日颁布的第 505-4 号哈萨克斯坦共和国法律（见旧版），对第 1 款进行修订；载于 2011 年 7 月 15 日颁布的第 461-4 号哈萨克斯坦共和国法律中（自其正式颁布之日起 6 个月期满后生效）（见旧版）

1. 进行国家强制性生态鉴定的客体有：

（1）对环境可能造成影响的拟议实施活动的初步项目文件和项目文件，以及根据本法典第 37 条规定的在各阶段开展环境影响评估的附带材料；

（2）根据 2013 年 7 月 3 日颁布的第 124-5 号哈萨克斯坦共和国法律，本项已废止（见旧版）；

（3）环境排放标准草案；

（4）其落实可能会对环境造成不良影响的哈萨克斯坦共和国规范性法律法

规草案、标准技术草案和指导方法性文件草案；

(5)根据2014年7月2日颁布的第225-5号哈萨克斯坦共和国法律，本项已废止(见旧版)；

(6)关于创建和扩建特别自然保护区的自然科学论证草案和技术经济可行性研究项目，废除国家自然保护区和国家保护区项目以及削减其领土的项目；

(7)提取和利用动物界资源和植物界资源的生物论证；

(8)修建(发展)城市和区域的总体计划草案，包括特别经济特区和具有特殊经济活动管理制度的区域；

(9)论证将该区域归入生态灾害区或者生态紧急状态区的调查材料；

(10)可能会对邻国环境造成影响的经济活动项目，或者在落实项目时必须与邻国共同使用自然客体或者触及邻国利益的经济活动项目，包括哈萨克斯坦共和国国际条约确定的《拜科努尔》综合体；

(11)根据2014年7月2日颁布的第225-5号哈萨克斯坦共和国法律，本项已废止(见旧版)。

2. 在发生以下情况时，应当对国家生态鉴定客体重新进行国家生态鉴定：

(1)按照之前开展的国家生态鉴定意见对国家生态客体进行了改进；

(2)在获得国家生态鉴定正面结论后对项目及其他项目文件进行了修改；

(3)根据法院的裁决。

第3款载于2011年7月15日颁布的第461-4号哈萨克斯坦共和国法律中(自其正式颁布之日起6个月期满后生效)(见旧版)；根据2013年7月3日颁布的第124-5号哈萨克斯坦共和国法律(见旧版)、2016年4月25日颁布的第505-5号哈萨克斯坦共和国法律，对其进行修订(见旧版)

3. 本条第1款的第1项和第3项中指出的国家生态鉴定客体根据本法典第40条的客体分类被分为Ⅰ类、Ⅱ类、Ⅲ类、Ⅳ类。

由国家中央机关制定的可能会对环境造成不良影响的哈萨克斯坦共和国规范性法律法规草案和标准技术性文件草案和指导方法性文件草案属于第Ⅰ类。

由国家地方管理机关制定的哈萨克斯坦共和国规范性法律法规草案，标准技术文件草案和指导方法性文件草案属于第Ⅱ类。

在本条第1款的第5项至第11项中指出的国家生态鉴定客体属于第Ⅰ类。

在本条第1款的第1项中指出的根据本法典第40条的客体分类未被进行分类的会对环境造成影响的拟议实施活动的初步项目文件和项目文件属于第

Ⅳ类。

第 48 条　实施国家生态鉴定的机关

1. 国家生态鉴定由环境保护领域的授权机关和地方执行机关在其职权范围内进行。

第 2 款载于 2008 年 12 月 4 日颁布的第 97-4 号哈萨克斯坦共和国法律中（自 2009 年 1 月 1 日起生效）（见旧版）

2. 由环境保护领域的授权机关对第Ⅰ类客体进行国家生态鉴定，由州（直辖市、首都）地方执行机关对第Ⅱ类、第Ⅲ类和第Ⅳ类进行国家生态鉴定。

根据 2008 年 12 月 4 日颁布的第 97-4 号哈萨克斯坦共和国法律，将第 3 款补充至本条（自 2009 年 1 月 1 日起生效）；载于 2014 年 9 月 29 日颁布的第 239-5 号哈萨克斯坦共和国法律中（见旧版）

3. 由环境保护领域的授权机关在环境保护领域的授权机关和其地区部门之间对国家生态鉴定第Ⅰ类客体进行分配。

根据 2014 年 12 月 29 日颁布的第 269-5 号哈萨克斯坦共和国法律，将第 4 款补充至本条；载于 2017 年 2 月 27 日颁布的第 49-6 号哈萨克斯坦共和国法律中（见旧版）

4. 对建设项目（技术经济可行性研究和设计预算文件）以及区域城市建设计划项目的生态鉴定是建设项目本部门以外的综合性鉴定或者城市建设项目的综合性鉴定的一部分，该生态鉴定由哈萨克斯坦共和国立法认证专家进行。

根据 2013 年 7 月 3 日颁布的第 124-5 号哈萨克斯坦共和国法律，对第 49 条进行修订（见旧版）

第 49 条　实施国家生态鉴定的程序

根据 2015 年 11 月 24 日颁布的第 419-5 号哈萨克斯坦共和国法律，对第 1 款进行修订

1. 应当由以下人员提交纸质版或者电子版的文件用于国家生态鉴定：

（1）拟议实施的管理活动、经济活动、投资活动和其他活动的定制人（发起人）；

第 2 项载于 2013 年 7 月 3 日颁布的第 124-5 号哈萨克斯坦共和国法律中（见

旧版)

(2)对应当进行国家生态鉴定的规范性法律法规和计划的制定进行管理的国家机关负责人。

根据2014年12月29日颁布的第269-5号哈萨克斯坦共和国法律,对第2款进行修订;载于2017年2月27日颁布的第49-6号哈萨克斯坦共和国法律中(见旧版)

2. 由环境保护领域的授权机关确定国家生态鉴定的实施程序,按照哈萨克斯坦共和国关于建筑、城市建设和建设活动立法规定的程序进行生态鉴定的项目除外。

根据2011年7月15日颁布的第461-4号哈萨克斯坦共和国法律,对第50条进行修订(自其正式颁布之日起6个月期满后生效)(见旧版);载于2014年12月29日颁布的第269-5号哈萨克斯坦共和国法律中(见旧版)

第50条 实施国家生态鉴定的期限

1. 自向实施国家生态鉴定的机关提交所有必要文件之日起,对第Ⅰ类客体开展国家生态鉴定的期限不能超过2个月,对第Ⅱ类客体不能超过1个月,对第Ⅲ类和第Ⅳ类客体不能超过10个工作日,哈萨克斯坦共和国关于建筑、城市建设和建设活动规定的对客体建设项目进行本部门以外的综合性鉴定,以及本条第3款规定的情况除外。

自登记之日起,对第Ⅰ类客体进行第二次国家生态鉴定的期限不能超过1个月,对第Ⅱ类客体不能超过10个工作日,对第Ⅲ客体和第Ⅳ类客体不能超过5个工作日。

2. 自登记之日起,签发国家生态鉴定结论的机关对第Ⅰ类客体材料完整性的审查不能超过5个工作日,对第Ⅱ类客体、第Ⅲ类客体、第Ⅳ类客体不能超过3个工作日。在提交的材料不完整的情况下,应当将材料返还给提交人。

第3项载于2017年2月27日颁布的第49-6号哈萨克斯坦共和国法律中(见旧版)

3. 对建设项目开展生态鉴定的期限和持续时间根据哈萨克斯坦共和国关于建筑、城市建设和建设活动的立法确定。

第51条 国家生态鉴定结论

根据2011年12月3日颁布的第505-4号哈萨克斯坦共和国法律(见旧版)、2014年12月29日颁布的第269-5号哈萨克斯坦共和国法律(见旧版),对第1款进

行修订；载于2017年2月27日颁布的第49-6号哈萨克斯坦共和国法律中（见旧版）

1. 国家生态鉴定结论根据国家生态鉴定结果发布。

国家生态鉴定具有强制性并且必须在通过有关自然资源利用以及环境和人口健康影响的法律决策、组织决策和经济决策之后进行。

根据本部分以外的综合性城市建设鉴定或者综合性城市建设鉴定，包括项目生态鉴定结论，不允许批准和落实未获得正面结论的建设项目或者城市建设项目。

见：国家服务标准《签发第Ⅰ类客体的国家生态鉴定结论》（2015年4月23日颁布的第301号哈萨克斯坦共和国能源部命令的第5个附件），国家服务标准《签发第Ⅱ类、第Ⅲ类和第Ⅳ类客体的国家生态鉴定结论》（2015年4月23日签发的第301号哈萨克斯坦共和国能源部命令的第7个附件）

2. 国家生态鉴定的正面结论包括有关决定落实生态鉴定客体的可接受性和可行性的结论。

根据2011年12月3日颁布的第505-4号哈萨克斯坦共和国法律，对第3款进行修订（见旧版）

3. 若国家生态鉴定为负面结论，定制人应当根据鉴定结论的建议和意见对鉴定材料进行改进并将所有材料提交用于第二次生态鉴定或者放弃拟议实施的活动。

第4款载于2016年4月25日颁布的第505-5号哈萨克斯坦共和国法律中（见旧版）

4. 禁止银行和其他金融机构对必须进行国家生态鉴定但却没有获得国家生态鉴定正面结论的经济活动和其他社会活动项目提供资金支持。

第5款载于2008年12月4日颁布的第97-4号哈萨克斯坦共和国法律中（自2009年1月1日起生效）（见旧版）

5. 国家生态鉴定结论应由环境保护领域的授权机关的鉴定部门负责人、相关地区的环境保护领域的授权机关的地方部门的负责人或者州、直辖市、首都的地方执行机关鉴定部门的负责人在其职权范围内签署。

第6款载于2014年12月29日颁布的第269-5号哈萨克斯坦共和国法律中（见旧版）；根据2017年2月27日颁布的第49-6号哈萨克斯坦共和国法律，对其进行修订（见旧版）

6. 对第Ⅰ类、第Ⅱ类和第Ⅲ类客体项目文件做出的国家生态鉴定正面结论在既定的环境排放标准有效期内有效，第Ⅳ类客体为无限期。

根据2016年4月25日颁布的第505-5号哈萨克斯坦共和国法律，将第7款补充至本条

7. 取消国家生态鉴定结论必须经过司法程序的规定。

见：国家生态鉴定结论形式

第52条　实施国家生态鉴定的鉴定部门负责人的权利

1. 执行国家生态鉴定的鉴定部门负责人具有以下权利：

（1）按照既定程序，建立生态鉴定专家委员会、国家生态鉴定小组，招聘国内外专家和法人参与鉴定工作；

（2）监督鉴定部门、成立的委员和小组的活动；

（3）主持和组织国家生态鉴定专家委员会的活动；

（4）确定国家生态鉴定的方法；

（5）拒绝不符合哈萨克斯坦共和国生态立法要求的用于国家生态鉴定的材料；

（6）修正退还内容含有计算错误和其他违规错误，其修正需要补充研究的文件和材料以修改，这些文件和材料需要额外的研究、检索工作或者划拨额外资金；

（7）签署国家生态鉴定结论；

（8）根据2016年4月25日颁布的第505-5号哈萨克斯坦共和国法律，本项已废止（见旧版）；

（9）索要必要的补充材料以开展国家生态鉴定；

（10）向银行和其他金融机构提供有关未获得国家生态鉴定正面结论的生态鉴定客体的信息；

（11）向执法机关和其他机关移交准备的相关材料以解决对违反哈萨克斯坦共和国立法人员责任追究的问题。

2. 根据2008年12月4日颁布的第97-4号哈萨克斯坦共和国法律，本款已废止（自2009年1月1日起生效）（见旧版）。

第3款载于2008年12月4日颁布的第97-4号哈萨克斯坦共和国法律中（自2009年1月1日起生效）

3. 在组织和开展国家生态鉴定时，鉴定部门负责人应当按照哈萨克斯坦共和国生态立法独立行事。

专家部门负责人的独立性由经环境保护领域的授权机关和地方执行机关批准的规章进行保障，包括其任免程序以及不违反哈萨克斯坦共和国立法的其他规定。

第 53 条　国家生态鉴定专家

根据 2017 年 2 月 27 日颁布的第 49-6 号哈萨克斯坦共和国法律，对第 1 款进行修订（见旧版）

1. 国家生态鉴定专家，是指具有开展生态鉴定必备的专业知识和足够经验，按照国家生态鉴定机关的既定程序招聘的国家生态鉴定人员。

建设项目国家生态鉴定专家，是指按照哈萨克斯坦有关建筑、城市建设和建设活动的立法规定的程序获得评定的自然人，在项目的特定阶段（部分）开展鉴定工作，该类自然人是某鉴定组织编制内的人员。

2. 生态鉴定文件的定制人代表或者国家生态鉴定客体的设计人，以及与定制人和设计人具有劳动关系或者其他合同关系的自然人和法人不能成为国家生态鉴定专家。

3. 根据哈萨克斯坦共和国法律，国家生态鉴定专家应当对其完成的鉴定工作承担责任。

4. 禁止国家机关、自然人、法人和官员干涉鉴定专家展开的与国家生态鉴定相关的活动。

5. 国家生态鉴定专家的权利受到侵犯时，可以通过司法程序和行政程序维护，侵犯鉴定专家权利的人员应当根据哈萨克斯坦共和国法律承担责任。

6. 国家生态鉴定专家具有以下权利：

第 1 项载于 2016 年 4 月 25 日颁布的第 505-5 号哈萨克斯坦共和国法律中（见旧版）

（1）在本法典第 50 条规定的期限内要求提交全面和客观评价生态鉴定客体所需的补充材料；

（2）额外招聘生态鉴定专家；

（3）提出有关完善鉴定工作、实施方法、程序和原则的建议；

（4）提出有关国家生态鉴定客体的特殊意见，并将其附在国家生态鉴定结论中。

7. 国家生态鉴定专家应当：

（1）确保综合、客观和有质量地开展国家生态鉴定；

（2）遵守哈萨克斯坦共和国生态立法的要求；

（3）根据现行规则和条例进行国家生态鉴定；

（4）遵守开展国家生态鉴定的既定期限和程序；

（5）准备有理有据的国家生态鉴定结论并及时将其转交给决定是否落实生态鉴定客体的机关和定制人；

（6）在拒绝进一步审议鉴定客体或者退还用于修正的鉴定客体的论证材料时应当客观地评价并有理有据地论证国家生态鉴定结论；

（7）确保材料的安全，并与其所有人协调有关保密文件的行为，禁止泄露其负责的信息。

根据2008年12月4日颁布的第97–4号哈萨克斯坦共和国法律，对第54条进行修订（自2009年1月1日起生效）（见旧版）

第54条　聘请编制外专家参与国家生态鉴定的程序

若开展国家生态鉴定需要外部专家的参与，国家生态鉴定机关有权请求其他国家机关、其他组织和个别专家作出生态鉴定结论。环境保护领域的授权机关、州、直辖市、首都的地方执行机关根据哈萨克斯坦共和国关于国家采购的立法负责落实外部专家的参与。

第55条　根据2016年4月25日颁布的第505–5号哈萨克斯坦共和国法律，本条已废止（见旧版）

第56条　国家生态鉴定专家委员会

1. 国家生态鉴定专家委员会附属于环境保护领域的授权机关，是咨询顾问机关，并且按照有关规定行事。

第2款载于2016年4月25日颁布的第505–5号哈萨克斯坦共和国法律中（见旧版）

2. 关于国家生态鉴定专家委员会的规章由环境保护领域的授权机关及其地方机关的负责人批准。

3. 国家生态鉴定专家委员会的成员包括环境保护领域国家机关的负责人、科学研究机构的学者、高等教育机构的学者、实践专家和社会代表。

4. 国家生态鉴定专家委员会可参与：

(1)在开展生态鉴定时讨论有关生态安全保障、环境保护、自然资源利用和再生的复杂问题；

(2)审议关于高生态危险客体的国家生态鉴定结论。

第57条载于2016年4月8日颁布的第491-5号哈萨克斯坦共和国法律中(见旧版)

第57条　国家生态鉴定的公开透明性

1. 通过举行听证会的方式确保国家生态鉴定的公开性以及居民参与环境保护问题和自然资源利用问题的决策。

2. 所有利益相关的公民和社会团体均可在开展国家生态鉴定时发表意见。

3. 在自然资源利用者获得国家生态鉴定结论后的5个工作日内，自然资源利用者应将国家生态鉴定结论提供给环境保护领域地方执行机关用于互联网资源发布。

4. 自然人和法人有权根据哈萨克斯坦共和国立法既定程序对国家生态鉴定结论提出质疑。

见：2016年11月25日第8号哈萨克斯坦共和国最高法院《关于法院就民事问题适用哈萨克斯坦共和国生态立法的若干问题》的规范性决议

5. 在通过关于国家生态鉴定结论的决策后，所有相关利益人均可根据本法典规定的程序获得有关鉴定客体的信息。

根据2016年4月8日颁布的第491-5号哈萨克斯坦共和国法律，将第57-1条补充至本法典

第57-1条　公众参与环境保护问题的决策

公众可通过以下途径参与环境保护问题的决策：

举行听证会；

开展社会生态鉴定；

开展社会生态监督；

在开展国家生态鉴定期间向国家机关提出意见和建议；

参加国家机关的社会委员会；

提交针对环境保护的规范性法律法规草案（包括国家计划体系文件草案）的建议和意见。

根据2016年4月8日颁布的第491-5号哈萨克斯坦共和国法律，将第57-2条补充至本法典

第57-2条　听证会的举行

1. 以下项目必须举行听证会：

（1）在农业和林业、采矿业和加工业、建筑、交通、电力、供热、供水、排水，废弃物处理和根据环境保护领域授权机关确定的目录中的其他经济领域的项目；

（2）在水体保护区以及供水水源卫生保护区和保护带内安置客体的项目；

（3）在国家森林储备地上安置客体的项目；

（4）在国家森林储备地上的砍伐项目，其中包括在居民区内砍伐绿化植被；

（5）在特别自然保护区和前塞米巴拉金斯克核试验场区上自然资源利用者的活动；

第6项载于2017年4月5日颁布的第56-6号哈萨克斯坦共和国法律中（见旧版）

（6）本法典第47条第1款第6项、第8项、第9项、第10项中指出的国家生态鉴定客体项目。

见：应当举行听证会的经济活动项目类型目录

2. 拟议实施活动的定制人（发起人）有权依据合同招聘社会团体以开展通知公众参与听证会的活动。

3. 地方执行机关在开展听证会前20日内，应当在互联网公开有关拟议实施的经济活动和其他社会活动的环境影响评价过程和此活动决策过程的生态信息，并同时采取其他通知方法。

4. 举行听证会的程序由环境保护领域的授权机关确定。

见：2016年11月25日第8号哈萨克斯坦共和国最高法院《关于法院就民事问题适用哈萨克斯坦共和国生态立法的若干问题》的规范性决议

第58条　国家生态鉴定实施中发生分歧的审查程序

1. 在开展国家生态鉴定时发生分歧可以通过谈判和司法程序进行审查。

2. 环境保护领域的授权机关根据利益相关方（其中包括拟议实施活动的定

制人、地方执行机关）的申请通过谈判的方式审理有关国家生态鉴定问题的分歧。在审理的过程中产生分歧的对象不能是国家生态鉴定的负面结论。

第59条　国家生态鉴定的资金支持

国家生态鉴定的资金支持来源于预算资金和定制人资金。

第60条　社会生态鉴定

1. 社会生态鉴定，是指由社会团体创建的专家委员会自愿开展的活动。

根据2011年12月3日颁布的第505-4号哈萨克斯坦共和国法律（见旧版）、2012年4月27日颁布的第15-5号哈萨克斯坦共和国法律（见旧版），对第2款进行修订

2. 社会生态鉴定审议经济活动和其他社会活动是否保障了关于维护有利于公民生命和健康的良好环境的社会利益。

温室气体排放不是社会生态鉴定的客体，哈萨克斯坦共和国税务法典规定的污染物质排放除外。

3. 社会生态鉴定的发起人，是指在落实社会生态鉴定客体时会触及其利益的自然人或者社会团体。

第61条　社会生态鉴定的组织者

1. 社会生态鉴定的组织者，是指提交关于开展社会生态鉴定的申请并采取措施组织专家委员会展开活动的社会组织。

2. 社会生态鉴定的组织者享有以下权利：

（1）要求社会生态鉴定客体的定制人提供进行社会生态鉴定所需的文件和材料；

（2）组织鉴定专家委员会；

（3）向地方执行机关和金融组织提交社会生态鉴定的结论。

3. 社会生态鉴定的组织者应当：

（1）根据本法典的要求组织社会生态鉴定；

（2）向社会公众提供关于社会生态鉴定的进展情况和鉴定结果的信息，并且在编写社会生态鉴定结论时考虑公众意见；

（3）确保向所有利益相关方公开社会生态鉴定的结论。

第62条　社会生态鉴定专家

1. 社会生态鉴定专家，是指在待研究的问题方面具备科学知识和(或者)实践知识，并由社会生态鉴定的组织者组织参与社会鉴定的自然人。

2. 下列人员不能成为社会生态鉴定专家：

(1)社会生态鉴定客体的定制人的代表人；

(2)社会生态鉴定客体的设计者；

(3)与社会生态鉴定客体的定制人或者设计者存在劳动关系或者其他合同关系的自然人；

(4)与社会生态鉴定客体的定制人或者设计者存在合同关系的法人代表。

3. 社会生态鉴定专家根据哈萨克斯坦共和国立法和社会生态鉴定组织者制定的任务来参与开展社会生态鉴定。

4. 社会生态鉴定专家在开展社会生态鉴定时有权就社会生态鉴定客体发表特殊意见，并且该意见应当附在社会生态鉴定结论中。

5. 社会生态鉴定专家应当：

(1)遵守哈萨克斯坦共和国生态立法的要求；

(2)确保自己关于生态鉴定客体的结论的客观性和有据性，同时考虑利益相关的自然人和社会团体对社会生态鉴定的意见和建议；

(3)确保被提供的用于社会生态鉴定的材料的安全性和信息的保密性，同时注意保护知识产权。

第63条　社会生态鉴定的定制人享有的权利和承担的义务

1. 社会生态鉴定的定制人，是指拟议管理、经济、投资和其他活动的自然人和法人。

2. 社会生态鉴定的定制人享有以下权利：

(1)保障拟议实施活动的相关文件中受法律保护的信息的机密性；

(2)收到并获取有关社会生态鉴定进程和结果的信息；

(3)参与听证会和其他在社会生态鉴定框架下开展的活动；

(4)向开展国家生态鉴定的机关和地方执行机关提交对社会生态鉴定结论的解释和说明。

3. 社会生态鉴定的定制人应当：

(1)提交社会生态鉴定所需的文件和材料；

(2)向环境保护领域的授权机关提交对社会生态鉴定结论中所提建议的书面答复。

第64条　社会生态鉴定的资金支持

社会生态鉴定的资金支持来源于:

(1)组织和开展社会生态鉴定的社会团体的自主资金;

(2)自愿无偿捐款和资助;

(3)哈萨克斯坦共和国立法法规未禁止的其他来源。

第65条　社会生态鉴定的登记程序

1. 开展社会生态鉴定需要鉴定组织者对其开展鉴定的申请进行登记。

2. 由鉴定组织者向鉴定客体的拟议实施活动所在地的地方执行机关提交关于社会生态鉴定的登记申请。

3. 在关于开展社会生态鉴定的申请书中应指出:

(1)社会生态鉴定组织者的名称、法人地址;

(2)在社会生态鉴定组织者章程中规定的活动性质;

(3)关于社会生态鉴定专家委员会成员的信息;

(4)关于社会生态鉴定客体的信息以及开展社会生态鉴定的期限。

4. 地方执行机关应自接到关于开展社会生态鉴定的申请书之后的10个工作日内对其进行登记或者拒绝登记。若10个工作日内未拒绝对关于开展社会生态鉴定的申请书进行登记的,则视为该申请已被登记。

5. 若发生以下情况,则可拒绝登记关于开展社会生态鉴定的申请书:

(1)针对该客体之前已经进行过两次社会生态鉴定;

(2)社会生态鉴定客体的信息里包含国家秘密、商业秘密和其他受到法律保护的秘密;

(3)在社会生态鉴定组织者章程中未规定该社会团体在开展社会生态鉴定方面的活动;

(4)提议开展社会生态鉴定的客体已结束其国家生态鉴定。

6. 当拒绝登记关于开展社会生态鉴定的申请书时,地方执行机关应当以书面形式通知社会生态鉴定的发起人和组织人,并在通知中阐明拒绝登记的合理理由。

第66条　社会生态鉴定的结论

1. 社会生态鉴定的结果以社会生态鉴定结论的形式呈现,具有建议性质。

2. 社会生态鉴定结论应当包括以下内容:

(1)生态鉴定组织者的名称和法人地址;

(2)社会生态鉴定定制人的姓、名、父称或者全名,社会生态鉴定客体的名称和地点;

(3)关于开展社会生态鉴定的申请书在地方执行机关进行登记的信息;

(4)开展社会生态鉴定的期限;

(5)进行社会生态鉴定的文件构成,以及在社会生态鉴定过程中使用的其他文件的清单;

(6)社会生态鉴定专家委员会成员组成;

(7)鉴定结论的陈述;

(8)关于由社会生态鉴定组织者确定的开展社会生态鉴定的任务的说明;

(9)社会生态鉴定过程的描述,其中包括与社会公众、定制人及其他利益相关方的互动;

(10)社会生态鉴定结论。

3. 社会生态鉴定结论应当包括以下内容:

(1)关于社会生态鉴定客体符合哈萨克斯坦共和国生态立法要求的结论;

(2)关于由定制人开展环境影响评价的高质量的、完整可靠的描述;

(3)各类公众群体对拟议实施活动的立场,以及公众的意见和建议的概述;

(4)从生态和社会角度进行分析的关于社会生态鉴定客体落实的可能性的专家意见;

(5)向开展国家生态鉴定的机关、定制人及采取落实鉴定客体相关决议的国家机关和法人提出建议。

4. 社会生态鉴定结论应由社会生态鉴定组织者的授权代表和专家委员会成员进行签字。

5. 应当向以下各方提供社会生态鉴定结论:

(1)对开展社会生态鉴定的申请进行登记的地方执行机关;

(2)正在对该客体进行国家生态鉴定的机关;

(3)拟议实施活动的定制人;

(4)采取落实社会生态鉴定客体相关决议的机关;

（5）大众媒体。

第67条　社会生态鉴定结论的使用

1. 拟议实施活动的定制人应当自收到社会生态鉴定结论之日起的1个月内审查社会生态鉴定结论中的结论和建议，并向国家生态鉴定机关和社会生态鉴定的组织者提交自己的意见。

2. 在开展国家生态鉴定时，应当审查社会生态鉴定结论，并应当将审查结果提交社会生态鉴定组织者和环境保护领域的授权机关。

根据2014年12月29日颁布的第269-5号哈萨克斯坦共和国法律，对第3款进行修订（见旧版）

3. 在作出决策时，地方执行机关、金融机构和拟议实施活动定制人应当考虑社会生态鉴定结论。

在对有关建设房屋、设备和综合体、工程和运输通信的项目（技术经济论证和设计预算文件）进行本部门以外的综合性鉴定时，应当考虑社会生态鉴定结论。

第八章　生态许可制度

根据 2011 年 12 月 3 日第 505–4 号哈萨克斯坦共和国法律（见旧版）、2012 年 4 月 27 日颁布的第 15–5 号哈萨克斯坦共和国法律，对第 68 条进行修订（见旧版）

第 68 条　生态许可证的类型

哈萨克斯坦共和国向自然资源利用者签发以下生态许可证：

（1）环境排放许可证；

（2）综合生态许可证。

在没有生态许可证的情况下，禁止向环境排放任何固定排放源。

温室气体的排放不是生态许可证规制的客体，哈萨克斯坦共和国税法典规定的污染物质排放除外。

第 69 条　环境排放许可证

根据 2008 年 12 月 4 日第 97–4 号哈萨克斯坦共和国法律（自 2009 年 1 月 1 日起生效）、2009 年 11 月 16 日第 200–4 号哈萨克斯坦共和国法律（自 2010 年 1 月 1 日起生效）（见旧版）、2014 年 12 月 29 日颁布的第 269–5 号哈萨克斯坦共和国法律（见旧版），对第 1 款进行修订

1. 向环境实施排放的自然资源利用者应当取得环境排放许可证，移动源污染物质排放除外。

按照哈萨克斯坦共和国税法规定缴纳统一土地税的自然资源利用者，就其享受农民经济或者农场经济特殊税收制度的活动所使用的客体不需要取得环境排放许可证。

2. 按照本法典规定的程序根据自然资源利用者的申请向其签发环境排放许可证。

见:国家服务标准《针对第Ⅱ类、第Ⅲ类和第Ⅳ类的客体签发环境排放许可》(2015年4月23日颁布的第301号哈萨克斯坦共和国能源部命令附件6)

3. 自然资源利用者应当遵守环境排放许可证中的条件并依照哈萨克斯坦共和国的法律承担未遵守该条件时应当承担的责任。

4. 拥有位于如下区域的若干生产客体所有权的自然资源利用者:

(1)拥有位于同一州(直辖市、首都)的若干生产客体的所有权的自然资源利用者可以提交申请获得一个生产客体的环境排放许可证,也可提交申请获得全部生产客体的排放许可证;

(2)拥有位于不同地区(直辖市、首都)的若干生产客体的所有权的自然资源利用者应当向每一个客体的所在地提交环境排放许可证的申请。

5. 如果在一般性的自然资源利用过程中发生排放,则不需要取得环境排放许可证。

见:2016年11月25日第8号哈萨克斯坦共和国最高法院《关于法院就民事问题适用哈萨克斯坦共和国生态立法的若干问题》的规范性决议

第70条 环境排放许可证的内容

1. 环境排放许可证是一套标准形式的文件,其内容包括:

(1)关于自然资源利用者及其实施的经济活动和其他活动的信息;

(2)许可证的有效期;

(3)自然资源利用条件,其中包括所有来源的排放标准;

根据2011年12月3日颁布的第505-4号哈萨克斯坦共和国法律,对第4项进行修订(见旧版)

(4)以许可证有效期为限的环境保护措施的相关计划;

(5)根据2014年12月29日颁布的第269-5号哈萨克斯坦共和国法律,本项已废止(见旧版)。

1-1. 根据2014年12月29日颁布的第269-5号哈萨克斯坦共和国法律,本款已废止(见旧版)。

2. 环境排放许可证的表格形式及其填写程序由环境保护领域的授权机关进行确认。

第71条 需要取得环境排放许可证的客体类别

1. 向自然资源利用者签发环境排放许可证的客体可分为四类:第Ⅰ类、第Ⅱ类、第Ⅲ类和第Ⅳ类。

2. 根据生产客体卫生分类划分的一级和二级危险客体属于第Ⅰ类。

根据生产客体卫生分类划分的三级危险客体属于第Ⅱ类。

根据生产客体卫生分类划分的四级危险客体属于第Ⅲ类。

根据生产客体卫生分类划分的五级危险客体属于第Ⅳ类。

根据2011年12月3日颁布的第505-4号哈萨克斯坦共和国法律,将第2-1款补充至本条;载于2014年12月29日颁布的第269-5号哈萨克斯坦共和国法律中(见旧版)

2-1. 未被生产客体卫生分类划分危险等级的客体属于第Ⅳ类。

第3款载于2008年12月4日颁布的第97-4号哈萨克斯坦共和国法律中(自2009年1月1日起生效)(见旧版);根据2011年12月3日颁布的第505-4号哈萨克斯坦共和国法律,对其进行修订(见旧版)

3. 自然资源利用者需在环境保护领域的授权机关处取得第Ⅰ类客体的环境排放许可证,在州、直辖市、首都的地方执行机关处取得第Ⅱ类客体的环境排放许可证,在州、直辖市、首都的地方执行机关处按照简化程序取得第Ⅲ类客体的环境排放许可证,在州、直辖市、首都的地方执行机关处取得第Ⅳ类客体的环境排放许可证。

根据2008年12月4日颁布的第97-4号哈萨克斯坦共和国法律,将第4款补充至本条(自2009年1月1日起生效);载于2014年9月29日颁布的第239号哈萨克斯坦共和国法律中(见旧版)

4. 针对第Ⅰ类客体的环境排放许可证的签发权,由环境保护领域的授权机关在环境保护领域的授权机关及其地方部门之间进行分配。

根据2008年12月4日颁布的第97-4号哈萨克斯坦共和国法律(自2009年1月1日起生效)(见旧版)、2011年7月15日颁布的第461-4号哈萨克斯坦共和国法律(自其正式颁布之日起6个月期满后生效)(见旧版)、2011年12月3日颁布的第505-4号哈萨克斯坦共和国法律(自2013年1月1日起生效)(见旧版),对第72条进行修订;载于2014年12月29日颁布的第269-5号哈萨克斯坦共和国法律中(见旧版)

第72条 为取得环境排放许可证需要提交的材料

第1款载于2015年11月24日颁布的第419-5号哈萨克斯坦共和国法律中(见旧版)

1. 为取得环境排放许可证,自然资源利用者应向许可机关提交"一揽子"纸质版和电子版的文件。

2. 第Ⅰ类、第Ⅱ类和第Ⅲ类客体的自然资源利用者为取得环境排放许可证应当提交的"一揽子"文件包括:

(1)取得许可的申请书;

(2)排放标准草案的国家生态鉴定结论;

(3)环境保护的计划措施。

3. 属于第Ⅳ类的新引进客体的自然资源利用者为取得环境排放许可证应当提交的"一揽子"文件包括:

(1)取得许可的申请书;

(2)通过计算或测量的方式论证和制定的环境排放标准;

4. 由环境保护领域的授权机关批准取得环境排放许可证申请书的形式。

第73条 环境排放许可证中标明的自然资源利用条件

1. 如果对自然资源利用者开展的活动采取专门的环境要求和规范,则在环境排放许可证中应包含能够确保履行这些要求和规范的自然资源利用条件。

2. 由许可证的签发机关决定环境排放许可证中纳入哪些具体的自然资源利用条件。

3. 禁止向环境排放许可证中纳入哈萨克斯坦共和国生态立法未规定的生态要求和规范。

4. 由环境保护领域的授权机关批准向环境排放许可证中纳入自然资源利用条件的程序。

根据2011年12月3日颁布的第505-4号哈萨克斯坦共和国法律,将第5款补充至本条

5. 自然资源利用者应当按季度向生态许可证的签发机关提交关于生态许可证中自然资源利用条件履行情况的报告。

根据2008年12月4日颁布的第97-4号哈萨克斯坦共和国法律(自2009年1月1日起生效)(见旧版)、2011年3月2日颁布的第505-4号哈萨克斯坦共和国法律

(见旧版)、2011 年 7 月 15 日颁布的第 461-4 号哈萨克斯坦共和国法律(自其正式颁布之日起 6 个月期满后生效)(见旧版),对第 74 条进行修订;载于 2014 年 12 月 29 日颁布的第 269-5 号哈萨克斯坦共和国法律中(见旧版)

第 74 条　环境排放许可证的申请、受理和签发期限

1. 各类客体提交申请的期限:

(1)第Ⅰ类客体,在有效许可证有效期期满前或者新客体投入使用前的 2 个月内;

(2)第Ⅱ类客体,在有效许可证有效期期满前或者新客体投入使用前的 1 个月内;

(3)第Ⅲ类客体,在有效许可证有效期期满前或者新客体投入使用前的 10 个工作日内;

(4)第Ⅳ类客体,在新客体投入使用前的 10 个工作日内。

2. 自申请登记之日起,许可证签发机关应当在 15 日内对第Ⅰ类和第Ⅱ类客体,在 5 日内对第Ⅲ类客体的申请的完整性和是否符合本法典的要求进行审查。

上述期限届满时,应当通过申请或者因为所提交材料的不完整和(或者)不符合本法典的相关要求而拒绝通过申请。

如果拒绝自然资源利用者的申请,应当向其签发拒绝通知书,并有理有据地阐明拒绝的原因。

3. 许可证签发机关应当在如下期限内对已通过的申请进行审理:

(1)自申请登记之日起,对第Ⅰ类客体的申请审查不能超过 2 个月;

(2)自申请登记之日起,对第Ⅱ类客体的申请审查不能超过 1 个月;

(3)自申请登记之日起,对第Ⅲ类客体的申请审查不能超过 10 个工作日;

(4)自申请登记之日起,对第Ⅳ类客体的申请审查不能超过 5 个工作日。

4. 根据审查的结果签发环境排放许可证。

根据 2011 年 1 月 10 日颁布的第 383-4 号哈萨克斯坦共和国法律(见旧版)、2011 年 7 月 15 日颁布的第 461-4 号哈萨克斯坦共和国法律(自其正式颁布之日起 6 个月期满后生效)(见旧版)、2011 年 12 月 3 日颁布的第 505-4 号哈萨克斯坦共和国法律(见旧版),对第 75 条进行修订;载于 2014 年 12 月 29 日颁布的第 269-5 号哈萨克斯坦共和国法律中(见旧版)

第 75 条　环境排放许可证的签发依据

1. 在遵守如下条件时应当向自然资源利用者签发第Ⅰ类、第Ⅱ类和第Ⅲ类客体的环境排放许可证：

(1)根据本法典第 72 条提交必要的文件和材料；

(2)环境保护措施计划符合哈萨克斯坦共和国立法规定的生态要求和规范，并且确保实现环境排放标准。

2. 如果自然资源利用者就第Ⅳ类客体提交了必要的申请书和环境排放标准，则应当向其签发环境排放许可证。

第 76 条载于 2011 年 7 月 15 日颁布的第 461-4 号哈萨克斯坦共和国法律(自其颁布之日起 6 个月期满后生效)(见旧版)、2014 年 12 月 29 日颁布的第 269-5 号哈萨克斯坦共和国法律中(见旧版)

第 76 条　环境排放许可证的有效期

1. 环境排放许可证的有效期一直持续到现行许可证中规定的自然资源利用技术和条件发生改变之时，但第Ⅰ类、第Ⅱ类和第Ⅲ类客体的环境排放许可证的有效期最长不得超过 10 年。

2. 第Ⅳ类客体的环境排放许可证无限期有效，现行许可证中规定的自然资源利用技术和条件发生改变的情况除外。

根据 2008 年 12 月 4 日颁布的第 97-4 号哈萨克斯坦共和国法律(自 2009 年 1 月 1 日起生效)(见旧版)、2011 年 1 月 10 日颁布的第 383-4 号哈萨克斯坦共和国法律(见旧版)，对第 77 条进行修订；载于 2011 年 12 月 3 日颁布的第 505－4 号哈萨克斯坦共和国法律中(见旧版)；根据 2012 年 4 月 27 日颁布的第 15-5 号哈萨克斯坦共和国法律，对标题进行修订(见旧版)

第 77 条　环境排放许可证的拒签、中止、撤销及吊销

1. 在发生如下情况时，环境排放许可证签发机关可以拒绝签发许可证：

(1)用于取得许可证所提交的材料不完整或者不真实；

(2)所征求的自然资源利用条件不符合本法典第 73 条所规定的要求。

2. 因拒绝签发环境排放许可证而产生的争论和分歧应按照哈萨克斯坦共和国立法规定的程序进行审理。

3. 应当根据哈萨克斯坦共和国关于行政违法法典对环境排放许可证的效力

进行中止。

如果向自然资源利用者签发了若干生产客体的许可证，则应当在发生违约的客体上中止许可证的效力。

4. 签发许可证的机关应当自签发新的环境排放许可证之日起撤销原有的许可证。

5. 应当通过司法程序吊销自然资源利用者的环境排放许可证。

第78条　重新办理环境排放许可证的程序

第1项载于2011年12月3日颁布的第505-4号哈萨克斯坦共和国法律中（见旧版）

1. 对于未增加环境影响负荷的自然资源利用者，在其变更名称或者组织法律形式、重组时可在1个月内重新办理环境排放许可证。

环境排放许可权不能转让他人使用，参见2011年6月2日颁布的环境保护部答复

根据2012年12月24日颁布的第60-5号哈萨克斯坦共和国法律，对第2款进行修订（见旧版）

2. 重新办理许可证应当持有以下文件：

（1）重新办理许可证的申请；

（2）关于法人国家登记（重新登记）的证明；

（3）纳税人证明；

（4）根据2010年3月19日颁布的第258-4号哈萨克斯坦共和国法律，本项已废止（见旧版）。

第79条　综合生态许可证

根据2008年12月4日颁布的第97-4号哈萨克斯坦共和国法律，对第1款进行修订（见旧版）

1. 综合生态许可证是根据最佳可行技术和哈萨克斯坦共和国生态立法规定的技术制定的具体排放标准赋予自然资源利用者向环境排放的权利的统一文件。

由环境保护领域的授权机关签发综合生态许可证。

第2款载于2014年9月29日颁布的第239-5号哈萨克斯坦共和国法律（见旧

版）；根据2016年4月25日颁布的第505-5号哈萨克斯坦共和国法律，对其进行修订（见旧版）

2. 在中央执行机关、其他法人的参与下由环境保护领域的授权机关针对各个工业过程和领域制定最佳可行技术目录，并由环境保护领域的授权机关核准。

同时自然资源利用者可以任意在欧洲综合监督和预防环境污染局的参考指南的推荐技术中做出选择。

第3款载于2014年9月29日颁布的第239-5号哈萨克斯坦共和国法律中（见旧版）

3. 可以通过取得综合生态许可证来替代环境排放许可证的工业客体类型名录，综合生态许可证的签发程序由环境保护领域的授权机关确定。

4. 综合生态许可证，除本法典第70条规定的信息外，还应当包括：

（1）节约利用原材料和能源的条件；

（2）废弃物管理系统；

（3）在对环境构成危险的情况下，继续运行该客体的行动和措施；

（4）引进最佳可行技术时间和条件。

5. 综合生态许可证的有效期至本许可证中规定的所用技术和自然资源利用条件发生变化时。

根据2011年12月3日颁布的第505-4号哈萨克斯坦共和国法律，将第6款补充至本条

6. 应当根据哈萨克斯坦共和国关于行政违法的法典对综合生态许可证进行中止和吊销。

第九章　生态审计制度

第 80 条　生态审计

1. 被审计主体，是指与生态审计员或者生态审计机构签订了生态审计合同的自然人或者法人。

根据 2011 年 12 月 3 日颁布的第 505-4 号哈萨克斯坦共和国法律，对第 2 款进行修订(见旧版)

2. 通过分析被审计主体对环境影响的报告来进行生态审计。

在进行生态审计时，温室气体排放不作为分析的客体。

3. 在进行生态审计时，可进行专项研究和测量，以便：

(1)检查所提交的环境影响报告的真实性；

(2)评估生产技术过程是否符合生态要求；

(3)评估生产检测和监督是否符合生态要求；

(4)评估劳动者技能水平。

4. 生态审计员、生态审计机构和被审计主体之间的法律关系是根据哈萨克斯坦共和国民事立法并基于生态审计合同产生的。

第 81 条　生态审计的类型以及实施生态审计的基础

1. 生态审计的类型包括强制性审计和自发性审计。

2. 自然人和法人依据以下内容开展强制性生态审计：

(1)自然人和法人的经济活动和其他社会活动对环境造成有案可查的巨大损失；

(2)实施生态危险类型的经济活动和其他社会活动的法人——自然资源利用者通过合并、分立和剥离的形式进行重组；

(3)实施生态危险型的经济活动和其他社会活动的法人——自然资源利用者破产。

3. 自发性生态审计是根据被审计主体或者其参与者的倡议，在考虑到发起人和生态审计员或者生态审计机构之间的生态审计合同规定的具体任务、期限和生态审计规模的情况下进行的。

4. 生态审计定制人可以是利益相关的自然人和（或者）法人、保险机构、投资人、环境保护领域的授权机关和其他国家机关。

第 82 条　开展生态审计

1. 根据生态审计员遵照本条第 2 款要求并协同定制人和被审计主体制定的生态审计计划进行生态审计。在计划开展生态审计时，各方应以生态审计协会批准的，具有建议性质的生态审计计划示范形式为准。

2. 生态审计的各阶段为：

(1)初步了解被审计主体；

(2)制定审计计划；

(3)收集和系统化所需信息；

(4)对被审计主体进行检查，并对其员工进行调查；

(5)确定专项研究规模；

(6)进行专项研究；

(7)确定生态风险；

(8)拟定提高生态安全水平的建议；

(9)汇编生态审计报告。

3. 为制定生态审计计划，生态审计员应当提前了解被审计主体的特点。

4. 对被审计主体和其他组织进行必要信息的收集和系统化。信息包括：

(1)规范性法律法规对与被审计主体活动有关的环境保护问题的要求；

(2)被审计主体的位置区域图和略图；

(3)航空摄影的结果（如果有的话）；

(4)被审计主体的行政管理结构；

(5)被审计主体环境保护服务的规定（如有）；

(6)生态许可证；

(7)被审计主体近 5 年的环境保护报告；

(8)开展对生产行为进行生态监督的报告;

(9)环境保护领域的授权机关近3年进行检查的备忘录副本;

(10)被审计主体在环境保护领域的计划(如有);

(11)预防紧急情况和消除其后果的措施计划;

(12)对被审计主体的环境影响进行补充评价;

(13)关于清查排放和排泄情况的当期报告;

(14)当期有效的最大允许排放和排泄、安置废弃物的标准草案;

(15)关于有关主体活动的环境和经济方面的数据;

(16)既往的生态审计报告副本;

(17)被审计主体影响区域的国家生态监测数据;

(18)公民和社会团体上诉被审计主体活动的情况。

5. 为了评估文件是否符合被审计主体的实际状况,确定被审计主体专家的资格、拟定提高被审计主体活动有效性的建议,对被审计主体进行检查并对其员工进行调查。

6. 检查过程中应当阐明:

(1)被审计主体是否符合计划方案和一般技术说明;

(2)在被审计主体的文件中完整阐述环境影响的来源;

(3)可能会受到被审计主体影响的区域的状况;

(4)存在可能对环境造成无事实证明影响的情况;

(5)生产客体的核算和其他必要文件是否完备;

(6)在运行过程中遵守环境保护的技术要求;

(7)遵守生产行为生态监督的管理要求。

7. 在对被审计主体的员工进行调查的过程中,应确定以下内容:

(1)员工在环境保护相关问题上的专业水平;

(2)确认报告文件客观性所需的信息;

(3)违反环境保护规范性法律法规要求的情况及预防措施的情况;

(4)未来实施被审计主体经济活动和其他活动违反生态要求的可能性;

(5)完善环境保护的工程倡议的存在。

8. 生态审计员和生态审计机构在以下情况下可以进行专项研究:

(1)需要确认有关开展生产行为生态监督的报告;

(2)查明对环境造成影响的未证来源;

(3)存在有关被审计主体活动对环境和人口健康状况造成不良后果的情况。

9. 在必要的情况下,研究可以包括:

(1)排放(排泄)来源的测量,废弃物样品的研究;

(2)在被审计主体的潜在影响区域进行环境污染的测量;

(3)对被审计主体的潜在影响区域的植被、动物、生态系统和居民健康状况进行研究。

10. 为开展专项研究,应当由经授权的实验室确定环境状态。

11. 可以通过以下方法来确定被审计主体的环境风险:

(1)分析文件和报告是否符合被观察的现状;

(2)评估被审计主体对植被、动物、生态系统和人口健康状况可能造成的后果,其中包括分析因破坏环境质量而造成的疾病和死亡的情况;

(3)确定发生可能会对环境造成不良影响的紧急情况或者其他违反被审计主体技术规定的可能性。

12. 可以通过对以下问题的研究拟定提高被审计主体生态安全水平的建议:

(1)类似客体所使用的最佳可行技术;

(2)完善环境管理体系的可行措施;

(3)完善生产行为生态监督的方法;

(4)改变生态标准和要求的建议。

第 83 条　关于开展强制性生态审计的决定

1. 自确定本法典第 81 条第 2 款规定的情况之日起的 1 个月内,环境保护领域的授权机关应当通过有关开展强制生态审计的决定。

2. 关于开展强制性生态审计的决定应当以强制性生态审计结论的形式形成。

3. 强制性生态审计结论的形式由环保领域的授权机关批准。

4. 强制性生态审计结论中应包括:

(1)被审计主体的姓,名,父称或者全称;

(2)被审计主体所在地;

(3)与被审计主体的经济活动和其他社会活动相关的对环境可能造成的风险的性质;

(4)开展强制性生态审计的依据;

(5)向环境保护领域的授权机关提交强制性生态审计结论的期限。

5. 应当向被审计主体的负责人提交强制性生态审计结论。

第 84 条　实施强制性生态审计的特点

1. 应当自被审计主体收到强制性生态审计结论之日起 6 个月之内开展强制性生态审计。

2. 生态审计员或者生态审计机构为制定审计方案应当了解强制性生态审计结论、开展审计的依据、被审计主体具体生态问题等方面的信息。

第 85 条　生态审计报告的规范要求

1. 关于强制性生态审计结果的生态审计报告应包含:

(1)确认生态审计员和生态审计机构的权能的信息;

(2)有关被审计主体的一般资料;

(3)进行生态审计的依据;

(4)进行生态审计的计划;

(5)所收集信息的清单和概述;

(6)被审计主体的检查结果及其员工调查结果;

(7)专项研究的成果;

(8)生态风险评估(定量和定性);

(9)改善生态安全的建议清单;

(10)关于被审计主体的生态安全程度、违规行为、文件管理和环境保护报告的可靠性的结论。

2. 自发性生态审计报告的形式应由进行生态审计的合同确定。

3. 自发性生态审计报告是保密性文件。只有被审计主体享有公开自发性生态审计报告内容信息的权利。

第 86 条　强制性生态审计报告的审查程序

1. 根据强制性生态审计的结果做出的生态审计报告应当同时发送给生态审计员或者生态审计机构以及环境保护领域的授权机关和被审计主体负责人。

2. 被审计主体利用强制性生态审计结果采取措施以遵守哈萨克斯坦共和国

生态立法的要求,降低活动对环境的不良影响并预防对环境造成的损失,保障生态报告的真实性。

3. 在进行强制性生态审计的过程中发现生态报告中被审计主体不真实时,被审计主体应当自收到生态审计报告之日起的1个月内根据生态审计建议自行开展汇报工作,采取其他措施以符合哈萨克斯坦共和国生态立法规定,并将相关信息通报环境保护领域的授权机关。

4. 环境保护领域的授权机关应当在收到根据强制性生态审计结果做出的生态审计报告的1个月内对其进行审议。

5. 环境保护领域的授权机关利用强制性生态审计结果以获取有关被审计主体遵守生态要求和环境质量标准的可靠信息。

6. 根据强制性生态审计的生态审计报告的审议结果,环境保护领域的授权机关有权:

(1)向法院提起诉讼申请暂停被审计主体的活动;

根据2008年12月4日颁布的第97-4号哈萨克斯坦共和国法律,对第2项进行修订(自2009年1月1日生效)(见旧版)

(2)修改生态许可证的条款或者向特别授权的国家机关提出修改利用和征用自然资源的合同条款,变更环境排放许可证和其他自然资源利用许可证的建议;

(3)建议对生产行为生态监督计划进行修改。

7. 因强制性生态审计的生态审计报告产生的争议应当根据哈萨克斯坦共和国立法规定的程序予以解决。

第87条载于2011年7月15日颁布的第461-4号哈萨克斯共和国法律中(自其正式颁布之日起6个月期满后生效)(见旧版)

第87条　生态审计员

1. 生态审计员,是指旨在查明、评估生态风险并拟定提高其活动的生态安全水平的建议,独立检查被审计主体的经济活动和其他社会活动的自然人。根据本法典第40条对第Ⅰ类被审计主体的经济活动和其他社会活动的检查应当基于环境保护领域履行工作和提供服务的许可证进行。

2. 生态审计员有权作为个体经营者或者生态审计机构的员工从事生态审计活动。

第88条 生态审计机构

第1项载于2011年7月15日颁布的第461-4号哈萨克斯坦共和国法律中(自其正式颁布之日起6个月期满后生效)(见旧版)

1. 生态审计机构,是指为了阐明和评估被审计主体的经济活动和其他社会活动的生态安全性,对其开展独立检查的以有限责任合伙组织的法律形式成立的商业组织。根据本法典第40条对第Ⅰ类被审计主体的经济活动和其他社会活动的检查应当基于环境保护领域履行工作和提供服务的许可证进行。

2. 外国生态审计机构只能在组建与哈萨克斯坦共和国相关的生态审计驻地机构的情况下,才能在哈萨克斯坦共和国境内从事生态审计工作。

3. 生态审计机构的生态审计员的人数不能少于3人。

第89条载于2011年12月3日颁布的第505-4号哈萨克斯坦共和国法律中(见旧版)

第89条 生态审计协会

1. 生态审计协会的创建是为了代表生态审计员和国家机关内生态审计机构的合法权益,并维护其权利。

生态审计协会是非营利的、独立的、专业的自治组织,依据全员大会通过的章程行事,其资金支持来源于会员费及哈萨克斯坦共和国立法未禁止的其他来源。

2. 生态审计协会的主要任务是:

(1)在物质技术、咨询信息和方法方面为生态审计员的活动提供保障;

(2)对生态审计活动进行专业监督。

3. 生态审计协会协调生态审计员和生态审计机构的活动,根据哈萨克斯坦共和国立法并结合国际实践经验,制定生态审计标准。

4. 生态审计机构必须具有生态审计协会的成员资格。生态审计员作为个体经营者在从事生态审计活动时,则被接收为协会成员。

不得以拥有环境保护领域履行工作和提供服务的许可证为由拒绝加入生态审计协会。

5. 当发生如下情况时,将被生态审计协会除名:

(1)在环境保护领域履行工作和提供服务的许可证被吊销或者终止时;

(2)生态审计员或者生态审计机构严重地或者多次违反哈萨克斯坦共和国

生态立法要求和规范；

(3)由于资质不足，生态审计员或者生态审计机构无法履行其专业义务；

(4)生态审计协会成立文件中规定的其他情况。

6. 根据本条第5款第2项和第3项的规定被除名的生态审计员或者生态审计机构，应当由环境保护领域的授权机关通过司法程序终止其从事生态审计活动的许可证的效力。

第90条　生态审计员和生态审计机构享有的权利

生态审计员和生态审计机构有权利：

(1)独立确定开展生态审计的方法；

(2)获取并核实为履行生态审计合同条款所需的文件；

(3)除本法典第92条规定的人员外，可以招聘各专业的专家基于合同参与生态审计工作；

(4)当被审计主体违反生态审计合同条款时，拒绝进行生态审计或者签发生态审计报告。

第91条　生态审计员承担的义务以及生态审计机构承担的义务

生态审计员和生态审计机构应当：

(1)告知因本法典第92条规定的情形而不可能进行生态审计的情况；

(2)确保从被审计主体处获得的文件的完好性以及在生态审计过程中编制的文件的完好性；

(3)告知被审计主体生态审计查明的文件不符合哈萨克斯坦共和国的立法规定；

(4)确保生态审计报告的保密性，并且确保在开展生态审计时获得的信息以及构成商业秘密或者其他受法律保护的秘密的保密性；

(5)告知环境保护领域的授权机关有关在强制性生态审计中发现的违反哈萨克斯坦共和国生态立法的情况；

(6)履行生态审计合同义务中的其他要求。

第92条　对进行生态审计的权利限制

当出现以下情况时，禁止生态审计机构或者生态审计员进行生态审计：

(1)当生态审计员是或者生态审计机构内有定制人的组成人员、债权人时；

(2)生态审计的执行人与被审计主体具有劳动关系或者是被审计主体负责人的近亲或者姻亲,以及持有被审计主体10%及10%以上(或者在注册资金中持有份额)的股份的股东(参与者)；

(3)生态审计的执行人与被审计主体有私人财产利益；

(4)生态审计机构或者生态审计员对被审计主体具有金钱义务,或者被审计主体对生态审计机构或者生态审计员具有除开展生态审计义务以外的其他金钱义务。

第93条　被审计主体享有的权利以及承担的义务

1.被审计主体有权：

(1)独立自主选择生态审计员或者生态审计机构；

(2)从生态审计员或者生态审计机构处获取哈萨克斯坦共和国关于开展生态审计的立法要求的详细信息；

(3)了解生态审计员或者生态审计机构的意见和结论所依据的规范性法律法规；

(4)从生态审计员或者生态审计机构处获取建议以及有关生态报告和其他文件不符合哈萨克斯坦共和国立法的信息；

(5)在对方违反生态审计合同条款时,拒绝该生态审计员或者生态审计机构的服务。

2.被审计主体应当：

(1)组织开展强制性生态审计；

(2)为生态审计员或者生态审计机构创造及时开展和高质量开展生态审计的条件；

(3)向生态审计员或者生态审计机构提供全面真实的文件和开展生态审计所需的其他信息,并给予口头或者书面的解释说明；

(4)提交真实可靠的环境影响报告和开展生态审计所需的其他文件；

(5)除生态审计合同另有规定外,不得限制生态审计员或者生态审计机构的活动；

(6)根据生态审计员或者生态审计机构的要求,以本人名义向第三方发出书面问询以获得必要的信息；

（7）确保对生态审计员或者生态审计机构的服务进行支付；

（8）履行生态审计合同规定的其他要求。

第94条　生态管理制度的审计

1.生态管理制度的审计是自发性的。

第2款载于2015年10月29日颁布的第376-5号哈萨克斯坦共和国法律中（自2016年1月1日生效）（见旧版）

2.根据哈萨克斯坦共和国在技术法规领域的立法规定，自然人和法人可以按照生态管理制度的审计结果获取确认已实施的环境保护管理体系符合国际标准的文件。

根据2011年12月3日颁布的第505-4号哈萨克斯坦共和国法律，将第九（乙）章补充至本法典

第九(乙)章　国家在温室气体排放和吸收领域进行规制

第 94-1 条　国家在温室气体排放和吸收领域进行规制的基本原则

国家在温室气体排放和吸收领域进行的规制包括:

第 1 项载于 2016 年 4 月 8 日颁布的第 491-5 号哈萨克斯坦共和国法律中(见旧版)

(1)向设备操作者分配温室气体排放配额;

(2)建立温室气体减少排放和温室气体吸收的市场机制;

第 3 项载于 2016 年 4 月 8 日颁布的第 491-5 号哈萨克斯坦共和国法律中(见旧版)

(3)对设备操作者进行行政管理。

2018 年 1 月 1 日前中止第 94-2 条的效力,第 94-2 条载于 2016 年 4 月 8 日颁布的第 491-5 号哈萨克斯坦共和国法律中(第 1 至 3 款和第 5 至 8 款自 2018 年 1 月 1 日起生效)(见旧版)

根据第 94-2 条第 2 款分配和签发的温室气体排放配额于 2018 年 1 月 1 日前中止

第 94-2 条　温室气体的排放配额

1. 禁止设备操作者在以下活动管理领域中使用没有获得温室气体排放配额并且年排放量超过 2 万吨二氧化碳的设备:石油天然气、电力、采矿、冶金、化工,以及以下建筑材料生产加工领域:水泥、石灰、石膏和砖块。

见:国家温室气体排放配额分配计划中配额量的分配方法

2. 温室气体排放配额应当按照国家温室气体排放配额计划中的额度,自其生效之日起10个工作日内将温室气体排放配额记入设备操作者国家碳排放单位清单的账户中。

3. 设备操作者应在相关期间批准的国家温室气体排放配额分配计划生效的第一年4月1日之前,向环境保护领域的授权机关提交有效的温室气体排放监测计划和经过验证的设备合格证。

当未能在本条既定期限内提交温室气体排放监测计划和设备合格证时,在提交所需文件之前应当冻结设备操作者的账户。

4. 设备操作者应当在当年4月1日前向环境保护领域的授权机关提交经验证的上一年度的温室气体清查报告或者在国家温室气体排放源和吸收源调查系统中根据国家温室气体排放源和吸收源调查管理条例填写电子报告。

5. 禁止设备操作者超出相关期间批准的国家温室气体排放配额分配计划中规定的温室气体排放额度,以及在本法典第94-4条第1款规定的情况下获取的排放额度。

设备操作者有权在相关期间批准的国家温室气体排放配额分配计划中自主分配计划中自己拥有的各设备之间的可用额度。

6. 设备操作者有权售卖或者购买配额单位,但本法典第94-4条第1款规定的配额除外。

7. 对包含在相关期间批准的国家温室气体排放配额分配计划中的设备以及有效期间年温室气体排放超过2万吨的行政管理主体的设备是否遵守本条第1项进行监督。

8. 国家温室气体排放配额分配计划有效期间内签发的温室气体排放配额应当根据温室气体配额签发、变更和吸收条例进行偿还。

第94-3条　根据2016年4月8日颁布的第491-5号哈萨克斯坦共和国法律,本条已废止

第94-4条载于2016年4月8日颁布的第491-5号哈萨克斯坦共和国法律中(自2018年1月1日起生效);于2018年1月1日前中止第94-4条的效力

第94-4条　变更温室气体的排放配额以及重新办理温室气体排放证书

1. 在报告期内计划变更设备的性质和功能或者投入运行新的温室气体源时,自然资源利用者应当向环境保护领域的授权机关申请对已配给的温室气体排放配额重新审查。

2. 当设备操作者发生变更（转让、重组、变更组织法律形式、法人名称）时，环境保护领域的授权机关自申请人提交申请之日起一个月内根据批准的文件重新办理证书，并在证书中注明新操作者的名称和地址。

证书中规定的义务必须转移给新的操作者。

3. 被废除的法人的温室气体排放配额转入国家温室气体排放配额分配计划的配额储备总量中。

见：国家温室气体排放配额分配计划中配额量的分配方法

第 4 款载于 2014 年 9 月 29 日颁布的第 239-5 号哈萨克斯坦共和国法律中（见旧版）

4. 温室气体排放配额的变更程序以及重新办理温室气体排放证书的程序由环境保护领域的授权机关确定。

第 94-5 条载于哈萨克斯坦共和国 2016 年 4 月 8 日颁布的第 491 -5 号哈萨克斯坦共和国法律中（见旧版）

根据第 94-5 条分配和配给的温室气体排放配额应于 2018 年 1 月 1 日前中止

第 94-5 条　国家温室气体排放配额分配计划

根据 2017 年 4 月 5 日颁布的第 56-6 号哈萨克斯坦共和国法律，对第 1 款进行修订（见旧版）

1. 国家温室气体排放配额分配计划能够确保减少温室气体排放义务的履行。

根据环境保护领域的授权机关确定的相关时期的温室气体排放配额分配和形成国家温室气体排放配额分配计划的既定配额数量和储备总量的条例编制国家温室气体排放配额分配计划。

2. 在国家温室气体排放配额分配计划中应当按照被规制的活动领域制定温室气体排放配额总量以及分配温室气体排放配额的设备清单。

3. 国家温室气体排放配额分配计划中包含用于以下目的的配额量储备：

（1）新设备的温室气体排放配额分配；

（2）在本法典第 94-4 条第 1 款规定的情况下签发附加配额；

（3）根据本法典第 94-2 条的要求，对在国家计划有效期间运行的行政管理主体的设备分配的温室气体排放配额；

(4)为有关减少温室气体排放和(或者)增加温室气体吸收的国家项目配给碳单位;

(5)根据拍卖的条款销售配额。

4. 将设备列入国家温室气体排放配额分配计划的程序和将设备剔除国家温室气体排放配额分配计划的程序应当根据温室气体排放配额分配和形成国家温室气体排放配额分配计划的既定配额数量和储备总量的条例来进行规定。

5. 由环境保护领域的授权机关管理配额储备总量。

以组织销售为目的将本条第 3 款第 5 项规定的配额总量储备转给环境保护领域的授权机关在规制温室气体排放领域的下属部门。

出售储备中温室气体排放配额所得的资金属于国家预算收入。

第 94-6 条载于 2016 年 4 月 8 日颁布的第 491-5 号哈萨克斯坦共和国法律中(见旧版)

第 94-6 条　行政管理主体

1. 行政管理主体,是指一年的温室气体排放总量在 1 万到 2 万吨二氧化碳当量之间的设备操作者,其被规制的活动领域如下:石油和天然气、电力、采矿、冶金、化工,以及以下建筑材料的生产加工:水泥、石灰、石膏和砖头。

2. 除本条第 3 款和第 4 款规定的情况外,本法典第 94-2 条、第 94-4 条和第 94-11 条,包括温室气体排放配额分配主体实施的程序,不适用于行政管理主体。

3. 行政管理主体应当在每年 4 月 1 日前向环境保护领域的授权机关提交上一年度的温室气体清查报告,或者根据国家调查温室气体排放和吸收源的管理条例在国家调查系统中填写电子报告。

行政管理主体的温室气体清查报告不需要核查。

4. 行政管理主体应当按照落实温室气体排放和吸收管理领域项目机制的条例参与落实温室气体排放和吸收管理领域项目机制。

5. 在国家温室气体排放配额分配计划有效期间内运行的行政管理主体的设备应当遵守本法典第 94-2 条第 1 款的要求,根据温室气体排放配额的配给、变更和吸收条例进行配额分配。

6. 环境保护领域的授权机关应当监督行政管理主体的温室气体排放总量进行。

第94-7条载于2016年4月8日颁布的第491-5号哈萨克斯坦共和国法律中(自2018年1月1日起生效);于2018年1月1日前中止第94-7条的效力

第94-7条　减少温室气体排放和温室气体吸收的市场机制

1. 减少温室气体排放和温室气体吸收的市场机制包括:

(1)温室气体排放配额交易;

(2)温室气体吸收单位交易,温室气体核证减排单位交易,温室气体减排单位交易,温室气体国内减排交易;

(3)在限制和(或者)减少温室气体排放的国家之间,以及在这些国家的法人之间开展既定数量单位的国际交易。

2. 参与落实温室气体排放和吸收管理领域的项目机制的法人以及哈萨克斯坦共和国立法规定的交易所的参与者是温室气体排放市场的主体。

3. 碳单位是商品。

4. 在哈萨克斯坦共和国立法规定的有组织的商品平台(交易所)上实现温室气体吸收单位、温室气体核证减排单位、温室气体减排单位、温室气体国内减排单位的二次流通。

根据2016年4月8日颁布的第491-5号哈萨克斯坦共和国法律,对第94-8条进行修订(见旧版)

第94-8条　独立信息提供者

独立信息提供者的主要任务是提供咨询服务,协助管理温室气体排放的设备的操作者,包括落实温室气体排放和吸收领域的项目机制。

第94-9条载于2016年4月8日颁布的第491-5号哈萨克斯坦共和国法律中(自2018年1月1日起生效);于2018年1月1日前中止第94-9条的效力

第94-9条　碳排放交易的要求

1. 参与温室气体排放配额交易系统中的配额单位只能在国内交易市场中进行流通,无权转让给其他国家的既定数量核算系统。为了开价,配额单位可以在其他国际交易平台上进行使用。

在双边基础上通过国际条约的情况下,哈萨克斯坦共和国的碳排放单位可以从既定数量的核算系统中让渡,其总量不能超过年度温室气体排放量。

2. 核证的减排单位和减排单位可以用于国内交易和国际交易,并且确保从国家既定数量核算系统转入其他国家核算系统中。

第94-10条载于2016年4月8日颁布的第491-5条哈萨克斯坦共和国法律中(见旧版)

第94-10条　有关减少温室气体排放和(或者)增加温室气体吸收的内部项目

1. 哈萨克斯坦共和国领土上的自然人和法人落实有关减少温室气体排放和(或者)增加温室气体吸收的国家项目。

同时,针对应当遵守温室气体排放配额要求的设备不能实施有关减少温室气体排放和(或者)增加温室气体吸收的国家项目。

2. 可以在以下经济领域实施有关减少温室气体排放和(或者)增加温室气体吸收的国家项目:

(1)采矿和冶金(包括煤矿沼气利用项目);

(2)农业;

(3)住房和公共服务;

(4)森林和草原地区的绿化;

(5)防止土地退化;

(6)可再生能源;

(7)公共和工业废物再加工;

(8)交通;

(9)高效节能建设;

(10)节能和提高能源效率。

3. 有关减少温室气体排放项目的审议和批准、核算、报告和监测条例应经环境保护领域的授权机关批准。

见:有关减少温室气体排放和温室气体吸收的项目审议、批准和落实的条例,有关减少温室气体排放的国家项目制定条例,能够实施国家项目的经济行业和部门的清单目录

第94-11条载于2016年4月8日颁布的第491-5号哈萨克斯坦共和国法律中(见旧版)

第94-11条　监测温室气体排放的程序

1. 设备操作者应当根据相关时期批准的国家温室气体排放配额分配计划，在其有效期内针对被分配配额设备的温室气体排放制定强制性监测计划。

2. 应当验证温室气体排放监测计划。

3. 如果没有经核准的温室气体排放的计算方法，设备操作者有权制定自己的方法，但应当与环境保护领域的授权机关协商。

见：温室气体清算监测和监督条例，2016年6月13日颁布的第245号哈萨克斯坦共和国能源部法令《关于批准温室气体排放监测计划的形式》

第94-12条　生态(绿色)投资

第1款载于2014年9月29日颁布的第239号哈萨克斯坦共和国法律(见旧版)、2014年12月29日颁布的第269-5号哈萨克斯坦共和国法律中(见旧版)

1. 在温室气体排放总量中形成了既定数量单位的储备，其形成程序由哈萨克斯坦共和国政府确定。

2. 储备转交给环境保护领域的授权机关的下属机构进行管理。

3. 对生态(绿色)投资机制框架下的项目投资资金来源于出售或者利用储备中的既定数量单位所得。

见：落实生态(绿色)投资条例

第三编　环境保护和自然资源利用的经济调整

第十章　环境保护和自然资源利用的经济调整机制

第95条　环境保护和自然资源利用的经济调整机制类型

环境保护和自然资源利用的经济调整机制类型分为：

1. 环境保护措施计划和融资；

2. 环境排放付费制度；

2-1. 根据2016年4月28日颁布的第506-5号哈萨克斯坦共和国法律，本条已废止（见旧版）；

3. 对专属性自然资源的有偿使用；

4. 对环境保护进行经济激励；

第5款载于2011年12月3日颁布的第505-4号哈萨克斯坦共和国法律中（见旧版）

5. 环境排放管理的市场调节机制；

根据2011年12月3日颁布的第505-4号哈萨克斯坦共和国法律，将第5-1项补充至本条

5-1. 减少温室气体排放和温室气体吸收的市场机制；

6. 生态保险；

根据2016年4月28日颁布的第506-5号哈萨克斯坦共和国法律，将第6-1款补充至本条

6-1. 生产者（进口商）的附加义务；

7. 对环境损害进行的经济评估。

第 96 条　有关环境保护的措施

1. 环境保护的措施，是指旨在保护环境和改善环境质量的工艺、技术、组织、社会和经济措施的综合体。

2. 环境保护措施包括以下几项措施：

（1）旨在保障生态安全的措施；

（2）通过提高环境质量指标改善环境要素状况的措施；

（3）促进生态系统状况的稳定和改善，保护生物多样性，促进自然资源合理利用和再生的措施；

（4）预防和防止对环境和居民健康造成损害；

根据 2011 年 12 月 3 日颁布的第 505–4 号哈萨克斯坦共和国法律，将第 4–1 项补充至本款

（4–1）旨在保证危险化学物质的安全管理的措施，其中包括持久性有机污染物；

（5）改进环境保护方法和技艺，合理使用自然资源和引进国际环境保护管理标准；

（6）促进生产行为生态监督的发展；

（7）形成环境保护领域的信息系统并协助提供生态信息；

（8）为可持续发展推进生态知识的传播，生态教育和生态启蒙；

根据 2011 年 12 月 3 日颁布的第 505–4 号哈萨克斯坦共和国法律，将第 9 项补充至本款

（9）旨在减少温室气体的排放量和（或者）增加温室气体吸收的措施。

3. 环境保护措施可能包括投资生态项目，其中包括本条第 2 款规定的措施。

4. 环境保护措施的标准清单由环境保护领域的授权机关核准。

第 97 条　为环境保护措施提供的资金支持

环境保护措施的资金支持来源包括：

（1）财政资金；

（2）自然资源利用者个人资金；

（3）哈萨克斯坦共和国立法法规未禁止的其他来源。

第98条　对依靠财政资金支持的环境保护措施进行的计划

第1款载于2013年7月3日颁布的第124-5号哈萨克斯坦共和国法律中(见旧版)

1. 依靠不同级别财政资金支持的环境保护措施应当根据哈萨克斯坦共和国国家计划系统文件制定的方向,以及哈萨克斯坦共和国总统决议、哈萨克斯坦共和国政府和地方代表机关的决议进行确定。

2. 根据2013年7月3日颁布的第124-5号哈萨克斯坦共和国法律,本条已废止(见旧版)。

3. 根据2013年7月3日颁布的第124-5号哈萨克斯坦共和国法律,本条已废止(见旧版)。

第4款载于2011年12月3日颁布的第505-4号哈萨克斯坦共和国法律中(见旧版)

4. 在批准区域发展计划和规划,州、直辖市、首都地方执行机关的战略计划之前,应当按照环境保护领域的授权机关规定的程序征得环境保护领域的授权机关的同意。

根据2013年7月3日颁布的第124-5号哈萨克斯坦共和国法律,对第5款进行修订(见旧版)

5. 州(直辖市、首都)的地方执行机关根据哈萨克斯坦共和国财政立法制定并向环境保护领域的授权机关提交生态投资项目。

6. 根据2013年7月3日颁布的第124-5号哈萨克斯坦共和国法律,本条已废止(见旧版)。

第99条　对用自然资源利用者私募资金支持的环境保护活动的计划

1. 由自然资源利用者独立计划用其私募资金支持的环境保护活动。

根据2016年4月25日颁布的第505-5号哈萨克斯坦共和国法律,对第2款进行修订(见旧版)

2. 环境保护活动包括自然资源利用者为取得生态许可证而制定的环境保护活动计划。

环境保护活动计划的形式以及有关该计划执行情况的报告由环境保护领域的授权机关核准。

第 100 条 对利用哈萨克斯坦共和国立法未禁止的其他资金来源支持的环境保护活动的计划

对利用哈萨克斯坦共和国立法未禁止的其他资金来源支持的环境保护活动的计划应当按照哈萨克斯坦共和国立法规定的程序进行。

第 101 条 环境排放付费制度

1. 由哈萨克斯坦共和国税收立法规定环境排放付费制度。

根据 2008 年 12 月 10 日颁布的第 101-4 号哈萨克斯坦共和国法律,对第 2 款进行修订(自 2009 年 1 月 1 日起生效)(见旧版)

2. 在生态许可证确定的标准范围内的环境排放,自然资源利用者应当按照哈萨克斯坦共和国税法规定的程序对其进行支付。

3. 环境排放费用的计算方法由环境保护领域的授权机关核准。

4. 根据 2008 年 12 月 10 日颁布的第 101-4 号哈萨克斯坦共和国法律(自 2009 年 1 月 1 日起生效),本条已废止(见旧版)。

5. 履行环境排放的税收义务并不代表自然资源利用者可免于承担赔偿环境损害的责任。

见:2016 年 11 月 25 日第 8 号哈萨克斯坦共和国最高法院《关于法院就民事问题适用哈萨克斯坦共和国生态立法的若干问题》的规范性决议

第 102 条 对专属性自然资源利用的强制性付费制度

对专属性自然资源利用的强制性付费制度由哈萨克斯坦共和国税收立法确定。

第 103 条 根据 2008 年 12 月 10 日颁布的第 101-4 号哈萨克斯坦共和国法律(自 2009 年 1 月 1 日生效),本条已废止(见旧版)

第 104 条 为非政府性贷款提供的国家担保

哈萨克斯坦共和国政府可以根据哈萨克斯坦共和国财政立法规定的程序为落实环境保护措施的非政府性贷款提供国家担保。

第 105 条 环境排放管理的市场调节机制

第 1 款载于 2014 年 9 月 29 日颁布的第 239-5 号哈萨克斯坦共和国法律中(见

旧版）

1. 为减少环境排放，环境保护领域的授权机关可以通过确立环境排放限制和配额以及核准配额交易程序和环境减排义务交易程序的方法引入市场机制。

2. 在确立上述配额的情况下，自然资源利用者可以享有环境排放的年度配额。

第106条　根据2011年12月3日颁布的第505-4号哈萨克斯坦共和国法律，本条已废止（见旧版）

第107条　生态保险

1. 生态保险的目的是赔偿因环境的意外污染对第三方生命、健康和财产造成的损害和（或者）对环境造成的损害。

第2款载于2014年9月29日颁布的第239-5号哈萨克斯坦共和国法律中（见旧版）

2. 应当根据《哈萨克斯坦共和国强制生态保险法》的实施强制生态保险。生态危险型经济活动和其他社会活动由本法典和环境保护领域的授权机关确定。

3. 自愿生态保险由自然人和法人根据其意愿实施。自愿生态保险的类型、条件和程序由承保人和投保人之间的合同确定。

第十一章　对环境损害进行的经济评估

第 108 条　对环境损害进行经济评估的程序

1. 对环境损害进行的经济评估，是指为恢复环境和自然资源消费属性所必需的费用的价值表现形式。

2. 环境保护领域授权机关的负责人应当自对环境造成损害的事实成立之日起 1 个月内搜集和分析必要资料并且对造成的损害进行经济评估。

根据 2011 年 12 月 3 日颁布的第 505-4 号哈萨克斯坦共和国法律，对第 3 款进行修订（见旧版）；载于 2014 年 12 月 29 日颁布的第 271-5 号哈萨克斯坦共和国法律中（见旧版）

3. 因大气污染和水资源、土地资源污染超过既定标准，非法使用地下资源，以及因生产和消费废弃物安置（其中包括放射性废弃物）超过既定标准造成的损失的经济评估应当根据哈萨克斯坦共和国政府批准的条例通过直接或者间接的方式确定。

见：2016 年 11 月 25 日第 8 号哈萨克斯坦共和国最高法院《关于法院就民事问题适用哈萨克斯坦共和国生态立法的若干问题》的规范性决议

第 109 条　环境损害经济评估的直接方法

1. 环境损害经济评估的直接方法，是指通过有效的工程措施、组织技术措施和工艺措施确定恢复环境、增补退化的自然资源和改善生物健康所必要的实际费用。

2. 环境保护领域授权机关的负责人应当首先审议环境造成损害者制定的有关恢复环境措施的可行性。

开展环境恢复措施的相关义务由造成环境损害者以保证书的形式说明，并指明具体的措施以及措施实施的期限。

3. 为消除损害后果采取的措施的价值由其市场价值确定。

4. 在采用直接方法对环境损害进行经济评估时，环境保护领域授权机关的负责人可以聘请独立鉴定专家。独立鉴定专家可以是生态审计员，项目机构、工程机构和科研机构的专家。

5. 由造成环境损害者承担对独立鉴定专家工作的付费义务。

见：2016 年 11 月 25 日第 8 号哈萨克斯坦共和国最高法院《关于法院就民事问题适用哈萨克斯坦共和国生态立法的若干问题》的规范性决议

第 110 条　环境损害经济评估的间接方法

1. 当不能采用直接方法对环境损害进行经济评估时，可以采用间接方法对损害进行经济评估。

2. 环境损害经济评估的间接方法，是指根据环境影响类型将每一种要素的损害相加求和。

见：2016 年 11 月 25 日第 8 号哈萨克斯坦共和国最高法院《关于法院就民事问题适用哈萨克斯坦共和国生态立法的若干问题》的规范性决议

第四编　生态监督

第十二章　环境保护领域的国家监督，自然资源保护、再生和利用领域的国家监督

第 111 条　国家监督的目的和类型

1. 环境保护领域、自然资源再生和利用领域的国家监督的目的在于保障生态安全，节约自然资源和能源资源，可持续利用生物资源，提高本国产品的竞争力。

2. 环境保护领域、自然资源再生和利用领域的国家监督主要有以下几种类型：

（1）生态监督；

（2）土地利用和保护的监督；

（3）水资源利用和保护领域的监督；

（4）地下资源的研究和利用领域的监督；

（5）哈萨克斯坦共和国森林立法领域的监督；

（6）动物资源的保护、再生和利用领域的监督；

（7）对特别自然保护区的监督。

第 112 条　在环境保护领域以及自然资源保护、再生和利用领域实施国家监督的机关

在环境保护领域、自然资源再生和利用领域实施国家监督的机关有：

（1）环境保护领域的授权机关；

(2)水资源保护和利用领域的授权机关；

(3)土地资源管理领域的国家授权机关；

(4)林业领域的国家授权机关；

(5)动物资源保护、再生和利用领域的国家授权机关；

(6)特别自然保护区的国家授权机关；

(7)地下资源研究和利用领域的国家授权机关；

第8项载于2014年4月11日颁布的第189-5号哈萨克斯坦共和国法律中(见旧版)

(8)民事保护领域的国家授权机关；

第9项载于2016年4月8日颁布的第491-5号哈萨克斯坦共和国法律中(见旧版)

(9)居民卫生防疫安全领域的国家授权机关；

第10项载于2014年1月17日颁布的第165-5号哈萨克斯坦共和国法律中(见旧版)

(10)动物卫生领域的授权机关；

(11)植物保护和检疫领域的国家授权机关；

(12)原子能利用领域的国家授权机关；

(13)运输监督机关。

第113条　国家生态监督的任务

国家生态监督的任务包括：

(1)使自然资源利用者形成对环境负责任的态度；

(2)预防哈萨克斯坦共和国生态立法领域的违法行为。

第114条　国家生态监督的方向

国家生态监督的方向为：

(1)遵守哈萨克斯坦共和国生态立法；

(2)采取措施消除环境污染的影响；

(3)根据2012年7月10日颁布的第36-5号哈萨克斯坦共和国法律，本条已废止(见旧版)；

(4)根据2012年7月10日颁布的第36-5号哈萨克斯坦共和国法律，本条

已废止(见旧版);

(5)采取综合措施改善土地状况、预防并消除可能引起土地退化的后果,恢复和保护土壤肥力;

(6)在建设和改建企业、设施和其他客体时遵守生态要求,保证采取措施恢复土地生产力;

(7)在投入和使用企业、设施和其他客体时履行生态要求,其中包括落实有关恢复土地生产力的设计工作;

(8)在开展与破坏土地相关的工作时,移除、保护和利用土壤肥沃层;

(9)在开展矿产资源工业储备开采或者开展其他破坏性的程序和工作时,要根据土地的特定用途使其保有适于未来利用的状态;

(10)遵守许可合同中有关环境保护的条款;

(11)保护地下资源使其免受污染、浸水和导致地下矿产资源地和其他环境客体损坏的工艺进程的影响;

根据2014年12月29日颁布的第271-5号哈萨克斯坦共和国法律,将第11-1项补充至本条

(11-1)遵守关于地下资源国家所有权的规定;

(12)地下资源使用客体的保存和清除;

(13)在地下资源利用和矿物原料加工时应当遵守生态规则和条例;

(14)在开采和加工矿物原料时遵守环境保护问题方面的项目决议;

(15)在进行地下资源利用作业时采取措施预防紧急或者其他的危险情况;

(16)向地下填埋有害物质、放射性废弃物和排放废水;

(17)遵守哈萨克斯坦共和国大陆架上废弃物和其他材料的填埋条例,钻井和设备的保存和拆除条例;

(18)遵守水质量标准;

根据2011年12月3日颁布的第505-4号哈萨克斯坦共和国法律,对第19项进行修订(见旧版)

(19)遵守大气保护的技术规则、标准、条例和其他要求,包括在投入使用和使用交通运输工具和其他移动工具时;

第20项载于2016年4月25日颁布的第505-5号哈萨克斯坦共和国法律中(见旧版)

(20)在贮存和焚烧废弃物时遵守大气保护要求;

根据 2011 年 12 月 3 日颁布的第 505-4 号哈萨克斯坦共和国法律，将第20－1 项补充至本条

（20-1）在排放温室气体时遵守要求；

（21）根据 2012 年 7 月 10 日颁布的第 36-5 号哈萨克斯坦共和国法律，本条已废止（见旧版）；

（22）在建设、改建、投入使用和使用企业、设施和其他客体时遵守生态要求；

（23）遵守放射性物质和其他生态危险物质的利用、保存、运输、填埋、废物利用或者其他处理条例，其中包括预防环境污染的生态要求；

（24）遵守化学物质和生物物质的使用、保存、运输的既定规则和条例；

（25）遵守生态许可证规定的自然资源利用条件；

（26）遵守生产和消费废弃物废物利用和无害化处理的既定的规则和条例；

（27）遵守对带有污染物质排放、排泄固定源并安置生产和消费废弃物的设施的卫生保护区的生态要求；

（28）监测哈萨克斯坦共和国领土上的辐射情况，落实防止放射性物质污染环境的设计方案；

（29）遵守清洁设备的工作技术规则；

（30）遵守生产行为生态监督的规则和条例；

（31）遵守哈萨克斯坦共和国有关强制生态保险的立法；

（32）遵守从事环境保护领域许可活动的资格要求和条例；

（33）遵守关于开展强制性国家生态鉴定和履行其条件的要求；

（34）遵守有关开展强制性生态审计并提供环境保护方面的可靠信息的要求；

（35）在哈萨克斯坦共和国大陆架进行海洋科学研究时遵守生态要求；

（36）遵守危险废弃物跨境运输的条例；

根据 2009 年 6 月 23 日颁布的第 164-4 号哈萨克斯坦共和国法律，将第 37 项补充至本条

（37）遵守对工艺、技术和设备提出的生态要求；

根据 2013 年 6 月 21 日颁布的第 107-5 号哈萨克斯坦共和国法律，将第 38 项补充至本条

（38）遵守有关向环境保护领域的授权机关提交实际进口、出口臭氧消耗物质的数据以及臭氧消耗物质的销售数量的要求；

根据2015年11月17日颁布的第407-5号哈萨克斯坦共和国法律，将第39项补充至本条（自2016年1月1日起生效）

（39）生产者（进口商）遵守有关对组织收集、运输、加工、无害化处理、利用和（或者）回收利用废弃物进行支付的要求；

根据2015年11月17日颁布的第407-5号哈萨克斯坦共和国法律，将第40项补充至本条（自2016年1月1日起生效）

（40）生产者（进口商）附加义务的经营者遵守本法典规定的要求。

第115条　国家生态监督的组织

1. 通过以下方式进行国家生态监督：

根据2010年3月19日颁布的第258-4号哈萨克斯坦共和国法律，对第1项进行修订（见旧版）

（1）分析有关环境排放量和自然资源的统计信息，以及有关自然资源利用者保护自然活动的数据；

（2）对自然资源利用者遵守和执行哈萨克斯坦共和国生态立法的情况组织并开展检查；

（3）利用法律手段以确保遵守哈萨克斯坦共和国的生态立法。

2. 国家生态监督包括以下措施：

（1）确定监督的优先方向；

（2）使用现有的监督方法；

（3）制定和贯彻有前景的活动计划、具体的措施、确定必要的人力资源和物质资源以及定性和定量指标；

（4）制定和贯彻被检查客体的年度工作计划和业务计划；

（5）开展走访性检查；

（6）收集、分析和利用分析监督所得数据和实施国家生态监督所必要的其他信息；

（7）国家生态监督部门活动年度和业务计划的核算、记录、分析和落实；

（8）确保国家生态监督部门活动的透明性和问责制的落实。

第116条　实施国家生态监督的负责人

第1款载于2011年12月3日颁布的第505-4号哈萨克斯坦共和国法律中（见

旧版）

1. 实施国家生态监督的负责人有：

哈萨克斯坦共和国国家总生态检验员；

哈萨克斯坦共和国国家副总生态检验员；

哈萨克斯坦共和国国家高级生态检验员；

哈萨克斯坦共和国国家生态检验员；

州、直辖市、首都的国家总生态检验员；

州、直辖市、首都的国家高级生态检验员；

州、直辖市、首都的国家生态检验员。

根据 2011 年 1 月 10 日颁布的第 383–4 号哈萨克斯坦共和国法律，将第 1–1 款补充至本条；根据 2011 年 12 月 3 日颁布的第 505–4 号哈萨克斯坦共和国法律，对其进行修订（见旧版）

1–1. 本条第 1 款中指明的负责人由环境保护领域的授权机关任命。

从环境保护领域授权机关的国家生态监督部门的国家公务员范畴内向本条第 1 款中指明的负责人行列指派人员的程序由环境保护领域授权机关确定。

第 2 款载于 2011 年 1 月 6 日颁布的第 379–4 号哈萨克斯坦共和国法律中（见旧版）

2. 按照既定程序确保向国家生态检验员提供制服（无肩章）、公务证件、胸章、定式印章和封印。

有权利穿着制服（无肩章）的负责人名单、制服（无肩章）样式、穿戴程序由环境保护领域的授权机关确定。

3. 不允许干涉执行国家生态监督的负责人的活动。

4. 妨碍执行国家生态监督的人员、对执行国家生态监督的负责人采取暴力威胁或者暴力行为的人员应当承担哈萨克斯坦共和国法律规定的责任。

根据 2011 年 12 月 3 日颁布的第 505–4 号哈萨克斯坦共和国法律（见旧版）、2015 年 10 月 31 日颁布的第 378–5 号哈萨克斯坦共和国法律（自 2016 年 1 月 1 日起生效）（见旧版）、对第 5 款进行修订

5. 国家生态检验员在其职权范围内作出的决议对所有自然人和法人具有强制执行力，但可以向实施国家生态监督的上一级国家机关的负责人以及法院提出上诉。

根据 2011 年 12 月 3 日颁布的第 505–4 号哈萨克斯坦共和国法律，将第 6 款补充

至本条

6. 哈萨克斯坦共和国国家总生态检验员，州、直辖市、首都的国家总生态检验员持有带有哈萨克斯坦共和国国徽和自己姓名的文件表格。

第117条　实施国家生态监督的负责人享有的权利

1. 实施国家生态监督的负责人享有以下权利：

（1）与自然资源利用者，自然人和社会团体协作互动；

（2）按照哈萨克斯坦共和国立法规定的方式自由访问包括军事和国防设施在内的被检查客体；

（3）进入带有抽样测量仪器和设备的自然人和法人的地区，并且必要时由专家和社会代表测量，抽取样品（其中包括商品样品和裁量样品）并对其进行分析；

（4）索要和获取文件、分析结果和为实施国家生态监督所必要的其他材料；

第5项载于2011年1月10日第383-4号哈萨克斯坦共和国法律（见旧版）、2011年12月3日颁布的第505-4号哈萨克斯坦共和国法律中（见旧版）

（5）按照哈萨克斯坦共和国立法规定的程序，当自然资源利用者违反了生态许可证规定的生态规则和要求、自然资源利用条件，对环境和（或者）居民健康造成特别巨大的损失时，提出有关中止或者吊销许可证和（或者）解除使用和获取自然资源的合同（契约），中止或者吊销生态许可证和其他自然资源利用许可证的建议；

（6）向自然人和法人作出关于终止违反哈萨克斯坦共和国环境立法的行为的指示；

（7）向法院提起有关限制、中止和禁止违反哈萨克斯坦共和国立法的经济活动和其他社会活动的诉讼；

（8）审议有关环境保护领域的行政违法案件，向相关部门送交有关追究相关人员行政或者刑事责任的材料；

（9）确定或者参与确定由于违反哈萨克斯坦共和国生态立法而造成的环境损失的数额，作出关于损害赔偿的命令并向法院提起诉讼；

（10）向检察院和执法机关申请协助，以预防或者制止违反哈萨克斯坦共和国生态立法的违法者的行为；

（11）当承包单位拒绝消除造成勘探、开采、混合勘探和开采被作出决议中止的原因时,或者在建造和(或者)使用与勘探和(或者)开采无关的地下设备时,或者在足以消除上述原因的时间内未能消除这些原因时;自然资源使用者未采取哈萨克斯坦共和国生态立法规定的措施;不可能消除引起中止地下资源使用活动的原因;承包单位从根本上违反了其职权范围内合同或者工作计划规定的义务时,向主管机关提出关于终止进行地下资源使用合同的效力的建议。

2. 在哈萨克斯坦共和国立法规定的情况下,实施国家生态监督的负责人有权保存、佩戴和使用专门工具(专业的通信设备、照相机、摄像机、测量工具)。

第118条　实施国家生态监督的负责人承担的义务

实施国家生态监督的负责人应承担以下义务:

(1)对哈萨克斯坦共和国生态立法要求遵守的情况进行监督;

(2)遵守哈萨克斯坦共和国立法的要求;

(3)通知执法部门有关具有刑事犯罪行为特征的违反哈萨克斯坦共和国生态立法的事实情况;

(4)与其他国家机关,以及自然人和(或者)法人就保障遵守哈萨克斯坦共和国生态立法的问题进行协作;

(5)确保检查信息的保密性;

(6)遵守职务操守规范。

第十三章　走访性的生态检查

第 119 条载于 2009 年 7 月 17 日颁布的第 188-4 号哈萨克斯坦共和国法律中

第 119 条　生态走访性检查

1. 生态走访性检查，是指实施国家生态监督的负责人可以利用该检查对有关自然资源利用者遵守哈萨克斯坦生态立法情况的信息进行收集和分析的一系列措施。

根据 2011 年 12 月 3 日颁布的第 505-4 号哈萨克斯坦共和国法律，将第 1-1 款补充至本条

1-1. 只允许实施国家生态监督的负责人进行生态走访性检查。

2. 开展生态走访性检查不应当中止自然资源利用者的活动，但哈萨克斯坦共和国立法规定的情况除外。

根据 2011 年 1 月 6 日颁布的第 378-4 号哈萨克斯坦共和国法律（见旧版）、2015 年 10 月 29 日颁布的第 376-5 号哈萨克斯坦共和国法律（自 2016 年 1 月 1 日起生效）（见旧版），对第 3 款进行修订

3. 环境保护领域的国家监督以检查和其他形式进行。

根据哈萨克斯坦共和国企业法典来进行检查。其他形式的国家监督根据本法典来进行。

见：2015 年 12 月 15 日颁布的第 721 号哈萨克斯坦共和国能源部部长和 2015 年 12 月 30 日颁布的第 835 号哈萨克斯坦共和国国民经济部部长的联合命令《关于批准环境保护领域、自然资源再生和利用领域的危险评估标准和检查清单》，有关遵守哈萨克斯坦共和国生态立法的检查结果的法令

第120条　根据2009年7月17日颁布的第188-4号哈萨克斯坦共和国法律,本条已废止(见旧版)

第121条　根据2009年7月17日颁布的第188-4号哈萨克斯坦共和国法律,本条已废止(见旧版)

第122条　根据2009年7月17日颁布的第188-4号哈萨克斯坦共和国法律,本条已废止(见旧版)

第123条　根据2009年7月17日颁布的第188-4号哈萨克斯坦共和国法律,本条已废止(见旧版)

第124条　根据2009年7月17日颁布的第188-4号哈萨克斯坦共和国法律,本条已废止(见旧版)

第125条载于2009年7月17日颁布的第188-4号哈萨克斯坦共和国法律中(见旧版)

第125条　国家生态监督的其他形式

1. 直接分析监督自然客体和污染源以保障对环境保护领域授权机关的内部实验室的监督。

2. 自然资源利用客体的卫生防护区域外的分析监督采样可随时进行,无须注册。

3. 根据分析监督的结论确定自然资源利用者遵守环境质量标准的情况,并可用作未遵守哈萨克斯坦生态立法的证明,并且根据超出环境质量标准的事实作出检查委任文书的依据。

4. 室内检查是在研究和分析自然资源利用者提交的报告和其他文件的基础上在环境保护领域的授权机关所在地直接进行的检查。

5. 查明自然资源利用者的报告和其他文件所含信息的错误和矛盾是作出有关检查委任文书的依据。

第126条载于2015年10月31日颁布的第378-5号哈萨克斯坦共和国法律中

（自2016年1月1日起生效）（见旧版）

第126条　对进行国家生态监督的责任人的决策、作为（不作为）进行诉讼的程序

可以向上一级国家机关和（或者）负责人针对实施国家生态监督的责任人的决策、作为（不作为）提出申诉，并且可以根据哈萨克斯坦共和国立法法规定的程序向法院提起上诉。

在向上一级国家机关或者负责人就实施国家生态监督的责任人的决策、作为（不作为）提出申诉后方可向法院提交上诉申请。

见：2016年11月25日第8号哈萨克斯坦共和国最高法院《关于法院就民事问题适用哈萨克斯坦共和国生态立法的若干问题》的规范性决议

第127条　走访性生态检查的涉密信息的保障

1. 与自然资源利用者相关的保密性信息在未经自然资源利用者的书面允许的情况下不得提供给其他人员。根据哈萨克斯坦共和国立法法规和国际条约确定信息的保密性。

见：国家服务标准《缔结保密协议》（2015年4月28日颁布的哈萨克斯坦投资和发展部命令的第15项附件）

2. 国家生态检验员有义务不泄露构成国家秘密、商业秘密和受法律保护的其他秘密，并且确保在生态检查过程中获得的保密信息的机密性。哈萨克斯坦共和国立法法规规定转交的保密性信息除外。

第十四章　对生产行为实施的生态监督

第128条　对生产行为实施生态监督的任务和目的

1. 从事专门自然资源利用的自然人和法人有义务对生产行为开展生态监督。

2. 对生产行为实施生态监督的目的为：

（1）获取信息以便对自然资源利用者的生态政策、环境质量指标和对环境具有潜在影响的生产过程的监管手段作出决策；

（2）确保遵守哈萨克斯坦共和国生态立法的要求；

（3）将自然资源利用者的生产过程对环境和人类健康的影响减到最低程度；

（4）提高自然资源和能源资源的利用效率；

（5）对异常情况做出有效的预警性反应；

（6）提高自然资源利用者的管理者和员工的生态认知水平和责任感；

（7）告知公众关于企业生态活动及民众健康风险的信息；

（8）提高对生态要求的响应水平；

（9）提高环境保护管理体系的生产和生态效益；

（10）在投资和贷款时考虑生态风险。

第129条　对生产行为实施生态监督的程序

根据2011年7月15日颁布的第461-4号哈萨克斯坦共和国法律，对第1款进行修订（自其正式颁布之日起6个月期满后生效）（见旧版）

1. 自然资源利用者根据其制定的计划对生产行为开展生态监督。

2. 在生产行为生态监督计划中确定在对生产行为开展生态监督的过程中的

强制监测参数表,确定其周期的标准,测量的持续时间和频率,以及所使用的仪器或者计算方法。

3. 在生产行为生态监督框架内对生产过程效率的环境评估是在测量和(或者)基于环境排放水平的测量和(或者)环境排放水平的计算,有害生产要素的计算以及自然资源、能源资源和其他资源的实际消耗量的计算进行的。

第130条　对生产行为实施生态监督的自然资源利用者享有的权利和承担的义务

1. 在对生产行为实施生态监督时自然资源利用者有权:

(1)对生产行为开展最低限度生态监督,以监测哈萨克斯坦共和国生态立法的遵守情况;

(2)根据要求、自身技术和财政能力,制定生产行为生态监督计划;

(3)自主确定对生产行为实施生态监督的部门的组织结构以及工作人员进行生态监督的责任;

(4)自愿对生产行为进行扩大式的生态监督。

2. 在对生产行为实施生态监督时自然资源利用者有义务:

第1项载于2011年7月15日颁布的第461-4号哈萨克斯坦共和国法律中(自其正式颁布之日起期满6个月后生效)、2016年4月25日颁布的第505-4号哈萨克斯坦共和国法律中(见旧版)

(1)制定生产行为生态监督计划;

(2)落实生产行为生态监督计划的条款并以文件形式记录结果;

(3)遵循程序要求并且确保获得数据的质量;

(4)系统评估生产行为生态监督的结果并采取必要的措施消除已查明的不符合哈萨克斯坦共和国生态要求的行为的后果;

(5)按照既定程序向环境保护领域的授权机关提交有关生产行为生态监督结果的报告;

第6项载于2016年4月25日颁布的第505-5号哈萨克斯坦共和国法律中(见旧版)

(6)在3个工作日内,通知环境保护领域的授权机关在对生产行为实施生态监督的过程中查明的违反哈萨克斯坦共和国生态立法的事实;

(7)遵守安全措施;

(8)为确定对生产行为实施的生态监督的质量和客观性,确保国家生态检验员能够获取原始信息;

(9)确保公众获取生产行为生态监督的计划以及有关对生产行为实施的生态监督的报告数据;

(10)按照国家生态检验员的要求提交生产行为生态监督的文件、分析结果和实施国家生态监督所需的其他材料。

第 131 条　制定生产行为生态监督计划的要求

1. 由自然资源利用者制定生产行为生态监督计划。

2. 生产行为生态监督计划应当包括以下信息:

(1)在生产行为监测的过程中的强制性监测参数的数据清单;

(2)进行生产行为监测和测量的期间、期限和频率;

(3)用于生产行为监测方法的相关信息;

(4)采样点和测量地点;

(5)进行数据核算、分析和报告的方法和频率;

(6)内部检查进度计划和消除违反哈萨克斯坦共和国生态立法情况的程序,包括应对违反哈萨克斯坦共和国生态立法情况的内部手段;

(7)确保仪器测量质量的机制;

(8)紧急情况下的行动议定书;

(9)员工进行生产行为生态监督的内部责任的组织结构和功能结构;

(10)反映关于组织和开展生产行为生态监督问题的其他信息。

见:有关制定生产行为生态监督计划的建议(2007 年 9 月 18 日哈萨克斯坦西部管理自然资源利用监测、标准与节约部部长,胡安)

第 132 条　生产行为监测的类型以及生态监测的组织开展

1. 生产行为监测是生产行为生态监督的一个要素,执行该要素是为了获取具有既定周期性的客观数据。

见:在里海的哈萨克斯坦段进行石油作业时组织和开展生产行为生态监测的条例

2. 在落实生产行为生态监督的框架下完成作业监测、环境排放监测和影响监测。

3. 作业监测(生产过程监测),是指监测技术过程的参数数据以确定自然资源使用者活动的指数位于其设计使用的合理的范围内并且遵守了该项生产技术的规程条件。作业监测的内容由自然资源使用者确定。

4. 环境排放监测包括对排放源头的监测,用以跟踪监测生产损失、排放数量和质量及其变化。

5. 在需要跟踪监测哈萨克斯坦共和国生态立法和环境质量标准的情况下,生产行为生态监督的计划中应当包括影响监测。

6. 在以下情况下,必须进行影响监测:

(1)当自然资源利用者的活动触及敏感的生态系统和人类健康状况;

(2)在技术客体投入使用的阶段;

(3)在对环境进行了紧急排放之后。

7. 自然资源使用者可以独自开展影响监测,也可以同时和其他自然资源使用者在经环境保护领域的授权机关同意后一起进行影响监测。

8. 根据2011年7月15日颁布的第461-4号哈萨克斯坦共和国法律(自其正式颁布之日起6个月期满时生效),本条已废止(见旧版)。

第9款载于2015年10月29日颁布的第376-5号哈萨克斯坦共和国法律中(自2016年1月1日起生效)

9. 由按照哈萨克斯坦共和国技术法规立法规定的程序认证的生产实验室或者独立实验室进行环境生产行为监测。

10. 在国家环境监测和自然资源监测整合系统框架内为评估环境状态可以使用生产行为的监测数据。

第133条　关于对生产行为实施生态监督的统计和报告

根据环境保护领域的授权机关确定的要求,自然资源利用者进行内部统计,形成并提交有关对生产行为实施生态监督的结果的周期性报告。

见:2012年1月24日哈萨克斯坦共和国环境保护部部长对2012年1月16日问题的第118642号答复《排放统计杂志POD-1号,POD-2号和POD-3号》

第134条　由自然资源利用者组织开展内部检查

1. 自然资源使用者采取措施,对哈萨克斯坦共和国生态立法的遵守情况进行定期内部审查并且将生产行为生态监督的结果同生态许可证以及其他许可证的条件进行对比。

2. 由职责涉及环境保护和开展生产行为生态监督的员工开展内部检查。

3. 在内部检查的过程中应当检查：

（1）履行生产行为生态监督计划规定的措施；

（2）遵守环境保护的细则和条例；

（3）履行生态许可证的条件和其他许可证的条件；

（4）有关生产行为生态监督的统计和报告的正确性；

（5）反映组织和开展生产行为生态监督的其他信息。

4. 开展内部检查的员工有义务：

（1）审查上一次的内部检查报告；

（2）对环境排放的每一个客体进行调查；

（3）在必要时向负责人起草书面报告，内容包括要求采取措施纠正检查过程中发现的不合格情况、消除不合格情况的期限和程序。

第十五章　社会生态监督

第135条　开展社会生态监督的目的和程序

1. 让公众参与到国家生态问题中是进行社会生态监督的目的。

2. 进行社会生态监督的程序由社会团体根据其章程确定。

第136条　信息协作和其他方面的协作

1. 自然人和法人应当能够获取国家机关在环境保护领域及自然资源保护、再生和利用领域开展国家监督工作的相关信息和监督工作的结果。

2. 在环境保护领域、自然资源保护、再生和利用领域实施国家监督的国家机关应当公开个别检查结果和年度报告。

3. 为开展合作和协作，环境保护领域的授权机关应制定在其章程中规定社会生态监督功能的社会团体的清单。

4. 国家机关可以让自然人和法人自愿参与查明违反哈萨克斯坦共和国生态立法的行为的工作。

第五编　生态监测和生态清查

第十六章　环境监测和自然资源监测

第 137 条　国家生态监测

第 1 款载于 2016 年 4 月 8 日颁布的第 490–5 号哈萨克斯坦共和国法律中（见旧版）

1. 国家生态监测（环境监测和自然资源监测），是指观测环境状况、自然资源状况的综合系统，其中包括使用来自宇宙空间的地球遥感探测数据，以便评估、预测和监测在自然和人为因素的影响下环境状态的变化。

2. 国家生态监测客体包括大气、土地、地表水和地下水、地下资源、植物界和动物界、气候和地球臭氧层、生态系统，环境对居民健康的影响因素。

第 138 条　国家环境监测和自然资源监测统一系统及其任务

1. 环境和自然资源监测的国家统一系统，是指为采取管理决策和经济决策，以便保障生态安全，自然资源的保护、再生和合理利用，以及人类卫生防疫安全而对环境状况和自然资源状况进行监测，并且分析有关其实际状况的数据的多功能信息系统。

2. 环境和自然资源监测的国家统一系统由环境保护领域的授权机关与国家特别授权机关一同组织建立。

3. 环境和自然资源监测国家统一系统的原则包括：

（1）在统一的组织、方法论、计量和信息途径的基础上运作；

（2）最大限度地利用国家现有监测系统和其他系统的能力；

4. 环境和自然资源监测的国家统一系统的任务：

(1)获取关于环境状况、生物多样性和生态系统、人为影响来源、影响人类健康状况的栖息地因素的可靠和对比性信息;

(2)评估和预测环境状况、人为影响程度、生物圈状况指数、生物系统的功能完整性;

(3)为分析所采取的管理决议的有效性和所开展的生态安全保障措施的有效性提供数据保障;

5. 环境和自然资源监测的国家统一系统是在哈萨克斯坦共和国现行的监测系统和子系统的基础上形成的,其涵括了直接或者间接的环境保护问题,其中也包括人类的生存环境和健康问题。

6. 国家特别授权机关根据其职权有义务进行自然客体的研究并组织各类型(子系统)的监测。

第 139 条　环境和自然资源监测国家体系的统一信息系统

1. 环境和自然资源监测的国家统一系统提供的信息支持是建立在将由国家特别授权机关进行的环境和自然资源状况监测的监测结果,以及在生产行为生态监督框架下由自然资源使用者进行的生产行为监测的监测结果转让给综合数据库的基础之上的。

2. 软件系统应当允许根据统一方法进行信息积累、加工和储存,同时确保不同级别之间的信息交换,以及环境和自然资源监测的国家统一系统的数据库和子系统数据库之间的信息交换。

3. 在环境和自然资源监测的国家统一系统框架下的信息交换是根据环境保护领域的授权机关会同实施相关类型的自然资源监测的国家特别授权机关一同批准的清单、形式和期限,在无偿的基础上进行的。

第 140 条　环境和自然资源监测的国家统一系统的内容

1. 环境和自然资源监测的国家统一系统包括以下子监测系统:

(1)环境状况监测;

(2)自然资源监测;

(3)专门类型的监测。

2. 在运行的过程中,可以将其他类型的监测列入环境和自然资源监测的国家统一系统的子系统中。

第 141 条　环境状况监测

1. 环境状况监测包括以下类型：

（1）大气状况监测；

（2）大气降水状况监测；

（3）水资源质量监测；

（4）土壤状况监测；

（5）气象监测；

（6）辐射监测；

（7）跨境污染监测；

（8）背景监测。

2. 环境状况监测由环境保护领域的授权机关组织。

3. 大气状况监测，是指哈萨克斯坦共和国居民点大气污染情况的观测系统。国家观测站的数量及其在每一个具体居民点的安置由环境保护领域的授权机关在其职权范围内，在考虑人口规模、地形、实际污染水平的同时进行确定。

4. 大气降水状况监测，是指对大气降水中所含的作为大气污染指数的化学成分进行监测的系统，以及为评估冬季地区大气污染和查明来自居民点和工业客体的污染物质的分布区对积雪中所含物质进行观测的系统。

5. 水资源质量监测，是指对地表水和地下水质量状况进行观测的系统。

6. 土壤状况的监测，是指在居民点、灌溉区和农业用地的土地上对土地受到人为污染的状况进行观测的系统。

7. 气象监测，是指综合的气象观测系统，其中包括辐射测量、热力平衡观测和臭氧测量，高空气象观测，为确保向国家机关、自然人和法人提供有关天气的信息，做出短期、长期气象和农业气象预测以及预警自然气象现象发生的可能性，从而对大气和下垫面物理参数进行观测。在气象监测数据的基础上进行气候和地球臭氧层监测。

8. 辐射监测，是指对环境客体和地区的人为辐射污染和自然辐射污染进行观测的系统。

9. 跨境污染监测，是指在与边界国家的国际合作框架下对跨境水体状况和跨境空气污染状况，以及为预防、限制和减少跨境环境污染所采取措施的有效性进行观测的系统。

10. 背景监测，是指在环境综合背景监测站的专业化网络上对大气和其他介质在与生物圈互相作用时的状态进行观测。

第 142 条　自然资源监测

1. 自然资源监测包括以下几种：

（1）土地监测；

（2）水体及其利用监测；

（3）地下资源监测；

（4）特别自然保护区的监测；

（5）山区生态系统和沙漠化监测；

（6）森林监测；

（7）动物界监测；

（8）植物界监测。

2. 自然资源监测由国家特别授权机关根据哈萨克斯坦共和国立法法规来实施。

第 3 款载于 2016 年 4 月 8 日颁布的第 490–5 号哈萨克斯坦共和国法律中（见旧版）

3. 土地监测，是指为及时查明发生的变化、对其进行评估、对进一步发展进行预测以及制定有关预防和消除负面后果的建议，对土地资源的质量和数量状态进行基础（原始）、运行、周期监测，其中包括利用来自宇宙空间的地球遥感探测数据。

第 4 款载于 2016 年 4 月 8 日颁布的第 490–5 号哈萨克斯坦共和国法律中（见旧版）

4. 水体监测，是指为及时查明负面流程、对其发展进行评估和预测，制定有关预防和消除有害后果的建议并确定水资源管理措施的有效程度，定期对水体状态的水文指数、水文地质指数、水文地球化学指数、卫生化学指数、微生物指数、寄生虫指数、放射指数和毒性指数进行观测的系统，搜集、处理和传递所获取的信息，其中包括利用来自宇宙空间的地球遥感探测数据。

第 5 款载于 2016 年 4 月 8 日颁布的第 490–5 号哈萨克斯坦共和国法律中（见旧版）

5. 地下资源监测，是指为确保合理利用国家地下资源并及时查明其变化，评估、预测和消除负面流程的后果，对地下资源的状况进行观测的系统，包括利用来自宇宙空间的地球遥感探测数据。应在国家地下资源清查中对地下资源的监测数据进行概括总结。

6. 特别自然保护区监测，是指为研究自然过程的自然流量和环境状态变化对特别自然保护区生态系统的影响而进行观测的系统。应在国家特别自然保护区清查中对特别自然保护区的监测数据进行概括总结。

7. 山区生态系统和沙漠化的监测，是指对山地生态系统沙漠化及其后果以及状态的观测。

第 8 款载于 2016 年 4 月 8 日颁布的第 490-5 号哈萨克斯坦共和国法律中（见旧版）

8. 森林监测，是指为国家在森林资源的保护、使用和促进森林再生、保护生物多样性和森林生态功能等领域进行管理而对森林资源的状态和发展进程进行观测、评估和预测，其中也包括对来自宇宙空间的地球遥感探测数据的利用。应在国家森林清查中对森林的监测数据进行概括总结。

9. 动物界监测，是指为国家在动物界保护、再生和利用领域及保护生物多样性的领域进行管理而对动物界状况进行观测、评估和预测的系统。应在国家动物界清查中对动物界的监测数据进行概括总结。

10. 植物界监测，是指为研究、保护、再生和可持续利用植物界，对植物界客体状态进行评估观测的系统。

第 143 条　专门类型的监测

1. 专门类型的监测包括：

（1）军事试验场的监测；

（2）拜科努尔宇宙航天综合体的监测；

（3）温室气体和臭氧消耗物质需求的监测；

（4）卫生防疫监测；

（5）气候和地球臭氧层的监测；

（6）紧急生态情况区和生态灾区的监测；

（7）宇宙空间监测。

2. 军事试验场监测，是指对在封闭试验场和常备试验场进行军事技术实验（其中包括火箭）和和平利用核爆炸造成的环境污染进行观测的系统。

第 3 款载于 2016 年 4 月 8 日颁布的第 490-5 号哈萨克斯坦共和国法律中（见

旧版）

3. 拜科努尔宇宙航天综合体的监测，是指对受到拜科努尔宇宙航天综合体影响的地区的环境状态进行观测的系统，由航空活动领域的授权机关组织运行。

见：2006 年 6 月 21 日颁布的第 215－n 号哈萨克斯坦共和国自然资源和环境保护部命令《关于批准军事空间和试验场地区生态状况监测条例》

4. 温室气体和臭氧消耗物质需求的监测，是指对向大气排放温室气体，以及对臭氧消耗物质需求及其源头进行监测和统计的系统。

5. 卫生防疫监测，是指国家对居民健康状况和生存环境状况进行观测，对其进行分析、评估和预测，以及对居民健康状况和生存环境因素的影响之间的因果关系进行确定的系统。由居民卫生防疫安全领域的国家授权机关进行监测。

6. 气候和地球臭氧层的监测，是指观测气候变化和地球臭氧层的动态，对其状况进行综合评估和预测。

7. 紧急生态情况区和生态灾区的监测，是指对紧急生态情况区和生态灾区的环境状况进行观测的系统。

第 8 款载于 2016 年 4 月 8 日颁布的第 490–5 号哈萨克斯坦共和国法律中（见旧版）

8. 宇宙空间监测，是指利用来自宇宙空间的地球遥感探测工具对环境状态进行观测的系统，由在宇宙空间活动领域的授权机关组织运行。

第 9 款载于 2016 年 4 月 8 日颁布的第 490–5 号哈萨克斯坦共和国法律中（见旧版）

9. 由环境保护领域的授权机关组织进行本条第 2 款、第 4 款、第 6 款和第 7 款中所示的专门类型的监测。

第 144 条　环境和自然资源监测国家统一系统的水平和观测网络

1. 环境和自然资源监测国家统一系统的管理分三个层面：

（1）局部的（生产行为监测和针对具体的居民点、水体和河流，特别自然保护区的监测）；

（2）区域的（以行政地区为单位的监测，考虑到地区的物理地理和经济特征，存在生态负荷区和一系列影响环境状况和自然资源利用的自然因素和技术因素）；

（3）共和国的（覆盖哈萨克斯坦共和国全部领土的监测，在必要的情况下，划分为大型地区和具有全国意义的个别客体的监测。

第2款载于2016年4月25日颁布的第505-5号哈萨克斯坦共和国法律中(见旧版)

2. 环境和自然资源监测国家统一系统框架内的环境状况监测以及抽样分析是在国家、区域和私营观测网络的专门建立的监测点进行的。对抽选样品中污染物含量的分析应由经认证的分析实验室和(或者)自动观测点进行。

3. 在环境和自然资源监测国家统一系统框架内建立观测网络应经环境保护领域的授权机关同意。

第145条　环境和自然资源监测国家统一系统的运行基础

环境和自然资源监测国家统一系统的运行是基于:

(1)组织开展对环境和自然资源监测国家统一系统的科学研究,用必要和充分的研究基础来保障环境和自然资源监测国家统一系统的运行;

(2)制定和建立能够确定环境状态的标准,对环境人为影响的标准以及生态安全标准,上述标准是完成评估和预测环境状况工作,制定和通过环境保护活动管理决策的基础;

(3)通过和实施规定了对于建立和组织运行环境和自然资源监测国家统一系统及其组织部门和构造要素来说必要的要求、条例和程序的规范性法律法规;

(4)制定和施行能够获取对比性观测结果的方法论文件;

(5)开发信息系统结构、数据库系统、分类器、数据字典和统一格式的文件;

(6)技术保障;

(7)组织认证分析实验室和其他监测保障部门。

根据2011年12月3日颁布的第505-4号哈萨克斯坦共和国法律,将第145-1条补充至本法典

第145-1条　国家观测网络的保护

1. 国家观测网络,包括为观测而划出的土地地段和水域以及财产,均属于国家所有,处于国家的保护之下,不能进行私有化。

第2款载于2016年4月25日颁布的第505-5号哈萨克斯坦共和国法律中(见旧版)

2. 由国家水文气象局组织固定和移动观测站的观测活动。

新开放的观测站的位置(分布部署)由国家水文气象局与地方执行机关协调决定。终止上述观测站的活动的决定由国家水文气象局做出。

第3款载于2014年9月29日颁布的第239-5号哈萨克斯坦共和国法律中(见旧版)

3. 为了获得关于环境状况及固定观测站周围污染情况的可靠信息,可以建立限制经济活动的防护区。关于固定观测站的条例由环境保护领域的授权机关批准。

4. 可以按照哈萨克斯坦共和国土地立法确定的程序,对通往属于国家观测网络的固定观测站的土地地段建立地役权。

根据2011年12月3日颁布的第505-4号哈萨克斯坦共和国法律,将第145-2条补充至本条

第145-2条　国家水文气象局的活动

根据2012年7月10日颁布的第34-5号哈萨克斯坦共和国法律(见旧版)、2014年9月29日颁布的第239-5号哈萨克斯坦共和国法律(见旧版),对第1款进行修订

1. 国家水文气象局利用国家观测网络来保障环境状态的监测、气象监测、水文监测。由预算资金来支持国家水文气象局的建立和运行。

气象监测和水文监测以及环境状况监测的管理活动属于国家垄断,由国家水文气象局——根据哈萨克斯坦共和国政府决策建立的国家企业按照经济管理权来实施。

由国家垄断主体生产和(或者)销售的商品(工作、服务)的价格由环境保护领域的授权机关与反垄断机关协商确定。

第2款载于2015年10月29日颁布的第376-5号哈萨克斯坦共和国法律中(自2016年1月1日生效)(见旧版)

2. 根据本法典、哈萨克斯坦共和国技术规制领域的立法和哈萨克斯坦共和国关于确保测量的一致性的立法来进行水文气象活动。

第3款载于2014年4月11日颁布的第189-5号哈萨克斯坦共和国法律中(见旧版)

3. 国家水文气象局属于国家民事保护完整系统的一部分,根据哈萨克斯坦共和国民事保护的立法,在紧急情况下开展自己的活动。

4. 国家水文气象局根据本法典和哈萨克斯坦共和国《关于动员准备和动员》的法律向哈萨克斯坦共和国武装部队提供信息。

第 146 条　环境和自然资源监测国家统一系统的资金支持

1. 由预算资金和哈萨克斯坦共和国立法未禁止的其他来源向环境和自然资源监测国家统一系统提供资金支持。

2. 环境和自然资源监测国家统一系统的资金用于：

(1)建立并支持共和国层面监测的运行；

第 2 项载于 2013 年 7 月 3 日颁布的第 124-5 号哈萨克斯坦共和国法律中(见旧版)

(2)保障监测系统及其子系统的运行、发展和履行科技计划，创造科技产品；

(3)建立和支持区域层面监测的运行，为其发展利益创造科技产品。

第十七章　对环境污染区域的国家统计

第 147 条　对环境污染区域统计的任务和原则

1. 对环境污染区域的国家统计,是指系统地确定受超出哈萨克斯坦共和国立法规定的标准的有害物质(其中包括天然来源的有害物质)污染的场地和环境客体的定量和定性指标。

2. 环境污染区域国家统计的数据可以反映出对人类健康和生命来说工业安全和生态安全的等级,以及研究、利用和复垦的工业安全和生态安全等级。

3. 由环境保护领域的授权机关根据自然资源利用者提供的数据以及经国家专门授权机关指定的环境和自然资源监测机关提供的数据对环境污染区域进行国家统计。

第 148 条　环境污染区域统计的程序以及环境污染区域的登记簿

1. 环境污染区域国家登记簿是收集污染区域类型和来源,污染区域污染物的数量和浓度,污染区域的归属以及消除污染的措施的数据库。

2. 环境污染区域国家登记簿由中央登记簿和地方登记簿组成。由环境保护领域的授权机关对国家登记簿进行组织管理。

3. 国家预算资金是环境污染区域国家登记簿的资金来源。

第十八章　对自然资源的国家清查

第149条　自然资源清查的国家统一系统

1. 哈萨克斯坦共和国自然资源清查的国家统一系统（以下简称清查统一系统）作为跨部门的信息系统集合了哈萨克斯坦共和国自然资源国家清查的所有类型，以确保对哈萨克斯坦共和国的自然潜力和经济潜力进行统一的国家综合核算和评估为目的而建立并且进行管理。

2. 国家自然资源清查，是指按照本法典和哈萨克斯坦共和国其他立法法令规定的程序系统化整理的有关自然资源量化和定性指标的信息集。

3. 环境的各组成部分构成清查统一系统的客体：土地、水体、森林、土壤、地下资源及植物和动物界的相互作用。

4. 由环境保护领域的授权机关和对相关类型的自然资源进行监测的国家专门授权机关，以自然资源的状况和使用的统计数据为基础，一同管理清查统一系统。

5. 国家自然资源清查系统以数字形式包含每个统计清查客体关于其状况的记录信息，并指明地理联系和组织的法律形式。

6. 管理清查统一系统的基本原则：

（1）统一清查信息的处理技术和提供技术；

根据2015年11月24日颁布的第419-5号哈萨克斯坦共和国法律，对第2项进行修订（见旧版）

（2）使用自动化信息和通信技术；

（3）补充和更新信息的客观性。

第150条　自然资源清查国家统一系统的结构和内容

由下列国家专门授权机关实施监测的统计客体构成清查统一系统的结构：

(1)由土地资源管理领域的中央授权机关针对共和国整体的土地进行清查,由其地方机关在行政区域单位范围内进行国家土地清查;

(2)由环境保护领域、水资源利用和保护领域的授权国家机关进行国家水资源清查(地上水源和地下水源、水资源的利用)以及针对共和国整体的地下资源进行研究和使用;由其地方机关在河流流域和行政区域单位范围内进行水资源清查,以及地下资源的研究和使用。

(3)由林业领域的国家授权机关针对共和国整体的森林进行国家清查,由其地方机关在其行政区域单位范围内进行国家森林清查。

(4)由国家授权研究和使用地下资源的机关针对共和国整体的矿产资源产地、矿藏显露地和工业矿物形成地进行国家清查,由其地区机关在行政区域单位范围内对矿产资源产地、矿藏显露地和工业矿物形成地进行国家清查;

(5)由特别自然保护区领域的国家授权机关针对共和国整体的特别自然保护区进行国家清查,由其地方机关在行政区域单位内对特别自然保护区进行国家清查;

(6)由动物资源保护、再生和利用领域的国家授权机关针对共和国整体的动物资源进行国家清查,由其地方机关在行政区域单位范围内对动物资源进行国家清查。

第151条　信息提供

1. 在自然资源清查框架内获取的客体统计和登记结果由国家专门的授权机关无偿提供给环境保护领域的授权机关。

2. 被列入清查统一系统的客体的数据应当包括:

第1项载于2010年3月19日颁布的第258-4号哈萨克斯坦共和国法律中(见旧版)

(1)由国家专门的授权机关核准的报告材料、客体合格证以及统计信息。

(2)有关客体空间位置的制图资料及综合评估领土所需的其他数据。

3. 环境保护领域的授权机关应当确保监测相关类型自然资源的国家专门授权机关能够获得清查信息。

第十九章　对生产和消费废弃物的国家清查

第 152 条　对生产和消费废弃物的国家清查

1. 对生产和消费废弃物的国家清查（以下简称国家废弃物清查），是指在地理信息系统基础上，系统化周期性地补充和查明每一个废弃物安置设施（指明空间位置），以及废弃物类型，废弃物来源及其物理化学性质（考虑到对居民和环境的危害），组成成分，定量和定性指标，储存、填埋和排放的技术条件、水文地质条件和生态条件，及其利用和无害化处理技术的统一化信息集。

根据 2016 年 4 月 28 日颁布的第 506-5 号哈萨克斯坦共和国法律，对第 2 款进行修订（见旧版）

2. 所有类型的废弃物和安置废弃物的客体应当在国家废弃物清查中进行统计。

由环境保护领域的授权机关的下属部门组织对生产和消费废弃物的国家清查进行管理。

第 153 条　对生产和消费废弃物进行国家清查的目的和任务

1. 进行国家废弃物清查的目的是给国家机关、相关自然人和法人在评价、预测及制定技术、经济、法律和其他确保环境保护方面的决策时提供信息保障，并且对废弃物进行全国综合性统计。

2. 国家废弃物清查的主要任务是为全国、区域和行业信息鉴定系统以及数据库提供有关废弃物、废弃物属性和废弃物加工技术的信息保障。

第 154 条　对生产和消费废弃物国家清查的管理

1. 自然资源利用者向环境保护领域的授权机关提交以下文件：

(1)危险废弃物合格证；

第2项载于2016年4月28日颁布的第506-5号哈萨克斯坦共和国法律中(见旧版)

(2)废弃物清查报告；

(3)根据2016年4月28日颁布的第506-5号哈萨克斯坦共和国法律,本条已废止(见旧版)。

根据2013年7月3日颁布的第121-5号哈萨克斯坦共和国法律,对第4项进行修订(见旧版)

(4)废弃物安置设施的清查事宜包括:

各州(直辖市、首都)的地方执行机关有关划拨土地地块用于废弃物贮存和处置的决议；

经各州(直辖市、首都)的地方执行机关,各区(各州的市)的地方执行机关,各区的领先城市、乡镇、农村、乡村地区在其有关土地地块所在地的职权范围内认证的有关建立土地地块界限和签发确定土地地块法律权利的文件证明书；

建造废弃物安置设施的技术和经济论证；

国家生态鉴定、国家卫生防疫鉴定和根据哈萨克斯坦共和国关于地下资源和利用地下资源建造废弃物安置设施的立法进行的鉴定的正面结论。

根据2016年4月28日颁布的第506-5号哈萨克斯坦共和国法律,将第1-1款补充至本条

1-1. 本条第1款第1项、第2项和第4项中所示文件的填写格式由环境保护领域的授权机关核准。

第2款载于2016年4月25日颁布的第505-5号哈萨克斯坦共和国法律中(见旧版)、2016年4月28日颁布的第506-5号哈萨克斯坦共和国法律中(见旧版)

2. 本条第1款第2项中所示的文件应当在每一个报告年度的下一年的1月1日到3月1日提交。该文件可以是纸质版和(或者)电子版,电子版通过信息系统的屏幕方式填写并由负责提交信息的自然资源利用者的负责人签署电子签名。

第155条　有关生产和消费废弃物国家清查结果的信息披露

1. 按照环境保护领域授权机关的国家废弃物清查调查结果编制年度信息概述。

第2款载于2016年4月28日颁布的第506-5号哈萨克斯坦共和国法律中(见旧版)

2. 在信息系统、环境保护领域授权机关的互联网资源中发布国家废弃物清查事项,并使其具有现实意义。

第二十章　对有害物质、放射性废弃物填埋以及向地下资源排放废水情况进行的国家清查

第 156 条　对有害物质、放射性废弃物填埋以及向地下资源排放废水情况进行的统计

1. 国家对有害物质填埋、对放射性废弃物填埋以及向地下资源排放废水情况进行的统计(以下简称对填埋情况进行国家清查)对于在哈萨克斯坦共和国领土内具有有害物质填埋设施、放射性废弃物填埋设施和向地下资源排放废水设施的自然资源利用者具有强制性。

2. 对填埋情况进行国家清查由环境保护领域授权机关组织进行,以便及时获取信息,采取环境保护决策,对有害物质填埋地、放射性废弃物填埋地和向地下资源排放废水地的状态进行理性监督。

3. 对填埋情况进行国家清查的数据应载入有关地下资源的统一数字信息系统中,并且作为国家地下资源监测的组成部分。

4. 有害物质填埋设施、放射性废弃物填埋设施和向地下资源排放废水地应当通过对填埋情况的国家清查进行统计。

第 157 条　对填埋情况进行国家清查的内容

1. 对填埋情况进行国家清查的内容包括填埋物质和排放废水的信息、特征类型和类别,并指明其定性和定量指数,填埋和排放的采矿技术条件、特殊地质工程技术条件和生态条件,包括:

(1)有害物质填埋设施、放射性废弃物填埋设施和废水排放地的一般特征:

位置、运行期、维护成本、环境状态监测和地下资源监测观察网络的存量和布局；

（2）有害物质填埋设施、放射性物质填埋设施和废水排放地的物理特征：绝缘性、岩石种类、矿层厚度和储油岩层的有效厚度，及其面积、孔隙率，下伏隔水层和上覆隔水层特征，地下水流自然流速，排放物质的贮存和其他定性和定量指数；

（3）有害物质、放射性废弃物、废水的特征：产品名称，生产技术和产品形成过程，物理特征（完整的化学成分、有毒成分含量，火灾和爆炸危险，可溶性，在贮存时与其他物质的兼容性，主要污染物放射性核素及其活跃性和其他特征），运输系统特征。

2. 根据环境保护领域授权机关确认的规范性法律法规对有害物质、放射性废弃物和向地下资源排放的污水、对填埋情况进行国家清查。

第 158 条　对填埋情况进行国家清查的管理

1. 自然资源利用者每年于报告年度之后的第一个季度的 1 月 1 日向环境保护领域的授权机关提交两份本法典第 157 条第 1 款中规定的信息。

2. 根据从自然资源利用者处获得的数据，环境保护领域的授权机关编制对填埋情况进行的国家清查。

3. 在对填埋情况进行国家清查时环境保护领域的授权机关应当确保：

（1）对及时收到的来自自然资源利用者的信息情况进行监督；

（2）收集、统计、系统化处理和保存材料；

（3）创建和运行使用计算机技术的自动化数据处理系统，以便为自然资源利用者提供参考和信息服务；

（4）编制对填埋情况进行国家清查的准确性。

根据 2011 年 12 月 3 日颁布的第 505-4 号哈萨克斯坦共和国法律，将第二十（乙）章补充至本法典

第二十(乙)章　对温室气体排放和吸收情况实施评估的国家系统

第158-1条　对温室气体排放和吸收情况进行清查的国家系统

1. 对温室气体排放和吸收情况进行清查的国家系统是关于收集、加工、储存和分析用来确定温室气体在相关期间实际排放量和吸收所需的数据的一套有组织的方法。

2. 根据哈萨克斯坦共和国立法,为国家对温室气体进行清查的信息收集是根据统计报告、设备合格证数据进行的。

3. 由环境保护领域的授权机关组织和协调国家温室气体排放和吸收系统的运行。

第4款载于2014年9月29日颁布的第239-5号哈萨克斯坦共和国法律中(见旧版)

4. 根据环境保护领域授权机关制定的程序,每年对国家温室气体排放和吸收的全面性、透明性和真实性进行监督。

第158-2条　对温室气体的排放源和吸收源进行的国家清查

1. 环境保护领域授权机关组织制定和管理对温室气体的排放源和吸收源进行的国家清查。

2. 对温室气体排放源和吸收源进行的国家清查包括有关温室气体排放源、设备操作者、温室气体排放量和吸收量的信息。

第3款载于2014年9月29日颁布的第239-5号哈萨克斯坦共和国法律中(见旧版)

3. 由环境保护领域的授权机关确定对温室气体排放源和吸收源进行的国家清查的管理程序和内容。

4. 根据对温室气体排放源和吸收源进行的国家清查的数据，环境保护领域的授权机关对温室气体排放和吸收进行分析和预测，确保组织国家对温室气体排放量和吸收量的控制体系，根据哈萨克斯坦共和国的国际条约履行哈萨克斯坦共和国有关年度报告的义务。

第 158-3 条　碳排放单位的国家登记

1. 确保准确核算投入流通的碳排放单位，储存、转让、获取、取消、禁止使用碳排放单位，以及与其他国家登记进行信息交换是碳排放单位国家登记的基本功能。

第 2 款载于 2016 年 4 月 8 日颁布的第 491-5 号哈萨克斯坦共和国法律中(见旧版)

2. 环境保护领域授权机关下属的温室气体排放管理机构的运营者组建和管理碳排放单位的国家登记。

第 158-4 条载于 2016 年 4 月 8 日颁布的第 491-5 号哈萨克斯坦共和国法律中(见旧版)

第 158-4 条　验证和检验

1. 按照哈萨克斯坦共和国在合格评定领域的认证立法，对验证和检验机构进行认证。

2. 验证和检验机构对验证和检验的真实性承担责任。

3. 关于温室气体排放清查的年度报告，温室气体排放监测计划以及设备合格证由设备操作者通过环境保护领域授权机关确认的方式提交。

4. 相同的验证和检验机构不能对同一个减少温室气体排放和吸收的项目进行验证和检验。

5. 如果哈萨克斯坦共和国批准的国际条约未作其他规定，则根据技术法规和确保测量一致性领域的授权机关确定的国家标准进行验证和检验。

第二十一章　生 态 信 息

第 159 条　生态信息

1. 生态信息包括信息和以下数据：

（1）环境状况和环境客体状况；

（2）环境影响因素，其中包括有关环境污染的信息；

（3）对环境产生影响或者可能对环境产生影响的计划措施、行政措施和其他措施；

（4）经济活动和其他活动的生态标准和生态要求；

（5）拟计划实施的和正在落实的有关环境保护的措施，及其融资措施；

（6）对环境产生影响或者可能对环境产生影响的活动，通过决策的过程以及对该活动进行检查性生态测验的结果，其中包括在这个过程中考虑到的有关环境的计算、分析和其他信息；

（7）环境状况对人类健康、安全和生活条件的影响，对文化客体、建筑物和设施的影响。

2. 生态信息可以用书面、电子、视听或者其他形式来表达。

第 160 条载于 2016 年 4 月 8 日颁布的第 491–5 号哈萨克斯坦共和国法律中（见旧版）

第 160 条　污染物排放和转移的国家登记册

1. 污染物排放和转移的国家登记册，是指为确保透明度，由环境保护领域的授权机关管理的公共领域的有关环境排放状况和污染状况的结构化数据库。

2. 具有第 Ⅰ 类客体的自然资源利用者，应在每年 4 月 1 日之前根据由环境保护领域的授权机关确认的污染物排放和转移的国家登记册的管理条例提交上一年度的信息。

3. 污染物排放和转移的国家登记册载有关于污染物最大允许浓度，污染物对健康和环境的影响，以及其他具有科学依据的有关污染物排放和转移的信息和有关自然资源利用的信息。

自然资源利用信息应当包括：

(1)自然资源利用者的名称、法人地址、活动类型；

(2)签发的电子版生态许可证；

(3)有关向环境实际排放量的信息；

(4)电子版的生产生态监督计划和生态监测报告、环境保护活动计划；

(5)国家生态监督结果；

(6)有关环境排放的强制性预算缴款的信息，其中包括超出既定标准的强制性预算缴款信息。

第161条载于2016年4月8日颁布的第491-5号哈萨克斯坦共和国法律中(见旧版)

第161条　国家生态信息库

1. 管理国家生态信息库的目的是保障向国家机关、自然人和法人提供有关环境状况和环境客体状况，环境影响因素，为保护环境、预防环境污染和减少环境污染而采取的措施，有关自然资源利用的有效信息。

2. 由环境保护领域的授权机关的下属机关对国家生态信息库进行管理，并包括收集、保存、处理、分析、科学研究、提供、传播生态信息，在环境保护问题和自然资源利用问题方面教育民众和自然资源利用者。

3. 国家机关和法人按照哈萨克斯坦共和国政府的既定程序向国家生态信息库提供信息。

4. 国家生态信息库包括：

(1)国家自然资源的调查资料；

(2)国家环境污染区域的登记；

(3)国家生产和消费废弃物的调查资料；

(4)国家自然资源利用者和环境污染源的登记册；

(5)国家臭氧消耗物质的需求调查资料；

(6)污染物排放和转移的国家登记册；

见：国家污染源排放和转移登记册的管理条例

(7)环境影响评价和国家生态鉴定的资料;

(8)环境保护领域和自然资源利用领域的规范性法律法规和规范性技术文件;

(9)关于环境保护和自然资源利用的科研和研制工作的实施情况报告;

(10)有关环境状况和自然资源利用的国家报告;

(11)国家生态地图册;

(12)有关环境保护领域和自然资源利用领域的检查检测和执法活动结果的报告;

(13)生产生态监督计划和生态监测报告;

(14)国家生态监测的数据;

(15)生态领域的科学技术文献;

(16)有关环境状况和自然资源利用状况、环境影响因素和所采取的环境保护措施的信息;

(17)包含生态信息的其他材料和文件。

见:国家生态信息库的管理条例

第 162 条　国家生态地图册

1. 国家生态地图册,是指为系统化和直观示意图式地提供生态信息而编制的综合科学参考性的图表资料集。

2. 由环境保护领域的授权机关组织制定和公布国家生态地图册。

第 163 条　生态信息的获取

1. 除哈萨克斯坦共和国法律规定的情况之外,公众可以获取生态信息。

2. 应自然人和法人的要求可获取构成生态信息的某些信息和数据,通过在大众传媒和特刊上传播、在互联网上发布的方式,以及利用其他公共通信工具获取构成生态信息的某些信息和数据。

见:2016 年 11 月 25 日第 8 号哈萨克斯坦共和国最高法院《关于法院就民事问题适用哈萨克斯坦共和国生态立法的若干问题》的规范性决议

第 3 款载于 2016 年 4 月 8 日颁布的第 491-5 号哈萨克斯坦共和国法律中(见旧版)

3. 地方执行机关在每年的 5 月 1 日之前应当在其互联网资源上公布上一年

度的信息：

有关环境排放预算缴款的信息；

有关环境保护措施预算支出的信息。

第4款载于2016年4月8日颁布的第491-5号哈萨克斯坦共和国法律中（见旧版）

4. 环境保护领域的授权机关在每年的5月1日之前应当在其互联网资源上发布上一年度的信息：

有关环境损害赔偿的预算收入信息；

有关违反哈萨克斯坦共和国生态立法的罚款的预算收入信息。

第164条　各个主体在获取生态信息方面享有的权利和承担的义务

根据2015年11月24日颁布的第419-5号哈萨克斯坦共和国法律，对第1款进行修订（见旧版）

1. 自然人和法人享有自由获取含有生态信息的国家公共电子信息资源的权利。

2. 国家机关以及执行国家职能的负责人或者根据公共合同（其中包括根据自然人和法人的要求）向民众提供与环境相关的服务的自然人和法人有义务提供公开获取环境信息的渠道。

3. 在哈萨克斯坦共和国领土内开展活动的其他自然人和法人，应当根据他人的要求提供与影响公民生命和健康有关的生态信息。

4. 若没有以其他方式提供生态信息的理由，自然人和法人有权利从本条第2款中指示的人员处以请求的方式获取生态信息。

第165条　生态信息提供的期限和程序

第1款载于2015年11月16日颁布的第404-5号哈萨克斯坦共和国法律中（见旧版）

1. 生态信息提供和拒绝提供的期限和程序由哈萨克斯坦共和国有关行政程序和获取信息的立法来制定。

2. 根据2015年11月16日颁布的第404-5号哈萨克斯坦共和国法律本条已废止（见旧版）。

3. 根据环境保护领域的授权机关规定的程序确保能够获得有关环境影响评

价程序的信息和有关通过拟议经济活动和其他社会活动决议的程序的生态信息。

4. 当国家机关没有所询生态信息的时候，应当在哈萨克斯坦共和国立法规定的期限内将收到的问询转发给国家主管机关。

见：提供国家服务的标准《生态信息提供》(2015 年 4 月 23 日颁布的哈萨克斯坦共和国能源部命令的第 10 项附件)

第 166 条　已废止

根据 2016 年 4 月 8 日颁布的第 491–5 号哈萨克斯坦共和国法律，将第 166–1 条补充至本法典

第 166–1 条　哈萨克斯坦共和国的环境状况以及自然资源利用情况的国家报告

1. 为了每年告知民众有关哈萨克斯坦共和国领土内的实际环境状况和为改善环境所采取的措施，编制关于哈萨克斯坦共和国的环境状况以及自然资源利用情况的国家报告。

2. 在关于哈萨克斯坦共和国的环境状况和自然资源利用情况的国家报告中应当反映如下信息：

(1) 关于环境和自然资源的定性和定量特征；

(2) 关于环境的人为影响，包括主要的社会重大生态问题；

(3) 关于区域生态状况；

(4) 有关落实环境保护领域和自然资源利用领域的国家政策。

3. 国家中央机关和地方执行机关应当根据哈萨克斯坦共和国政府确定的程序，每年在报告年度后一年的 3 月 1 日前提交信息用于编制关于哈萨克斯坦共和国环境状况和自然资源利用情况的国家报告。

4. 根据哈萨克斯坦共和国政府制定的条例，环境保护领域的授权机关按照国家中央机关和地方执行机关提供的信息，组织编制关于哈萨克斯坦共和国环境状况和自然资源利用情况的国家报告。

第 167 条　已废止

第二十二章　已　废　止

第168条　已废止

第169条　已废止

第170条　已废止

第171条　已废止

第172条　已废止

第六编　生态紧急情况区和生态灾难区

第二十三章　生态紧急情况区的概念或生态灾难区的概念以及宣布个别地区成为生态紧急情况区或生态灾难区的程序

第 173 条　生态紧急情况区或者生态灾难区

1. 生态紧急情况，是指在因经济活动和其他活动或者自然过程正在发生威胁民众健康状况、自然生态系统状况、动植物基因库状况的可持续性的环境不良变化的区域地块上出现的生态状况。

2. 生态灾难，是指在因经济活动和其他活动或者自然过程曾发生过持续性的环境不良变化，引起民众健康状况的本质性恶化、自然生态系统的破坏、动植物基因库状况的恶化的区域地块上出现的生态状况。

3. 民众健康威胁，是指与环境污染相关的可逆性健康破坏的频率增加。

4. 民众健康的实质性破坏，是指与生命不可调和的不可逆的健康破坏的增加，死亡原因结构变化和出现因环境污染引发的特殊疾病的增加，以及与环境污染有关的可逆的健康破坏频率的显著增加。

5. 将区域划入生态紧急情况区和生态灾难区的目的是确定环境状况恶化的源头和因素，并制定合理措施以稳定和降低生态不良情况水平、降低经济活动和其他活动对环境的影响程度、实施有关恢复自然资源和减少对民众健康状态不良影响后果的及时有效措施。

第 174 条　宣布个别地区成为生态紧急情况区或者生态灾难区的程序

1. 为研究拟定生态紧急情况区或者生态灾难区,组建委员会。

2. 根据以下人员提出的申请,地方执行机关和其他国家机关在其职权范围内有权倡议组建委员会:

(1)在拟议不良生态情况区生活的居民;

(2)哈萨克斯坦共和国议会议员和地方代表机关的代表;

(3)社会组织。

根据 2014 年 4 月 11 日颁布的第 189-5 号哈萨克斯坦共和国法律,对第 3 款进行修订(见旧版)

3. 委员会成员包括地方代表机关的代表,环境保护领域、教育领域、科学和科学技术活动领域、卫生领域、工业和贸易领域、能源和矿产资源领域、农业领域、民众劳动和社会保障领域、民事保护领域的授权机关代表,相关行政区域单位的地方执行机关代表,以及其他相关利益自然人和法人。

4. 委员会收集和分析材料是为了确定:

(1)区域生态状况;

(2)产生不良生态状况的原因;

(3)发生了一定程度退化的区域边界;

(4)拟议不良生态状况恶化的损害后果,及不良生态状况恶化的可能性;

(5)有关消除拟议不良生态状况的必要措施;

(6)以消除导致出现不良生态状况的因素为目的,清算拟议不良生态影响所需的资金;

(7)导致出现拟议不良生态状况的经济活动和其他社会活动类型。

5. 当材料不足时,委员会向相关国家机关提出有关需要进一步研究的建议。

6. 为进行国家生态鉴定,向环境保护领域的授权机关转交区域调查资料以及卫生领域、科学和科学技术活动领域以及教育领域国家授权机关的结论。

7. 国家生态鉴定结论中应当包括有关承认或者不承认该区域为生态紧急情况区或者生态灾难区的结论。

8. 在环境保护领域的授权机关的国家生态鉴定正面结论,以及卫生领域、科学和科学技术活动领域和教育领域的国家授权机关结论的基础上:

(1)由哈萨克斯坦共和国政府决议宣布地区为生态紧急情况区;

(2)由哈萨克斯坦共和国法律宣布地区为生态灾难区。

9. 在本条第 8 款中列举的规范性法律法规中标明：

(1)生态紧急情况区或者生态灾难区的边界；

(2)宣布生态紧急情况区或者生态灾难区的期限；

(3)生态紧急情况区或者生态灾难区的法律制度；

(4)有关稳定和降低相关区域的不良生态状况的措施或者引证制定该措施的必要性；

(5)将公民列为生态紧急情况或者生态灾难受害人类别的程序及其社会保障措施。

第 10 款载于 2013 年 7 月 3 日颁布的第 124–5 号哈萨克斯坦共和国法律中(见旧版)

10. 根据哈萨克斯坦共和国国家计划制定文件，分级别地制定和落实有关自然资源再生、环境改善、居民医疗援助的活动措施。

第 175 条　对区域生态情况进行评估

1. 根据主要类型的标准和附加或者辅助类型的标准对区域生态情况进行评估。

2. 对区域生态情况进行评估的标准，是指指示民众健康状态恶化和环境恶化的指数总和。

3. 根据一个或者多个反映高程度不良生态状况的主要指数和附加指数来确定生态紧急情况区或者生态灾难区。

第 4 款载于 2014 年 9 月 29 日颁布的第 239–5 号哈萨克斯坦共和国法律中(见旧版)

4. 评估区域生态情况的标准由环境保护领域的授权机关确定。

第二十四章　生态紧急情况区和生态灾难区法律调整的特点

第 176 条　生态紧急情况区和生态灾难区的法律制度

1. 当在某区域上建立生态紧急情况和生态灾难法律制度时，可以采用以下措施：

(1)终止或者限制引起不良生态情况出现的客体活动；

(2)有关恢复(再生)自然资源、改善环境的及时有效的措施；

(3)将居民从危险居住地迁出，并且必须向其提供长久或者临时住所；

(4)建立检疫站并实施其他强制性卫生防疫措施；

(5)在动物生病时，受到死亡威胁时，开展必要的工作向其提供救助；

(6)建立交通工具进出的特别制度，限制交通工具通行；

(7)暂时性禁止与消除生态紧急情况或者保障居民生命活动无关的建设新企业和扩大现有企业活动以及其他客体的建设活动；

(8)采用特别程序向不良生态情况的受害者分配食品；

(9)禁止建设和运营构成生态高危险的客体；

(10)暂时性禁止在经济活动和其他社会活动中使用特殊危险物质(化学物质、放射性物质、有毒物质、易爆物质、易燃物质、生物物质)，其总体属性和(或者)其状态特点会使该区生态情况发生恶化的植物保护药剂；

(11)禁止运营保健客体和疗养客体；

(12)禁止或者限制实施对人类、植物界、动物界和其他自然客体构成生态高危险的其他任何活动。

2. 哈萨克斯坦共和国国家机关对生态紧急情况区和生态灾难区的法律制度进行保障并落实哈萨克斯坦共和国生态立法规定的措施。

第 177 条　对生态紧急情况或者生态灾难的受害者的损害赔偿

根据哈萨克斯坦共和国法律法规，生态紧急情况或者生态灾难的受害者具有要求损害赔偿的权利，以及具有社会保障的权利。

第 178 条　对生态紧急情况区和生态灾难区的生态情况监测

第 1 款载于 2013 年 7 月 3 日颁布的第 124-5 号哈萨克斯坦共和国法律中（见旧版）

1. 在哈萨克斯坦共和国国家计划制度文件框架内对生态紧急情况区和生态灾难区，及其毗邻区域的环境状况和居民健康进行特别观察和研究。

2. 观察和研究的对象包括：

（1）造成生态紧急情况或者生态灾难出现的因素；

（2）生态紧急情况区和生态灾难区的环境情况和居民健康的不良变化。

第 179 条　生态紧急情况区和生态灾难区法律效力的终止

根据国家生态鉴定的正面结论和证明生态情况正常化的调查材料，可以由哈萨克斯坦共和国政府法令终止生态紧急情况区和生态灾难区法律制度的效力。

第 180 条　违反生态紧急情况区和生态灾难区法律制度的法律责任

在违反生态紧急情况区和生态灾难区法律制度方面有过错的自然人和法人应当根据哈萨克斯坦共和国法律承担责任。

第七编　校内生态教育和校外生态教育的开展，环境保护领域的科学研究和国际合作

第二十五章　校内生态教育和校外生态教育的开展及专家资质水平的提高

第181条　校内生态教育和校外生态教育的开展及提高专家资质水平的目的和主要任务

1. 校内生态教育和校外生态教育的目的是根据可持续发展原则培养公民的积极生活态度并形成社会生态文化。

2. 为了可持续发展，将在哈萨克斯坦共和国进行校内生态教育、校外生态教育和提高环境保护领域的专家资质水平作为教育制度的一部分来发展。

3. 在校内生态教育和校外生态教育，提高专家资质水平领域的主要任务包括：

(1)通过更新生态教育内容，为教育组织提供现代教学方法材料，提高师资资质水平，改善生态教育质量；

(2)发展社会和家庭生态教育的组织基础、计划和措施；

(3)为落实环境保护领域的任务，培养专业人员。

第182条　校内生态教育和校外生态教育的开展及提高专家资质水平的活动组织基础

1. 国家机关，教育、文化和科学组织，环境保护机关，自然资源利用者，社会组织，个别主要教师和学者组织和落实校内生态教育和校外生态教育、提高专家资质水平领域的活动。

2. 在组织教育、科学和社会组织时,为了跨部门合作和保障组织社会和家庭生态教育的跨部门教学方法和科学方法配合,提高资质水平和再培训成立区域委员会(中心)。本条第 1 款中所列举的组织和人员可以成为区域委员会(中心)的成员。

第 183 条　教育机构中开展的校内生态教育

1. 持续综合的校内生态教育制度涵盖各级教育。

2. 教育机构的校内生态教育是通过实施专业化和跨学科教学计划,同时将生态方面融入现有学科的方式来进行。

3. 培养公民积极保护自然的态度以及对自然财富的爱护态度是教育机构教育工作的首要任务之一。

根据 2007 年 7 月 27 日颁布的第 320-3 号哈萨克斯坦共和国法律,对第 4 款进行修订(见旧版)

4. 环境保护领域和自然资源利用领域专业的国家普通义务教育标准和职业教育示范性教学大纲由教育领域的授权机关和环境保护领域的授权机关共同确定。

第 184 条　国家对校内生态教育和校外开展的生态教育提供的支持

1. 国家在以下领域优先支持校内生态教育和校外生态教育:

(1)确定哈萨克斯坦共和国向可持续发展过渡的教育领域的长期行动计划;

(2)改进校内生态教育和校外生态教育的教学方法和科学方法基础;

(3)对环境保护领域的合格专家进行培训;

(4)确保获得校内生态教育和校外生态教育方面的教学方法材料的可能性;

(5)促进落实社会和家庭校外生态教育计划和活动的组织发展。

2. 国家支持措施:

第 1 项载于 2013 年 7 月 3 日颁布的第 124-5 号哈萨克斯坦共和国法律中(见旧版)

(1)在哈萨克斯坦共和国国家计划制度的文件框架下,教育机构(生态教育方面的教育方法工作和活动,提高专家资质水平)的生态教育融资;

（2）国家机关积极参加到国家培养专家的教育申请中；

（3）为可持续发展提交国家在教育领域科研的申请；

（4）向在校内生态教育和校外生态教育领域开展活动的社会组织提交国家社会申请；

第5项载于2013年7月3日颁布的第124-5号哈萨克斯坦共和国法律中（见旧版）

（5）保障哈萨克斯坦共和国国家计划制度文件框架下的校内生态教育和校外生态教育、提高人才资质水平和人才再培训方面的必要措施。

第二十六章　生态科学研究

第 185 条　生态科学研究的目的和任务

1. 为环境保护提供科学保障，制定科学合理的措施以改善、恢复、确保自然生态系统的可持续运行功能，合理利用和再生自然资源，确保哈萨克斯坦共和国生态安全及社会、经济和生态平衡发展。

2. 生态科学研究的任务是：

(1) 科学评价和预测环境状态；

(2) 制定科学合理的生态标准、规格和要求；

(3) 综合利用自然资源和合理利用自然资源的论证；

(4) 制定科学建议以保障国家在环境保护领域和自然资源利用领域的监督和管理；

(5) 环保资源节约型技术的科学论证、制定和推广。

第 186 条　生态科学研究的基本方向

1. 为解决环境保护领域的科学保障任务，可以进行以下类型的科学研究：

(1) 制定综合性国家、地区的区域社会经济可持续发展的科学论证；

(2) 研究生态系统抵抗人为影响的稳定性以及制定界定生态风险的科学依据；

(3) 评估人为对环境造成负荷的水平以及生态系统和景观的破坏程度；

(4) 制定科学合理的环境保护领域的规范性文件；

(5) 确定对生态系统和景观的人为影响阈值的区域水平；

(6) 查明环境因素对民众健康的影响；

(7) 按照生态紧张程度对共和国领土进行区域和等级划分；

第 8 项载于 2013 年 7 月 3 日颁布的第 124–5 号哈萨克斯坦共和国法律中(见旧版)

(8)有关制定环境质量指标的研究;

(9)有关研制环境排放净化方法和工艺的研究;

(10)与综合利用原料、加工和无害化处理废弃物相关的研究;

(11)与搜索、科学技术论证和引进新型环保和资源节约型工艺相关的研究;

(12)制定和科学追踪环境状态的评估,以及预测环境在人为因素和自然因素影响下的变化;

(13)预防或者减少人为因素或者自然因素对环境造成的不良影响的科学方法论证;

(14)在长期观察和运行监测的基础上,对生态系统状态的定性和定量指数的生态监测结果进行系统化研究和总结;

(15)对环境状况的监测提供科学保障;

(16)制定和科学论证环境排放、自然资源利用的限额(配额);

(17)综合研究气候变化以及研究其对哈萨克斯坦共和国经济和自然资源的影响;

(18)研究臭氧层状况,研究臭氧层破坏和恢复的过程,制定措施以预防人类活动对臭氧层的影响;

(19)研究协调自然资源使用的经济机制,制定方法以评估自然保护措施的经济效益和成本,并科学跟踪该项措施;

(20)参与国家社会经济发展环境指标的制定和科学论证;

(21)进行与履行哈萨克斯坦共和国在环境保护领域和自然资源利用领域的国际条约义务相关的科学研究;

(22)环境保护领域和自然资源利用领域的国际科学合作。

2. 基础生态科学研究和实用生态科学研究的资金支持来源于预算资金和其他哈萨克斯坦共和国法律法规未禁止的融资渠道。

第 187 条　生态科学研究开展的具体要求

1. 生态科学研究由科研机构根据本法典和哈萨克斯坦共和国科学法开展。

2. 在哈萨克斯坦共和国领土内的环境保护领域的科学研究既可以由哈萨克斯坦公民,也可以由外国自然人和法人以及国际组织在符合哈萨克斯坦共和国立法要求的情况下进行。

第二十七章　哈萨克斯坦共和国在环境保护领域以及自然资源利用领域国际合作的开展

第 188 条　国际合作的优先事项和级别

1. 哈萨克斯坦共和国参与环境保护领域和自然资源利用领域的国际合作基于以下优先事项：

(1)保护有利于人类生命和健康的环境；

(2)实现可持续发展；

(3)保护哈萨克斯坦共和国在环境保护领域和自然资源利用领域的利益；

(4)防止、减少和控制跨境污染；

(5)根据环境标准和要求，发展和支持自由国际贸易和投资；

(6)在发生生态紧急情况时，提供国际援助；

(7)适用国际法规范和原则以解决跨境和区域性生态问题；

(8)参与环境保护领域和可持续发展领域的国际倡议。

2. 哈萨克斯坦共和国在环境保护领域和自然资源利用领域的国际合作的主要任务是在全球、跨境、区域和双边基础上进行解决。

第 189 条　国际合作的原则

哈萨克斯坦共和国在环境保护领域和自然资源利用领域的国际合作基于以下原则：

1. 认真履行国际义务；

2. 尊重国家开发自身自然资源的主权；

3. 为实现可持续发展，将环境保护和经济发展一体化；

4. 国家有责任保障落实有关预防他国或者位于哈萨克斯坦共和国管辖之外的地区的环境损害的措施；

5. 预防和采取预防措施；

6. 和平解决国际争端；

7. 对具有潜在重大跨境环境影响的活动进行预先通知和相互磋商；

8. 全球、区域、国家和地方各级的竭力互补；

9. 污染者对与环境污染相关的费用承担责任。

第 190 条　国际合作的经济基础

哈萨克斯坦共和国在环境保护领域和自然资源利用领域开展国际合作的经济基础：

1. 向国际组织进行强制性和自愿性捐款；

2. 参与国际计划、论坛和其他国际活动的融资；

3. 由于跨境影响而造成的损害承担责任；

4. 根据份额参与自然资源利用的原则，补偿供联合利用自然资源利用的设施的使用费用；

5. 一国有偿将根据哈萨克斯坦共和国批准的国际条约确定的自然资源份额(份额的一部分)转让给他国。

第 191 条　生态违法的国际责任

生态违法，对邻国环境和自然资源造成的损害，未履行国际条约义务的国际责任措施根据哈萨克斯坦共和国国际条约的规定来适用。

第 192 条　环境保护领域以及自然资源利用领域的跨国合作机制

1. 环境保护领域和自然资源利用领域的跨国合作机制规定哈萨克斯坦共和国应根据国际条约中的义务参加下列国际程序和跨境程序：

(1)交换生态信息数据；

(2)根据一致的要求和标准共同对环境进行监测；

(3)确定和保护具有国际意义的生物物种和自然客体；

(4)获得预先具有证据的同意，以进行在环境保护领域属于国际监管客体的某些类型的活动；

(5)针对会对环境和人类健康带来潜在威胁的某些类型活动签发特殊许可；

(6)共同规范环境影响并对其应用效果进行评价；

(7)环境影响的跨境评价；

(8)如果存在潜在的跨境威胁时，通知相关的紧急情况；

(9)在发生紧急情况并存在跨境影响威胁时，应他国要求提供援助，其中包括制定相应的联合应急计划；

(10)编写和提交有关履行国际义务的国家报告；

(11)由特别授权的国际机关对国际条约义务履行情况进行评价；

(12)对他国或者位于哈萨克斯坦共和国领土外的区域的环境造成损害的责任措施的适用；

2. 在国际条约规定的情况下，哈萨克斯坦共和国在双边和多边合作的基础上制定本条第 1 款中规定的程序。

3. 为保障国际合作机制的有效运作以及履行本条第 1 款中所示的程序，哈萨克斯坦共和国政府和国家机关根据其职能有权发起建立国家间机关的倡议。

第 193 条　国际条约

1. 国际条约是环境保护领域和自然资源利用领域的国家间合作的法律形式。

2. 由哈萨克斯坦共和国有关国际条约的立法对环境保护领域和自然资源利用领域国际条约的签订、执行、变更和终止程序进行规制。

3. 落实环境保护领域的国际条约包括：

(1)制定和批准确保国际条约得以履行的必要行动计划；

(2)确定负责确保环境保护领域国际条约得以履行的国家机关；

(3)经常对哈萨克斯坦共和国参加环境保护领域和自然资源利用领域的国际条约的有效性进行分析。

分 则 部 分

第八编　在实施经济活动和其他社会活动时应当遵守的生态要求

第二十八章　关于生态要求的一般规定

第 194 条　对经济活动和其他社会活动提出的生态要求及其类型

1. 为在哈萨克斯坦共和国境内实施的经济活动和其他社会活动制定生态要求。

2. 生态要求分为以下几种类型：

（1）对经济活动和其他社会活动提出的一般生态要求；

（2）在利用自然资源时应当遵守的环境要求；

（3）针对特别自然保护区制定的生态要求；

（4）针对在里海北部国家保护区的经济活动和其他社会活动制定的生态要求；

（5）对使用放射性材料，原子能和确保辐射安全提出的生态要求；

（6）在生产和使用潜在危险化学物质和生物物质、转基因产品和生物体时应遵守的生态要求；

（7）在处理生产和消费废弃物时应遵守的生态要求；

（8）对军事设施和国防设施、军事活动提出的生态要求。

3. 哈萨克斯坦共和国生态立法可以制定其他类型的生态要求。

第 195 条　生态要求的制定和生态要求的核准程序

1. 可以由本法典、哈萨克斯坦共和国其他规范性法律法规制定生态要求，并且可以以单独文件的形式或者以实施相关类型经济活动和其他社会活动规则中单独章节通过的形式制定生态要求。

2. 环境保护领域的授权机关在制定生态要求时可以吸引专业化科学研究所、设计所和其他组织，以及自然资源利用者。

根据2014年12月29日颁布的第269-5号哈萨克斯坦共和国法律（见旧版）、2015年4月22日颁布的第308-5号哈萨克斯坦共和国法律（见旧版），对第3款进行修订

3. 在利用土地资源、地下资源和矿产资源，地下水和地表水，森林和植物界其他资源，动物界资源时的生态要求由管理土地资源的中央授权机关，研究和利用地下资源的国家授权机关，使用和保护水资源领域的国家授权机关，林业领域的国家授权机关，保护、再生和利用动物资源领域的国家授权机关，以及居民卫生防疫保障领域的国家机关协商共同制定。

4. 针对特别自然保护区的生态要求由特别自然保护区领域的国家授权机关协调共同制定。

5. 在建设和重建、投入使用和使用企业、设施和其他客体，建设城市和其他居民点，使用放射性材料，生产和使用潜在危险的化学物质和生物物质，转基因产品和生物体，处理生产和消费废弃物时对企业、设施和其他客体的设计和安置提出的生态要求，对军事设施和国防设施，军事活动提出的生态要求由本法典和哈萨克斯坦共和国其他立法文件制定。

第196条　国家财产私有化时应考虑的生态要求和义务

1. 在国家财产私有化时，授权进行私有化的国家机关应确保遵守生态要求。

2. 企业和其他客体私有化时应当考虑到企业和其他客体私有化方案制定的生态状况检查结果，并应在环境保护领域的授权机关参与的情况下进行。

第197条　从事生态危险类型的经济活动的法人和从事其他社会活动的自然资源利用者在破产、重组和清算时应当考虑的生态要求

1. 当从事生态危险类型的经济活动的法人和从事其他社会活动的自然资源利用者就破产案提起诉讼时，应当进行强制性生态审计。

2. 在从事生态危险类型的经济活动的法人和从事其他社会活动的自然资源利用者重组时，应当考虑强制性生态审计的结果，并且将其反映在分离资产负债表（以分离和分立的形式重组）和账款余额表中（以合并的形式重组）。

3. 在从事生态危险类型的经济活动的法人和从事其他社会活动的自然资源利用者清算时，应制定计划外的检测性生态检查，并必须将其结果反映在清算资产负债表中。

第二十九章　经济活动和其他社会活动应当遵守的一般性生态要求

第 198 条　在设计经济客体和其他客体时，应当遵守的生态要求

1. 在设计企业、建筑和设施、工业客体和农业客体、供水系统、排水系统、水工建筑、交通通信、工艺流程、产品和设备、其他客体时，应当：

(1)遵守环境质量标准；

(2)无害化处理和利用危险废弃物；

(3)使用低废弃物和无废弃物技术；

(4)采取有效措施预防环境污染；

(5)再生和合理利用自然资源。

第 2 款载于 2014 年 12 月 29 日颁布的第 269-5 号哈萨克斯坦共和国法律中(见旧版)

2. 禁止向不具备如下正面鉴定结论的项目提供资金支持，并禁止其实施：

(1)国家生态鉴定；

(2)在设计高危流行病客体时进行的卫生防疫鉴定。

第 199 条　在利用经济客体和其他客体时，自然资源利用者应当遵守的一般性生态要求及其需要承担的责任

1. 在完全满足项目规定的所有生态要求时，可以按照由环境保护领域的授权机关参与组建的验收委员会的法令，将企业、设施和其他客体投入使用。

根据 2011 年 12 月 3 日颁布的第 505-4 号哈萨克斯坦共和国法律，对第 2 款进行修订(见旧版)

2. 禁止使用没有危险废弃物清洁的企业、设施和其他设备，禁止使用没有无害化处理和利用的装置和设备的企业、设施和其他设备，禁止使用其排放和排泄不符合环境质量标准的企业、设施和其他设备，以及禁止使用未完成有关土地复垦、资源再生和合理利用工作的企业、设施和其他客体。

3. 经济客体和其他客体的自然资源利用者应当承担以下责任：

(1) 按照生态安全要求在划拨区域开展工作；

(2) 管理有关环境保护问题的既定文件，并向国家机关提交关于所有活动的既定报告；

(3) 为国家检查机关的检查工作提供协助，并在既定的期限内执行法令。

4. 每一个客体的自然资源利用者应当：

(1) 建立专门的部门或者规定职责为组织、开展生产生态监督并与检查机构互相协作的负责人；

(2) 以最安全的方式进行所有作业，保持设备处于安全状态以保护工人的健康和生命，保护环境和财产；

(3) 与环境保护领域授权机关的地区机关协商，针对所有类型的活动制定和批准有关环境保护的规范性和技术性文件，每 5 年应当对其至少进行一次复审；在引进新的示范条例和规范、新技术流程、装置、机器和仪器时，应当对规范性和技术性文件进行复审；

(4) 应当对工作场所（设施）的技术安全状况检查和生态安全状况检查进行记录，自然资源利用者的负责人应当记录检测到的缺陷并表明消除该缺陷的期限。

5. 在生态危险设施上组织和开展工作的程序，应由自然资源利用者制定的专门条例进行规定。

6. 自然资源利用者应当具备有关消除因破坏哈萨克斯坦共和国生态立法而发生的紧急情况、自然灾害和自然灾变的行动计划，或者限制其扩大蔓延的行动计划。

7. 当发现违反生态要求、规定、规章和指令的情况时或者发现对人类生命和健康造成威胁，以及对环境可能会造成污染时，工作人员有义务立即采取一切能做到的措施消除发生的情况或者防止其扩大蔓延，并将有关情况通知给调度员或者管理员。

8. 在指定时间内消除已发现的缺陷，环境保护领域的授权机关和利用经济客体和其他客体的自然资源利用者应当对此进行监督。

9. 没有造成生产事故和生态后果的事故，应当根据有关技术调查和未造成事故和生态后果的事故记录指令进行调查。在特殊情况下，可以委托委员会对重大技术事故和生态后果以及集体事故进行调查。

根据2011年12月3日颁布的第505-4号哈萨克斯坦共和国法律，对第10款进行修订（见旧版）

10. 自然资源利用者应当在发现向环境排放和排泄污染物质的事故之时起的2个小时之内，将相关事宜通报给环境保护领域的授权机关。

根据2009年6月23日颁布的第164-4号哈萨克斯坦共和国法律，将第199-1条补充至本法典

第199-1条　工艺、技术以及设备应当满足的生态要求

根据2016年4月25日颁布的第505-5号哈萨克斯坦共和国法律，对第1款进行修订（见旧版）

1. 除交通工具之外，在哈萨克斯坦共和国境内应具备论证使用工艺、技术和设备的设计文件的国家生态鉴定正面结论和环境影响评价材料时，方可使用该工艺、技术和设备。

需要提交国家环境保护机关进行国家生态鉴定的工艺、技术及设备，其中包括输入哈萨克斯坦的上述设施的文件。

根据2014年4月11日颁布的第189-5号哈萨克斯坦共和国法律（见旧版）、2014年9月29日颁布的第239-5号哈萨克斯坦共和国法律（见旧版）、2015年10月29日颁布的第376-5号哈萨克斯坦共和国法律（自2016年1月1日起生效）（见旧版），对第2款进行修订

2. 在哈萨克斯坦共和国境内，由国家生态鉴定结论判定为生态危险型的工艺、技术和设备，不应当在经济活动中和其他社会活动中得到应用。

与此同时，应当根据本法典、哈萨克斯坦共和国在居民卫生防疫保障领域的立法、关于民事保护立法和技术法规，对运送（进口）到哈萨克斯坦共和国境内或者出口到哈萨克斯坦共和国境外的被认定为生态危险型的技术和设备进行销毁、无害化处理或者加工。

3. 以下工艺被认定为生态危险型工艺：

（1）其使用不符合本法典规定的生态要求或者国际标准；

（2）因其使用而形成的废弃物，在哈萨克斯坦共和国境内尚不具备对其进

行无害化处理或者废物利用的工艺，或者对其进行废物利用会伴随高度生态危险或者在经济上不具有可行性。

4. 以下技术和设备被认定为生态危险型技术和设备：

（1）使用的规范期限已过期；

（2）其使用不符合本法典规定的生态要求、哈萨克斯坦共和国的技术法规或者国际标准；

（3）因其使用而形成的废弃物，在哈萨克斯坦共和国境内尚不具备对其进行无害化处理或者废物利用的工艺，或者对其进行废物利用会伴随高度生态危险或者该废物利用在经济上不具有可行性。

5. 当国家生态鉴定判定工艺、技术和设备为生态危险型工艺、技术和设备时，应当将其载入生态危险型工艺、技术和设备登记册中。

禁止在哈萨克斯坦共和国境内使用已载入生态危险型工艺、技术和设备登记册中的工艺、技术和设备。

第三十章　各类型的经济活动和其他社会活动应当遵守的生态要求

第 200 条　在设计和建设居民区时应当遵守的生态要求

1. 在设计、建设、重建城市以及其他居民区时，应当确保为居民生命、劳动和休闲提供最有利的条件，同时应当考虑到生态要求、卫生防疫要求和生态安全。

2. 在设计和建设城市以及其他居民区时，应当预先规定和实施卫生清洁，预先规定和实施安全处理生产和消费废弃物，预先规定和实施创建森林公园带、绿化带和自然资源利用限制制度保护带。

3. 在安置房屋、建筑物、设施、公路和其他工业客体时应当考虑技术法规要求、卫生防疫条例、规范、城镇建设要求和其他确保良好环境的要求。

第 201 条　在安置企业、设施和其他客体时应当遵守的生态要求

1. 在确定企业、设施和其他客体的安置地点时，应当遵守环境保护的条件和条例，同时应考虑到上述客体活动的生态后果。

2. 在安置企业、设施和其他客体时，应当建立保护区、卫生保护区和其他防护区。

第 202 条　在建设和重建企业、设施和其他客体时应当遵守的生态要求

第 1 款载于 2014 年 12 月 29 日颁布的第 269–5 号哈萨克斯坦共和国法律中（见旧版）

1. 在建设和重建企业、设施和其他客体时，需要具有国家生态鉴定正面结论、卫生防疫鉴定正面结论（在建设和重建具有高防疫意义的客体时），并且应当根据环境质量标准进行建设和重建。不允许变更已批准的项目或者工程价格,从而损害环境。

2. 在施工时,应当采取有关复垦土地、再生和合理利用自然资源的措施,应当采取完善地区设施和改善环境的措施。

3. 在项目审批前和划拨实物地块前,禁止建设、重建客体。

第 203 条　在使用工业设施、能源设施、交通运输设施和通信设施,农业设施和土壤改良设施时应当遵守的生态要求

1. 在使用工业设施、能源设施、交通运输设施和通信设施,农业设施和土壤改良设施时,应当考虑到既定的生态要求,并运用生态安全工艺、必要的清洁设施和排除环境污染的卫生保护带。在使用上述设施时应当引进能够保障生态安全的低废弃物和无废弃物的工艺。

2. 自然人和法人有义务采取一系列措施以保护土壤、水体、森林和其他植被、动物界免受农业活动的不良影响。

第 204 条　在生产和使用机动车辆和其他交通工具时应当遵守的生态要求

使用对环境造成不良影响的机动车辆和其他交通工具的自然人和法人有义务遵守允许排放标准,采取措施以降低噪声水平和降低其他不良环境影响的程度。

见:鼓励在哈萨克斯坦共和国生产生态友好型汽车交通工具条例(相应生态 4 级及更高级别;电动马达)及其零配件

第 205 条　在安置原子能发电站、热力发电站和水力发电站时应当遵守的生态要求

1. 在确定原子能发电站的安置地点和建设原子能发电站时应当具有设计书、国家生态鉴定正面结论和国家卫生防疫鉴定正面结论。原子能发电站设计书应当包括能够保障其安全退役的解决方案,以及废弃物利用的措施。

在安置、设计和建设原子能发电站时应当根据哈萨克斯坦共和国立法采取有关放射安全保障的措施。

2. 为限制热力发电站对邻近地区空气流域的不良影响,在其安置前应当通过对每一个能源组织(及其每一个污染源)进行制定能够确保热力发电站生态安全的控制指数(克/每秒)和年度标准(吨/每年)的方式在设计书中规范环境排放标准。

根据热力发电站设备的最大计划生产率(用于定期维修和输出储备),计算控制指数(克/每秒)和制定减少环境排放的适当措施。

3. 在安置、设计和建设水力发电站时应当全面考虑相关各地区的实际能源需求,客体安置地区的地震活动性和地势,有关保护森林和土地的措施,有效保护植物界和动物界资源的措施,以及能够全面避免环境发生本质性负面变化的措施。

4. 对于计划中的和正在建设中的发电站,在对其进行验收投入使用之时,应当确保其遵守环境排放标准。

第206条 军事设施和国防设施、军事活动应当遵守的生态要求

本法典制定的生态要求适用于军事设施和国防设施以及军事活动,哈萨克斯坦共和国立法规定的特别情况除外。

第207条 在利用自然资源时应遵守的生态要求

1. 在利用土地、地下资源、水、森林和其他植物界、动物界资源时应遵守的生态要求由本法典和其他哈萨克斯坦共和国规范性法律法规来确定。

2. 禁止从事对自然生态系统造成破坏、消灭生物体遗传基因、造成威胁人类生命和健康的其他环境变化的经济活动和其他活动。

第三十一章　在使用土地时应当遵守的生态要求

第 208 条　根据 2011 年 7 月 15 日颁布的第 461-4 号哈萨克斯坦共和国法律,本条已废止

第 209 条　在区划农业用地和使用农业土地时应当遵守的生态要求

1. 在区划农业用地和使用农业土地时,应当确保生态安全和农业用地质量状况。

2. 根据生态不良程度指数对农业用地进行分区。生态不良程度以物理退化和化学污染作为判断标准。

3. 利用环境保护领域国家授权机关和居民卫生防疫保障领域国家授权机关批准的允许土壤中含有化学物质的最大浓度对土地化学污染程度进行确定。

第 4 款载于 2014 年 9 月 29 日颁布的第 239-5 号哈萨克斯坦共和国法律中(见旧版)

4. 为确定将土地从较高价值土地划分到较低价值土地的必要性的生态土地评估标准,封存土地的生态土地评估标准,将土地划入生态灾难区或者生态紧急情况区制定的生态土地评估标准由环境保护领域授权机关批准(以下简称生态土地评估标准)。

第 210 条　在区划居民区土地和使用居民区土地时应当遵守的生态要求

1. 根据生态土地评估标准对居民区土地进行区划。

2. 将居民区土地划分为其他类别土地时,应当考虑污染物向该地区大气和水体转移的情况,及考虑其对居民健康的直接影响。

3. 针对生态紧急情况区建立特殊使用制度，以避免生态状况进一步恶化。

第 211 条　在区划和使用工业用地、交通用地、通信用地、国防用地和其他非农业用地时应当遵守的生态要求

1. 在区划和使用工业用地、交通用地、通信用地、国防用地和其他非农业用地时应当确保生态安全和合理利用土地资源。

2. 为确保居民安全以及确保能为工业设施、交通设施和其他设施创造必要的条件，在考虑到上述能够促进环境状态改善的土地的特殊使用条件的同时，建立用地区域。

3. 在将工业用地、交通用地、通信用地、国防用地和其他非农业用地划分为其他类别用地的同时，应当考虑到在其界限范围内限制或者禁止的，与其建立目的不相符的类型活动的区域。

4. 其化学污染物质超过生态土地评估标准规定的水平可以作为将工业用地、交通用地、通信用地、国防用地和其他非农业用地划分为其他类别用地的补充生态标准。应当封存被划分为最高污染级别的土地，并将其转移为储备土地。

第 212 条　在使用特别自然保护区的土地和疗养土地时应当遵守的生态要求

1. 特别自然保护区使用制度由哈萨克斯坦共和国土地法典和哈萨克斯坦共和国“特别自然保护区”法律进行规制。

2. 为保护疗养土地区域的良好生态条件和卫生防疫条件，在对其进行区划时应当建立卫生保护带。

第 213 条　在使用森林资源土地时应当遵守的生态要求

1. 森林资源土地使用制度由哈萨克斯坦共和国土地法典和森林法典进行规制。

2. 区域生态状况指标的植被状况是将土地划分到森林资源类别的生态标准。

3. 根据哈萨克斯坦共和国森林立法规定，为林业需求而未使用的位于森林资源土地上的农业用地可以转为农业用地。

4. 当发生以下情况需要将森林资源土地转为其他类别的土地时，根据哈萨

克斯坦共和国森林立法要求,应具有国家生态鉴定正面结论,并依据森林计划和土地计划材料进行:

(1)无法按照既定目的进行使用;

(2)定居点特征发生变化;

(3)居民点边界(特征)发生变化;

(4)土地被列为特别自然保护区的土地。

5. 将森林资源土地转为其他类别的土地时,应当考虑到根据生态土地评估标准制定的能够反映土地状况对草地植被和树木植被影响的生态指标。

第 214 条　在区划水资源的土地和使用水资源的土地时应当遵守的生态要求

1. 在区划水资源的土地和使用水资源的土地时,应当保障保护水客体和合理利用水资源。

2. 根据农业、林业、渔业、狩猎业的需要,以不违背该指定地块的基本用途为目的,避免遭受土地污染和退化、破坏生态状况,经地方执行机关和自然资源利用和自然资源保护领域的国家授权机关的一致同意,可以将水资源的土地中的土地地块提供给自然人和法人进行临时使用。

3. 在发生以下情况时,根据哈萨克斯坦共和国水资源立法要求,将水资源的土地转为其他类别的土地时,应具备国家生态鉴定正面结论和国家卫生防疫鉴定正面结论:

(1)水体枯竭或者其生态指标和卫生指标发生本质性重大变化;

(2)土地被列入特别自然保护区的土地;

(3)居民点边界(特征)发生变化,导致生态状况发生改变。

4. 不能将专门分配给水资源保护带的土地转为居民点土地类别和工业土地类别,针对专门分配给水资源保护带的土地应制定专门的经济活动制度以预防水资源的污染、淤塞和枯竭。

第 215 条　在区划和使用储备的土地时应当遵守的生态要求

1. 在区划储备的土地时,应考虑在被调查研究的区域出现不良变化的面积以及不同退化程度分布的空间不均匀性。

2. 生态系统退化的速度是根据 50 年之间的一系列观察数据来进行计算的。

根据生态土地评估标准对生态系统退化程度进行评估。

3. 根据其进一步的使用目的，只有在实地标出其转划类别的土地界限后，储备的土地可以转划成其他土地类别。当储备的土地转划为其他土地类别时应当根据对该土地类别的生态要求预先对土地地块作出选择。

4. 在进行土地复垦和实施有关土地质量改善和生态状况改善的措施后，可以将被破坏的土地从储备的土地类别中转划出来。

根据2011年12月3日颁布的第505-4号哈萨克斯坦共和国法律，对第5款进行修订（见旧版）

5. 曾经进行过核武器试验的储备的土地地块，只有在完成有关消除核武器试验后果的一切措施并对生态情况进行综合调查之后，并具有国家生态鉴定正面结论和国家卫生防疫鉴定正面结论时，才可以提交该土地地块的所有权或者土地使用权。

第216条　关于土地优化利用的生态要求

1. 土地优化利用的基本生态要求：

（1）科学论证和预测土地改革和土地再分配的后果；

（2）论证和实施有关计划和组织合理利用和保护各类别土地资源的统一国家政策；

（3）在农业生产中确保按照土地用途来利用土地和保护有价值的土地；

（4）按照土地地块面积，形成和部署生态安全的合理密集和优化；

（5）制定一套有关改善农业用地、增加土壤肥力、维护可持续景观和保护土地的措施；

（6）制定有关合理利用土地和保护土地的措施；

（7）进行土地清查和查明未使用的、未合理使用的、未按目的用途使用的土地；

（8）保护和加强森林的环境保护属性、水资源保护属性、卫生防疫属性、改善健康属性和其他有益属性，旨在提高土地的生产力和保护人类健康；

（9）保护生物物种多样性。

2. 在提供土地地块用于安置和运行企业、设施和其他客体时，应当遵守环境保护条件和条例，自然资源再生和合理利用条例，同时要考虑到上述客体活动的生态、卫生防疫后果。

3. 在建设和修建与农业生产无关的客体时，应当将土壤地位级别分数较低的不适合农业用途的土地划拨出来。

第 217 条　在土地利用时应当遵守的生态要求

1. 土地使用者在土地利用时应当：

(1)使用符合卫生防疫要求和生态要求的生产工艺，不允许对居民健康和环境造成损害，引进最佳可行技术；

(2)不允许污染土壤、在土壤上乱堆垃圾，造成土壤肥力退化和恶化，以及为向他人出售或者转让土地而除去肥土壤肥沃层，为防止土壤肥沃层发生不可逆转的损失而必须除去土壤肥沃层的情况除外；

(3)经地方执行机关与环境保护领域的授权机关，以及与特别国家授权机关在其职权范围内的相互协调，在地方执行机关决议指定的土地对废弃物进行堆积和清除。

2. 在开发矿产资源，进行地质勘查工作、建设工作和其他工作时，自然资源利用者有义务：

(1)保护其正在占用的土地处在适于按照其用途进行进一步利用的状态；

(2)在开展与破坏土地相关的工作过程中，除去、保存和使用土壤肥沃层；

(3)恢复已被破坏的土地的生产力。

3. 在选择对已被破坏的土地进行土地生产力恢复方面，应当考虑到以下几点因素：

(1)土地地块表层的破坏特征；

(2)客体所处区域的自然和物理地理条件；

(3)客体所处位置的社会经济特点，并考虑区域发展前景和环境保护需要；

(4)必须恢复在黑土和集约农业分布区的位于耕地附近的、已被破坏的土地的主要区域；

(5)必须恢复直接靠近居民点的、位于花园、自留地和休闲地带附近的已被破坏的土地，其中包括在采空区建设蓄水池以及在剥离岩石的废石场和尾矿倾倒场建设观赏性的花园—公园综合体；

(6)在计划工作的工业客体所在区域上清除洼地和路堤，清理建筑垃圾并修缮土地地块；

(7)应当对利用土地地块上的侵蚀沟和冲蚀槽进行填塞和冲刷；

(8)强制性进行区域绿化。

4. 为安置、填埋、堆积工业废弃物而利用土地地块时,工业废弃物应当符合以下要求:

(1)符合卫生防疫条例和符合设计、建设和使用未经过无害化处理的废弃物填埋场的规范;

(2)地下水位在容器底部算起的2米以内,并且在实地向水池、工业用地、森林和工业企业方向倾斜1.5%时,应具有弱过滤性土壤;

(3)在居民点的下风向和地下水流的下游安置;

(4)在不会被山洪水和暴雨淹没的地方安置;

(5)具有工程防渗透保护,沿着周边设置防护栏和绿化带,铺设硬铺筑面的专用线;

(6)来自该土地地块的地表径流和地下径流不应当流入开放式水体中。

根据2013年7月3日颁布的第124-5号哈萨克斯坦共和国法律,对第5款进行修订(见旧版)

5. 当新工艺、有关土地改良措施和提高土壤肥力措施不符合生态规范和条例、卫生防疫规范和条例,以及哈萨克斯坦共和国立法规定的其他要求时,禁止引进该新工艺和实施该措施。

6. 针对受到放射性污染和化学污染的土地,在建立该类土地的使用程序,在该类土地上建立防护带的程序,保护位于该类土地上的住房的程序,保护位于该类土地上具有工业、商业和社会文化意义的客体的程序,在该类土地上开展土壤改良工作和技术工作的程序时,应当考虑到最大允许受到放射性影响和化学影响的标准。

7. 为了保护土地,土地地块所有者和土地资源利用者有义务开展以下活动:

(1)保护土地免受水蚀、风蚀和泥石流的侵扰,避免水渍化、沼泽化、二次盐渍化,免受枯竭,免受放射性和化学物质的污染,避免生产和消费废弃物堆积,免受包括生物污染在内的污染,以及免受其他不良影响;

(2)保护农业用地和其他土地免受细菌性寄生虫和检疫性害虫和植物疾病的感染、杂草丛生、灌木和矮林过度生长以及其他各种土地状况的恶化;

(3)消除污染后果,其中包括生物污染,以及消除在土地上堆积废弃物的情况;

(4)保持已达到的土地改良程度;

(5)恢复已被破坏的土地的生产力,恢复土壤肥沃层,及时引导土地参与流转;

(6)在进行土地生产力恢复时,为了进一步的利用,清除和保护土壤肥沃层。

8. 在居民区的土地上禁止使用食盐去除薄冰。

第三十二章　地下资源利用时应当遵守的生态要求

第218条载于2014年12月29日颁布的第271-5号哈萨克斯坦共和国法律中(见旧版)

第218条　地下资源利用作业时应当遵守的生态原则

1. 针对项目文件作出的国家生态鉴定的正面结论以及生态许可证是开展有关地下资源利用作业的生态基础。

2. 地下资源利用者有义务提供所有的项目前文件和项目文件用于国家生态鉴定,项目文件中应当包括拟议实施活动的环境影响评价以及“环境保护”章节。

第219条　地下资源利用时应当遵守的一般性生态要求

1. 在地下资源利用时应当遵守的一般性生态要求:

(1)根据哈萨克斯坦共和国生态立法要求利用地下自然资源;

(2)使用专业方法对矿产地进行开采,以保护土地表层;

(3)预防因人为(技术)原因造成的土地荒漠化;

(4)在勘探、开采、建设以及使用与勘探和开采不相关的地下设备时,采取预防措施避免危险技术流程的出现;

(5)保护地下资源免受浸水、火灾和其他导致地下资源利用和开采复杂化的自然因素的侵扰;

(6)预防地下资源受到污染,特别是在地下储存石油、天然气及其他物质和材料,以及填埋有害物质和废弃物时;

(7)遵守中止、终止有关地下资源利用、矿产地开采设施封存和销毁作业的既定程序；

（8）在仓储堆积和安置废弃物时确保遵守生态要求和卫生防疫要求；

（9）在施工前，通过按照合理的方案提前建设公路的方法，以及使用其他方法，包括用多向、密集方法建设钻井，使用内部堆积、排土技术，对开采和加工矿物原材料的废弃物进行利用，以减少破坏土地和征用土地的面积；

（10）预防土壤风蚀，剥离岩石和生产废弃物的堆积及其氧化和自燃；

（11）为避免其污染，对吸收层和淡水层进行隔离；

（12）当制作洗涤液时，其中包括使用无毒试剂时，应预防地下水枯竭和污染；

（13）清洁和二次利用钻井液；

（14）用生态安全的方法清除钻井液和燃料、润滑油材料；

（15）在油田层内压力保持系统中清洁和二次利用油矿废水。

第2款载于2011年12月3日颁布的第505-4号哈萨克斯坦共和国法律中（见旧版）、2016年4月25日颁布的第505-5号哈萨克斯坦共和国法律中

2. 禁止向地下资源排放净化程度未达标准指数的废水，对其不需要制定物质质量标准的以下废水除外：

（1）向地下水蓄水层、高度矿化地下水注入的废水，不能使用或者不能被用于饮用水、矿泉水、技术用水，以及不能被用于灌溉和畜牧业；

根据2017年4月5日颁布的第56-6号哈萨克斯坦共和国法律，对第2项进行修订（见旧版）

（2）向贮水池和（或者）蒸发池排泄矿井和露天矿场开采工作中的伴生水。

为开采已获得国家生态鉴定和其他依照哈萨克斯坦共和国立法法规规定鉴定的正面结论的项目和技术规章规定的矿产资源，反向注入的矿产开采的伴生水和为开采矿产向地下注入的工艺废水不属于排放废水。

3. 地下资源利用者应当：

（1）根据在国际实践中采取的标准，选择更加有效的方法和工艺开展工作；

（2）遵守能够保障合理利用地下资源、保障工人安全、保障居民安全和生态安全的工艺方法以及工作计划。

第220条　地下资源利用作业时应当遵守的生态要求

1. 地下资源利用作业是一种具有生态危险的经济活动，因此，在执行该作业

时应当遵守以下生态要求：

（1）在可靠性、技术性和生态安全方面，钻井结构和矿山井巷的结构应当确保为保护地下资源和周围环境提供条件；

（2）在进行钻眼和其他需要使用柴油发电机设备和柴油机驱动设备的地下资源利用作业时，由上述设备向大气排放的未经处理的废气应当符合其技术特性和生态要求；

（3）在土壤肥沃的土地上和具有农业意义的土地上建造地下资源利用设施时，在进行设备安装的准备工作过程中，应当清除并单独保存土壤肥沃层，以便后续对该地区进行土地生产力恢复；

（4）为防止有毒物质进入自然客体中，应当提供具有隔水工艺场地的工程系统对在自然资源利用过程中产生的废弃物进行有组织的采集和保存；

（5）在特别自然保护区建设钻井时，必须只能采用无油池技术；

根据2011年12月3日颁布的第505-4号哈萨克斯坦共和国法律，将第5-1项补充至本款

（5-1）在进行石油作业时应当采取措施以减少含硫量和降低硫对环境的有害影响；

（6）在进行有关地下资源利用作业的同时，应当根据既定要求开展有关淤渣废物利用和泥浆的再生中和工作以及钻井、矿场和矿井废水的中和工作，以便在钻探过程中和恢复自然环境的过程中重复利用；

（7）在使用烃类钻井液（石灰沥青钻井液、反相乳化钻井液和其他钻井液）时应当采取措施预防空气受到有害气体的污染；

根据2011年7月15日颁布的第461-4号哈萨克斯坦共和国法律，对第8项进行修订（自其正式颁布之日起6个月期满后生效）（见旧版）

（8）为了防止发生自燃或者人体中毒的情况，在对自燃沉积物、自燃残渣和自燃岩芯进行填埋时，应当征求环境保护领域的授权机关以及国家卫生防疫机关和地方执行机关的一致同意，并按照计划进行；

（9）在完全符合项目规定的所有生态要求时，可以投入使用有关地下资源利用设备；

（10）在完成有关自然资源利用的作业和拆除设备的工作后，根据项目决策开展土地地块恢复（土地生产力恢复）工作；

（11）钻凿井，其中包括自流井以及不宜于使用或者禁止使用的钻井，地下

资源利用者应当根据哈萨克斯坦共和国立法规定的程序对设备进行封存或者销毁；

（12）其活动正在对或者可能会对地下水体状况产生有害影响的自然人和法人，必须采取措施以预防水体污染和枯竭；

根据2014年1月17日颁布的第165-5号哈萨克斯坦共和国法律（见旧版）、2015年6月15日颁布的第322-5号哈萨克斯坦共和国法律（见旧版），对第13项进行修订

（13）在用于或者能够用于饮用供水和生活饮用供水的地下水体集水区，不可以安置和填埋废弃物以及安置墓地、畜尸掩埋场（生物热处理坑）和其他会对地下水状况产生影响的客体；

（14）在具有环境保护领域的国家授权机关、水资源利用和保护领域的国家授权机关、有关研究和利用地下资源的国家授权机关、国家卫生防疫国家机关在吸水井区进行专业调查后颁发正面结论的情况下，可以开展吸水井的钻探工作；

（15）在排放使用过的工业水、治疗矿物水时，应当遵守哈萨克斯坦共和国水法典的规定；

（16）在合同规定的区域范围内对钻井进行封存和销毁时应当根据哈萨克斯坦共和国有关地下资源和地下资源利用的立法进行；

（17）在向吸水井注入废水的区域，水资源利用者应当根据经环境保护领域的国家授权机关、水资源利用和保护领域的国家授权机关以及居民卫生防疫保障领域的国家授权机关的同意的计划，组织对最近的钻井、泉源、水井的水质量进行系统化的实验监测。

2. 在进行有关地下资源利用作业时，地下资源利用者应当：

根据2011年7月15日颁布的第461-4号哈萨克斯坦共和国法律，对第1项进行修订（自其正式颁布之日起6个月期满后生效）（见旧版）

（1）遵守经水资源利用和保护领域的国家授权机关与环境保护领域的国家授权机关、地下资源研究和利用领域的国家授权机关、居民卫生防疫保障领域的国家授权机关协商共同制定的最大允许限度对地下水体产生有害影响的标准；

（2）确保在由哈萨克斯坦共和国法律“有关技术规制”的既定程序认证的私人实验室或者其他实验室中对排放水的化学成分进行确定；

（3）向环境保护领域的国家授权机关、水资源利用和保护领域的国家授权机关以及卫生防疫保障领域的国家授权机关紧急转交有关污染物质紧急排放的

信息、有关违反地下水抽取的既定制度和向地下水排泄(注入)水体的设施的既定制度的信息。

3. 禁止：

(1)在施工场地块范围之外破坏植物覆盖和土壤覆盖；

(2)向地表水体和地下资源排放在自然资源利用过程中产生的废弃物；

(3)如果废水灌溉土地正在影响或者可能影响地下水体的状况，则禁止用废水灌溉土地；

(4)向含有生活饮用水的地层输入液体和材料；

(5)如果用于排放工业废水、治疗性矿物废水和热能废水的吸水井是适于或者用于生活饮用供水或者治疗目的的蓄水层的污染源，则禁止钻探吸水井；

(6)在供水水源的卫生防护区安置吸水井和水井；

(7)向吸水井和水井排放含有放射性物质的废水。

4. 为了保护用于生活饮用供水的地下水体，以及保护具有天然治疗特性的地下水体，应当根据哈萨克斯坦共和国水法典的规定建立卫生防护带。

第 221 条　在勘探和(或者)开采地下水时应当遵守的生态要求

1. 在签署开采地下水合同以及水资源专门利用许可证前，应当同环境保护领域的国家授权机关以及居民卫生防疫保障领域的国家授权机关进行协商。

2. 应当对开发地下水水源地所依据的项目(技术方案)进行国家生态鉴定。

3. 在勘探和(或者)开采时，自然资源利用者应当自费进行科学研究工作和设计开发工作，以探寻新的地下水水源地开发方法和技术方案以及完善现有的地下水水源地开发方法和技术方案，完善工艺设施和连续不间断的周期性的监督设备，确保合理利用地下水以及保护地下水，防止其枯竭和污染，保护地下资源和环境。

4. 禁止为合同条款和水资源专门利用许可证未规定的目的对地下水水源地进行开发。

5. 应当根据合同条款和水资源专门利用许可证的条件，并且在符合哈萨克斯坦共和国生态立法规定的规则和要求的情况下，对地下水水源地进行勘探和开发。

6. 进行地下水勘探和(或者)开采的自然资源利用者必须确保：

(1)对地下水水源地进行合理的勘探和开采，对其进行全面综合的研究，并预防对水体造成不可逆的损失以及因水井运行缺陷造成质量问题；

(2)避免水层受到污染；

(3)在项目未规定的情况下，避免各层水体发生混合，以及避免水体的跨层流动；

(4)不允许地下水在无监督无监管的情况下进行排放，在发生紧急情况时，应及时采取措施以消除水资源的损失；

(5)综合利用含有有益成分的地下水；

(6)保护大气、土地表层、森林和其他自然客体，以及保护房屋和设备免受地下资源利用相关工作的有害影响；

(7)对不适宜勘探和(或者)开采的土地地块进行综合性的恢复工作。

7. 根据哈萨克斯坦共和国立法规定的程序，管理调节设备的地下资源利用者应当对水文地质钻探井(其中包括自流井和勘探井)，以及不适于运行或者禁止使用的水井，有序进行封存或者销毁。

8. 如果为勘探和开采其他矿产资源而利用地下资源时暴露了蓄水层，则自然资源利用者必须根据哈萨克斯坦共和国立法规定的程序来采取措施保护地下水体，并将相关情况通报给环境保护领域的国家授权机关、水资源利用和保护领域的国家授权机关、研究和利用地下资源领域的国家授权机关以及卫生防疫领域的国家授权机关。

9. 应当确保被暴露的地下蓄水层被有效地隔离，以防止其受到污染。

10. 在可以用作生活饮用供水的水源的蓄水层被暴露的情况下，当使用具有毒性的化学试剂制作(加工)钻井液和水泥砂浆时，应获得环境保护领域的国家授权机关和卫生防疫领域的国家授权机关的一致同意。

11. 符合饮用水质量的地下水不得用于与生活饮用供水无关的用途，哈萨克斯坦共和国水法典和哈萨克斯坦共和国有关地下资源和地下资源利用的立法规定的情况除外。

12. 在没有安装地下水水量调节器、水量监测仪器，以及没有建立卫生防护带和成立地下水体状况指标监测站时，禁止将地下水汲水设备投入使用。

根据2011年7月15日颁布的第461-4号哈萨克斯坦共和国法律，对第13款进行修订(自其正式颁布之日起6个月期满后生效)(见旧版)

13. 自然资源利用者必须遵守经水资源利用和保护领域的国家授权机关和环境保护领域的国家授权机关、研究和利用地下资源的国家授权机关、卫生防疫领域的国家机关协商制定的最大允许对地下水体产生有害影响的标准。

14. 在安置、设计、建设、投入使用和运行与利用地下水体相关的汲水设备时，应当采取措施以预防其对表层水体和环境产生有害影响（土地水渍化、土地沙漠化、土地沼泽化、土地滑坡和下沉）。

15. 为对地下水进行国家核算、监督其利用和环境保护，自然资源利用者应当：

（1）按照在研究和利用地下资源领域的国家授权机关和环境保护领域的国家授权机关、水资源利用和保护领域的国家授权机关协商规定的期限和程序，对从地下水体中抽取的水体以及向地下水体排泄的水体进行初步核算；

（2）在汲水设备和排水设备中装置测量耗水量的工具，以及在自流水井上安装调节装置；

（3）根据批准的地下水水源地开发项目或者技术方案对地下水水源地的当前开采工作进行监督，对水井的工作情况进行及时有效的监督，并对技术制度的完成情况进行监督。在开发项目（技术方案）中应当制定监督的周期性。

第4项载于2010年3月19日颁布的第258-4号哈萨克斯坦共和国法律中（见旧版）

（4）根据国家统计领域授权机关批准的统计方法提供有关地下水利用的原始统计数据。

第222条　在设计、施工以及利用水下电缆和管道时应当遵守的生态要求

1. 为了减少对环境的不良影响，应当用差额选择方案的方式为各个设施的建设和运营选择路线、结构、设备、工艺和技术方法。

2. 禁止在距离管道路线或者水下电缆不超过500米的地方，使用气动引爆源和其他弹性波（地震信号）引爆源进行钻眼爆破作业和地震勘探作业。

3. 禁止在管道和水下电缆路线交叉的地方拖拽地震拖缆和使用渔船拖网捕鱼。

4. 对应当建设的管道和相关工程设施进行设计时应当确保：

（1）其高度的可靠性、安全性，对其技术状况进行保护和监督；

（2）对未能事先预见的情况作出及时有效的反应；

（3）及时有效地、高质量地完成修复工作；

（4）实现对环境产生的不良影响的最小化。

5. 项目必须包含“环境保护”的独立章节，符合建设、卫生防疫的规范和条例的要求，以及符合环境保护领域的授权机关的指导性文件。

6. 项目定制人和项目设计人为项目方案文件的全面性和真实性承担责任。

7. 已批准的项目发生会增加环境负面影响的改变和偏差时，需要对其再次进行国家生态鉴定。

8. 在管道施工项目中必须制定相关措施以在施工期间和后期运行期间对其进行保护。在建设用来运输碳氢化合物原料及其加工产品的管道和属于高危客体的管道的各阶段以及在利用该类管道时，应当采取措施以保护和保持环境。

9. 在岸边相应位置对管道与通航河流、通航运河的交汇处作出航标。在建设干线管道时，根据哈萨克斯坦共和国在内陆水陆运输领域的立法制定航标。

10. 为了排除通过任何形式对管道施工带来损害的可能性，应建立防护区：

（1）沿着水下通道——从水面到河床，包括远离通道中轴线距离通道边界100 米的平行水域空间；

（2）在准备产品运输的技术设备，主泵站、过渡泵站和灌装泵站，贮罐区，压缩机站和配气站，产品测量枢纽站，灌装台和卸油台，石油和石油制品加热站周围——通过用距离上述客体所在区域所有边界均为100 米的封闭线圈画的土地地块的形式。

11. 管道的实际位置与其相连的属于其通信和客体组成部分的防护区的材料，应当转交给相关地方执行机关以便将其标注在土地使用区域地图上。根据相关利益法人的请求，地方执行机关向其提供有关管道位置的信息。

12. 在管道防护区禁止实施能够破坏其正常利用或者对其造成危害的活动：

（1）移动、填埋和折损起到识别作用的航标、监督测量站；

（2）打开无人管理的电缆通信站、交通线路上的护栏、应急保护装置和排水保护设备、交通线路上的井和观测井以及其他交通线路上的设备的舱口、小门和大门，以及关闭开关和闸门，断开或者接通管道的通信设备、供电设备和遥感装置；

（3）安置垃圾场，倾倒酸性液体、含盐液体和碱性液体；

（4）破坏用来防护管道免受损害的护岸设施、排水设备、土地设施（设备）和其他设施（设备），以及破坏用来保护毗邻区域和周边地区免受运输产品的紧急泄漏影响的护岸设施、排水设备、土地设施（设备）和其他设施（设备）；

（5）抛锚，带着锚、链、测深锤、拖架和拖网通行，进行挖深和疏浚作业；

(6)点火或者放置开放式或者封闭式火源。

13. 在管道防护区,在没有干线管道所有人的书面许可的情况下,禁止开展任何作业,其中包括地质测量、地质勘探、搜索、大地测量和其他与安置钻井、探井、土壤采样相关的勘查工作,以及爆破作业。只有在开展爆破工作的机构按照《爆破工作安全保障统一条例》的规定提交相关材料后,才能签发在管道防护区开展爆破工作的书面许可。

14. 在发生紧急石油泄漏和含有硫化氢的水体泄漏时,应当立即采集并在事发当地进行中和处理或者运出填埋。

15. 在天然气管道、石油管道、冷凝水导管与铁路和水路、公路、沟壑和其他自然障碍物交汇处,在潜在的人群聚集处、天然气管道、石油管道、冷凝水导管的工艺流程交合点上显示相应的安全标志和铭文。在项目中针对上述地方应当制定补充措施以排除或者减少排放危险。

第 223 条　在涵养区范围内进行地下资源利用作业时应当遵守的生态要求

1. 在涵养区范围内进行有关地下资源利用的作业的地下资源利用者在进行作业时有义务排除或者尽最大可能减少在海平面上升时对海洋造成污染。

2. 在预防区范围内进行有关地下资源利用的作业的地下资源利用者,当其合同规定区域的海水发生污染,无论其是否具有过错,均应承担对环境、自然人或者法人造成损害和损失的责任。

第三十三章　水资源利用应当遵守的生态要求

第224条　水体利用应当遵守的生态要求

1. 在水体上的一般水资源利用应根据哈萨克斯坦共和国水资源立法规定的程序进行。

2. 自然人和法人应当遵守由州(直辖市、首都)的地方代表机关制定的一般水资源利用条例。

3. 在安置对水体状况会产生影响的企业和其他设施时,应当遵守环境保护条件和条例、地下资源保护条件和条例、卫生防疫条件和条例、工业安全条件和条例、水资源再生和合理利用条件和条例,并且同时考虑上述客体活动的生态后果。

根据2011年7月15日颁布的第461-4号哈萨克斯坦共和国法律(自正式颁布之日起6个月期满后生效),对第4款进行修订(见旧版);载于2014年12月29日颁布的第269-5号哈萨克斯坦共和国法律中(见旧版)

4. 在建设、改建、使用、封存、消除对水体状况会产生影响的企业和其他设施时,应当具备环境保护领域的国家授权机关的正面结论,水资源利用和保护领域的国家授权机关的正面结论和卫生防疫保障国家机关的正面结论(针对具有高度流行病学意义的客体)。

第225条　废水排放应当遵守的生态要求

1. 禁止以废水排放为目的对自然水体进行利用,本条第2款规定的情况除外。

2. 在具有相关环境排放生态许可证的情况下,允许向地表水体和地下资源排放废水。

见:国家服务标准《向地表水体、水利设施或者水利地势中排放工业废水、公共生活废水、疏水和其他废水》(2015 年 5 月 6 日颁布的第 19 – 1/422 号哈萨克斯坦共和国农业部命令第 6 个附件)

同时,允许按照水资源利用和保护领域的国家授权机关签发的许可证向地表水体排放废水,在具有根据哈萨克斯坦共和国有关地下资源和地下资源利用立法规定进行的鉴定的正面结论时,可以向地下资源排放废水。

第 3 款载于 2015 年 6 月 15 日颁布的第 322–5 号哈萨克斯坦共和国法律中(见旧版)

3. 具有污水池和(或者)人工水体的自然资源利用者,为了自然生物净化废水,应当采取必要的措施以预防其对环境产生影响,并且在其停止使用后实施土地生产力恢复工作。

根据 2011 年 12 月 3 日颁布的第 505–4 号哈萨克斯坦共和国法律,将第 3–1 款补充至本条

3–1. 根据州、直辖市、首都签发的许可证,并在论证使用其他方法无法将形成的污水进行无害化处理或者进行无废化生产的情况下,允许建立新的蒸发池(扩大现有的蒸发池)。

对计划的(新投入运行的)生产废水蒸发池提出的要求:

(1)具有防渗透幕;

(2)根据具有国家生态鉴定正面结论的设计方案对规范性净化水流进行安置。

根据 2011 年 12 月 3 日颁布的第 505–4 号哈萨克斯坦共和国法律,对第 4 款进行修订(见旧版)

4. 自然资源利用者的废水成分不得超过废水中污染物浓度的既定标准,或者引入生态许可证中未规定的新物质。在违反上述要求时,应当停止废水排放。排入地表水体的水应透明、无色、无臭、不含致病细菌,及对人体健康和动物健康有害的物质的浓度不得超过卫生标准。排出的水体温度不得超过 30 摄氏度。

5. 在排出的水体中不应当含有对混凝土和金属具有腐蚀性作用的物质。

6. 无论其净化程度如何,均不允许向集中式饮用水供水源、疗养地的卫生防护区以及浴场的地表水体排放污水。

根据2011年12月3日颁布的第505-4号哈萨克斯坦共和国法律，将第7款补充至本条

7. 向水体、地下资源、废水储存器、地势排放废水的自然资源利用者，或者具有闭环排水系统的自然资源利用者应使用水量计算仪器，并且根据哈萨克斯坦共和国水资源立法对水资源消耗和水资源排泄进行核算并记录。

根据2011年12月3日颁布的第505-4号哈萨克斯坦共和国法律，将第8款补充至本条；载于2017年4月5日颁布的第56-6号哈萨克斯坦共和国法律中（见旧版）

8. 禁止向水体、地势和污水储存器排放未经初步处理的废水，除矿山冶金企业向贮水池和（或者）蒸发池排泄钻井水和采矿水，以及用于水冷却的水，向位于封闭式（循环式）供水系统中的储存器排水除外。

第三十四章　森林和其他植被利用应当遵守的生态要求

第 226 条　伐木作业应当遵守的生态要求

只有按照林业领域国家授权机关的许可，在具备国家生态鉴定正面结论的情况下，才能在国家森林资源级别的森林进行有关恢复低值并丧失了防护功能、水源功能和其他生态功能的防护林的砍伐作业。

第 227 条　在国家森林储备的地块上利用森林时应当遵守的生态要求

在国家森林储备的地块上利用森林时森林资源利用者应当：

1. 通过防止水土流失、排除或者限制对森林的状况和再生产生不良影响，以及排除和限制对水体和其他自然客体的状况产生不良影响，以及确保动物界及其栖息地的养护的方法开展工作；

2. 在采伐木材时，应采用通过国家生态鉴定的项目规定的技术和工艺，遵循保护森林自然再生的最佳条件要求；

3. 当采伐和运出期限截止时，不得将未砍断的部分和已砍伐的木材留在伐木原地；

4. 在采伐木材的同时，要将砍伐的残余从伐木区清理出去；

5. 在转为森林利用类的划拨出来的国家森林储备的地块上不允许进行非法采伐森林和其他违反哈萨克斯坦共和国生态立法的破坏活动；

6. 在国家森林储备的地块上进行主要用途的采伐时，应当根据森林管理方案在其面积是采伐地区面积 2 倍的区域上进行再生修复工作，其中包括森林恢复；

7. 因其活动造成采伐区和区域的幼树苗灭失，造成木本植被和灌木植被死亡的，应当自费在该采伐区和区域进行森林再生作业；

8. 遵守有关保障和改善森林卫生状况的条例；

9. 在长期利用森林储备时，应实施有关保护国家森林储备的地块免受病虫害侵扰的措施；

10. 将有关在专为森林利用而划出的国家森林储备的地块上出现森林病虫害的信息通知给国家森林所有人；

根据2010年3月19日颁布的第258-4号哈萨克斯坦共和国法律，对第11项进行修订（见旧版）

11. 为进行森林资源国家核算、国家森林清查调查、国家森林监测、确定森林利用付费金额，应当根据哈萨克斯坦共和国立法规定的程序向林业领域的国家授权机关及其地方机关、州（直辖市、首都）的地方执行机关以及国家统计领域的授权机关提供相关必要信息。

第228条　在国家森林储备的地块上组织林业作业时应当遵守的生态要求

1. 在国家森林储备的地块上开展林业作业时应当确保提高森林的资源潜力和生态潜力。

2. 提高国家森林储备的地块上的森林的资源潜力和生态潜力是通过实现一套具有科学依据的砍伐、森林再生、改良森林品种构成、在育种基因基础上建立和有效利用森林种子基地、水利森林土壤改良，其中包括为养护的目的砍伐和为卫生的目的砍伐，建设具有林业意义的道路、实施其他林业措施。

3. 有关提高国家森林储备的地块上的森林的资源潜力和生态潜力的措施由森林机构和森林资源利用者根据森林管理方案实施。

第229条　在森林再生和造林时应当遵守的生态要求

1. 及时修复采伐区、焚烧地和其他以前被森林覆盖的国家森林资源区的森林，改善森林的品种构成，提高其生产力，确保合理利用国家森林资源的土地是修复森林的目的。

2. 栽植造林的目的是在以前被森林覆盖的区域创建种植园。

3. 在考虑森林植物条件和经济可行性的基础上，采用确保在最短的时间内创建高产和可持续植物园的方法开展有关在国家森林储备的地块上修复森林的措施时，应当遵守生态要求和卫生防疫要求。

4. 在国家森林储备的地块上开展恢复森林和森林栽种的工作量由经过国家生态鉴定的项目计划来确定。

第 230 条 在采伐、加工、储存、运输、销售和使用林木种子和用于森林再生和森林栽植的种植材料时应当遵守的生态要求

根据 2012 年 7 月 10 日颁布的第 31-5 号哈萨克斯坦共和国法律，对第 1 款进行修订（见旧版）

1. 由林业领域授权的专门机构对可用于销售和播种用途使用的林木种子的播种质量是否符合国家标准、技术条件和其他有关林木良种繁育的规范性文件进行确定。

2. 经过检查不符合本条第 1 款规定的要求的林木种子，禁止对其进行销售和播种。

3. 由通过国家生态鉴定的项目计划确定形成具有选育良种繁育意义的客体，建立在国家森林储备的地块上对其进行使用的制度。

第 231 条 在特别自然保护区进行森林再生和森林栽植利用国家森林储备地块时需要遵守的生态要求

在特别自然保护区进行森林修复和森林栽植时，应当根据哈萨克斯坦共和国立法规定对国家森林储备的地块进行利用。

第 232 条 利用城市森林和森林公园中的林木应当遵守的生态要求

位于城市界线内的森林（城市森林和森林公园）是用于居民休息、开展文化保健活动和体育活动，以及保护良好环境的森林。在城市森林中和森林公园中禁止进行主要用途的砍伐和与该森林用途不相符的其他类型的森林利用。

第 233 条 在保养、维护、再生和使用位于已出让土地所有人或者土地资源利用者的国家森林储备地块上的木本植被以及灌木植被时应当遵守的生态要求

1. 位于按照哈萨克斯坦共和国立法规定的程序出让给土地地块所有人或者土地资源利用者用于农业和林业综合管理的国家森林储备的地块上的木本植被和灌木植被的保养、维护、再生和使用应当根据哈萨克斯坦共和国森林法典的要求来进行。

2. 已接管国家森林储备的地块的出让土地所有人或者土地资源利用者，有义务按照哈萨克斯坦共和国森林法典规定的程序对森林进行管理并参与到国家森林资源核算的工作中。

3. 由林业领域的国家授权机关对本条第1款规定的木本植被和灌木植被的状况、保养情况、维护情况、再生情况和使用情况进行监督。

第234条　在保护、维护、利用国家森林储备的地块时，在对位于其他所有人或者其他土地资源利用者的土地地块之间的国家储备地块上的森林进行再生时应当遵守的生态要求

1. 为了保护、维护、利用国家森林储备的地块、修复位于其他所有人的土地地块或者其他土地资源利用者土地地块之间的国家储备地块上的森林，根据哈萨克斯坦共和国土地法典规定的程序，国家森林所有人有权利有限制性地、有针对性地利用其他土地地块（地役权）。

2. 为了保护天然森林免受外界不良影响，应当在位于其他所有人和其他土地资源利用者的土地地块之间的国家森林储备的地块周边建立20米宽的防护带。

3. 在防护带范围内禁止进行任何会对国家森林储备的地块的森林状况产生负面影响的活动。

第235条　在保护、维护和利用位于铁路、公路、运河、干线管道和其他干线性设施用地防护带上的林木时应当遵守的生态要求

1. 位于铁路、公路、运河、干线管道和其他干线性设施用地防护带上的林木是为了保护上述客体免受不良自然现象的影响、预防环境污染、降低噪声影响而设立的。

2. 位于铁路、公路、运河、干线管道和其他干线性设施用地防护带上的林木允许为了养护森林而进行砍伐、为了保护良好卫生进行砍伐、与低值种植园重建相关的砍伐，以及与丧失保护功能、水源功能和其他功能的种植园重建相关的砍伐，以及根据防护种植园建设项目规定的其他砍伐。

3. 由防护种植园所处土地的土地资源利用者根据哈萨克斯坦共和国森林法典对本条第1款规定的防护种植园进行保护、维护和利用。

第三十五章　动物资源利用时应当遵守的生态要求

第 236 条　动物资源公共利用时应当遵守的生态要求

1. 对动物资源进行公共利用，是指在不发生将动物资源从其生境中迁移的情况下对动物资源进行利用，应当根据哈萨克斯坦共和国有关保护、再生和利用动物资源的立法对其进行利用。

2. 按照动物资源公共利用秩序对动物资源生命活动的有益属性进行利用，以及以科学、文化教育、家庭教育、美学和其他哈萨克斯坦共和国立法法规未禁止的目的来对其进行利用。

3. 在对动物资源进行公共利用时，禁止将动物资源迁出，禁止破坏其住所和其他设施，禁止在繁殖期惊扰动物，禁止破坏其生境以及使其繁殖条件恶化。

第 237 条　在安置、设计和建设居民区、企业、铁路、公路、干线管道、电力线路和通信线路、运河、水坝、其他设施和客体时应当遵守的生态要求

1. 在安置企业、设施和其他客体的地点，以及引进会对或者可能会对动物状况产生影响的新技术、新工艺、新材料和新物质时，应当经过保护、再生和利用动物资源领域的国家授权机关以及环境保护领域的国家授权机关协商确定。

2. 在不能确保其方法能够保护动物及其生境的情况下，禁止投入该客体和使用该工艺。

3. 在安置、设计和建设居民区、企业、设施和其他客体时，在进行生产过程和使用交通工具时，在完善现有工艺流程和投入新工艺流程时，在未使用的、沿岸的、沼泽化的、被灌木覆盖的区域进行经济活动时，在改良土地土壤时，在利用森林资源和水体时，在进行地质勘探作业时，在开采矿场资源时，在确定农畜的放牧地和牲口道时，在开发旅游线路时以及在组织居民大型休息区时，应当规定和落实有关动物界客体栖息地保护和繁殖条件保护、迁徙线路和动物聚集地的保护措施，以及确保对野生动物栖息环境具有特殊价值的区域不受到侵犯。

根据2011年12月3日颁布的第505-4号哈萨克斯坦共和国法律，对第4款进行修订(见旧版)

4. 在对建设项目和企业重建项目、设施重建项目和其他客体重建项目进行生态鉴定时考虑其对动物资源状况的影响、动物生境的影响、迁徙地的影响和动物繁殖条件的影响。

5. 在开展任何会对或者可能会对动物资源状况产生影响的活动时，自然人和法人应当确保对动物生境、繁殖条件和迁徙线路的保护，以及落实预防动物在进行生产过程期间发生死亡的措施，其中包括在储存、运输、使用对动物来说具有危险性的制剂、化学物质以及在整合、保存、处理废弃物时，在进行农业、林业、森林采伐和其他作业时，以及在使用电网和交通工具时。

6. 在设计和建设铁路、公路、干线管道、电力线路和通信线路以及运河、水坝和其他水利设施时应当制定和落实有关保护动物迁徙线路的措施。

7. 哈萨克斯坦共和国立法应当限制在动物繁殖地进行属于高噪声源的爆破作业和其他作业。

8. 在水资源客体上使用水利技术和其他设施，建立水资源客体水利制度和水资源利用制度，以及开展其他会对或者可能会对野生动物栖息地状况产生影响的活动时，应当考虑动物资源保护要求，渔业和狩猎业的利益。

根据2014年4月11日颁布的第189-5号哈萨克斯坦共和国法律，对第238条进行修订(见旧版)

第238条 在切割芦苇和焚烧干枯植被时应当遵守的生态要求

只允许在经济必要的情况下，根据在保护、再生和利用动物资源领域的国家授权机关签发的相关许可证，并在制定相关措施保护野生植物的情况下，可以对芦苇进行切割和对干枯植被或者其残留部分进行焚烧。

第239条　在运输、保存和使用用于经济活动和其他社会活动的植物保护制剂、矿物肥料和其他制剂时应当遵守的生态要求，以及在研制新型制剂时应当遵守的生态要求

1. 在运输、保存和使用用于经济活动和其他社会活动的植物保护产品、矿物肥料和其他制剂时，在研制新型制剂时，自然人和法人应当遵守运输、贮存和使用上述制剂的条例并落实相关措施以确保预防动物生病或者死亡。

2. 在研制新型制剂时应当制定有关在环境中使用该新型制剂的标准。

3. 为了预防动物死亡以及其生境发生恶化，遵照在保护、再生和利用动物资源领域授权的国家机关的建议，环境保护领域授权的机关可以明确在一些地区限制或者禁止使用化学杀虫除莠剂(有毒化学制品)。

4. 允许使用被列入经植物保护和检疫领域的国家授权机关和环境保护领域的授权机关以及居民卫生防疫保障领域的授权机关联合批准的化学杀虫除莠剂(有毒化学制品)名录的化学杀虫除莠剂(有毒化学制品)。

根据2011年12月3日颁布的第505-4号哈萨克斯坦共和国法律，将第4-1款补充至本条

4-1. 禁止生产和使用其成分含有哈萨克斯坦共和国签署的国际条约规定的持久性有机污染物的化学杀虫除莠剂(有毒化学制品)。只能以消除该物质为目的进口和出口上述物质。

5. 在进行毒理学研究，针对其使用进行卫生规定，建立卫生和生态标准以及对这些化学杀虫除莠剂(有毒化学制品)进行国家登记之后，允许将其列入本条第4款规定的化学杀虫除莠剂(有毒化学制品)名录中。

6. 按照植物保护和检疫领域的国家授权机关协同环境保护领域的授权机关和居民卫生防疫保障领域的国家机关制定的程序对化学杀虫除莠剂(有毒化学制品)进行国家登记。

7. 当矿物肥料和其他制剂中含有潜在危险化学物质和生物物质时，根据保护、再生和利用动物资源的国家授权机关或者环境保护领域的授权机关的建议，植物保护和检疫领域的国家授权机关对其进行毒理学研究，并在该研究结论基础上针对上述矿物肥料和其他制剂制定生态标准。

8. 禁止：

(1)使用有毒化学制品捕猎动物界客体，在消灭田间啮齿动物时使用有毒化学制品的情况除外，以及经保护、再生和利用动物资源领域的国家授权机关许

可，在狂犬病和其他动物疾病大规模流行的情况下使用有毒化学制品的情况除外；

(2)使用化学杀虫除莠剂(有毒化学制品)，矿物肥料和其他制剂：

在特别自然保护区的禁区制度保护带；

在动物迁徙期间和繁殖期间，在动物聚集地的指定休息区以及作为野生动物栖息地具有特殊价值的地区；

在指定栖息地和珍稀濒危野生动物的人工繁殖区域；

(3)在农业用地和其他用地的土地表面留下被消毒药浸泡过的种子，没有埋入土壤的种子和可供野生动物食用的种子。

根据2010年1月21日颁布的第242-4号哈萨克斯坦共和国法律(见旧版)、2012年1月25日颁布的第548-4号哈萨克斯坦共和国法律(见旧版)，对第9款进行修订

9. 为保护鱼类资源和其他水生生物的栖息地免受化学杀虫除莠剂(有毒化学制品)的污染，在现有渔业水库和(或者)其沿岸的2公里范围内禁止：

(1)为防治害虫、植物疾病和除杂草而使用空中喷洒药物的方法；

(2)建设仓库以贮存化学杀虫除莠剂(有毒化学制品)、矿物肥料和石油制品，建造起飞着陆跑道用于航空化学作业，以及修建平台用于化学杀虫除莠剂(有毒化学制品)填充地面设备和修建用于清洗羊群的浴场。

第240条载于2017年6月15日颁布的第73-6号哈萨克斯坦共和国法律中(见旧版)

第240条　在引进、重新引进以及杂交不同种类动物时应当遵守的生态要求

1. 允许以科学研究和经济目的，按照在保护、再生和利用动物资源领域的国家授权机关的许可证，在具有国家生态鉴定正面结论的生物学依据的基础上，向哈萨克斯坦共和国境内引进、重新引进并在哈萨克斯坦共和国境内杂交不同种类的动物。

2. 禁止将杂交动物投入自然环境。

3. 不允许自然人和法人私自引进、重新引进以及杂交不同种类的动物。

4. 在圈养和(或者)半圈养条件下喂养或者繁殖的野生动物，以及可能会与野生动物进行交配的家畜或者对野生动物造成损害的家畜的自然人和法人必须

采取措施以预防这些动物进入自然环境中。

根据2017年6月15日颁布的第73-6号哈萨克斯坦共和国法律,将第240-1条补充至本法典

第240-1条　哈萨克斯坦共和国境内的动物引进和出口

按照保护、再生和利用动物资源领域的国家授权机关制定程序签发的许可证,可以向哈萨克斯坦共和国在引进或者从哈萨克斯坦共和国出口属于野生动植物国际贸易相关公约管辖权限内的动物,以及濒危野生动物。

从哈萨克斯坦共和国向第三国出口动物时,应当根据哈萨克斯坦共和国立法以及根据哈萨克斯坦共和国国际条约规定的程序进行。

第241条　在狩猎、狩猎用地划定、安装狩猎装置时应当遵守的生态要求

在狩猎、狩猎用地划定、安装狩猎装置时应当遵守的生态要求,应按照哈萨克斯坦共和国在保护、再生和利用动物资源领域的立法规定的程序进行确定。

根据2010年1月21日颁布的第242-4号哈萨克斯坦共和国法律,对第242条进行修订(见旧版)

第242条　渔猎及捕猎水生动物时应当遵守的生态要求

1. 哈萨克斯坦共和国在保护、再生和利用动物资源领域的立法中应规定捕捞规则、捕捞设施、渔业水库和(或者)用于渔业管理和捕鱼区域划定程序、提供鱼类资源和其他水生生物的程序。

2. 按照哈萨克斯坦共和国立法规定的情况,以自然人公共利用动物资源的方式,允许在渔业水库的储备和(或者)渔业区域的储备中免费进行业余(体育)捕鱼,每位捕鱼者每次到访最多只能捕5千克。同时,应当遵守在保护、再生和利用动物资源领域的既定条例、标准、限制和禁令。

3. 应当在对相关活动项目进行国家生态鉴定以后,按照保护、再生和利用动物资源领域的国家授权机关的许可证要求在湿地以及鱼类资源和其他水生动物栖息地和繁殖地开展水利土壤改良工作。

4. 按照哈萨克斯坦共和国有关保护、再生和利用动物资源的立法规定的程序来进行捕鱼。

第 243 条　动物及动物制品利用应当遵守的生态要求

1. 在不迁移动物和灭绝动物，不对其栖息地造成破坏和不对生物造成损害的情况下，允许利用动物和动物制品。

2. 在不迁移动物和灭绝动物，不对其栖息地造成破坏的情况下，可以为了获取动物制品而利用野生动物。

3. 应当按照保护、再生和利用动物资源领域的国家授权机关规定的条例，利用野生动物以获取动物制品。

第 244 条　对动物标本集应遵守的生态要求

1. 自然人和法人可以根据保护、再生和利用动物资源领域的国家授权机关签发的许可证，通过从自然界中提取动物的方式创建和补充动物标本集（搜集标本、蛋、标本切片和动物界客体的部分，其中包括动物园、马戏团、动物繁殖场、水族馆、海洋水族馆的野生动物）。

2. 代表科学、文化教育、教育教学和美学价值并具有国家普遍意义的动物标本必须经过国家登记。

3. 在创建、补充、保存、使用、转让动物标本和对动物标本进行国家登记时，应当根据保护、再生和利用动物资源领域的国家授权机关规定的条例来进行。

第 245 条　动物种群数量调节应当遵守的生态要求

1. 为了民众健康和安全，预防农畜和其他家畜的疾病，预防对环境造成损害以及预防对经济活动和其他活动造成损害，采取措施以调节个别种类野生动物的种群数量。在实施上述措施时，应当能够确保野生动物栖息地受到保护，并且不允许对其造成损害。

第 2 款载于 2011 年 12 月 3 日颁布的第 505-4 号哈萨克斯坦共和国法律（见旧版）、2017 年 6 月 15 日颁布的第 73-6 号哈萨克斯坦共和国法律中（见旧版）

2. 协调动物种群数量的条例由保护、再生和利用动物资源领域的国家授权机关进行批准。

第 246 条　狩猎业和渔业管理应当遵守的生态要求

在进行狩猎业和渔业管理时应当遵守以下生态要求：

1. 合理利用动物界客体，不允许动物栖息地的生态状况因其活动而发生恶化，在生产实施过程中采取环境保护技术；

2. 对野生动物的种群数量和利用情况进行初步核算，研究其狩猎场地的状况和特点，向保护、再生和利用动物资源领域的国家授权机关提供上述相关信息；

根据 2017 年 6 月 15 日颁布的第 73–6 号哈萨克斯坦共和国法律，对第 3 款进行修订（见旧版）

3. 遵守获取动物的既定条例、规则、标准、限额和期限；

4. 在划定的区域对动物界客体进行保护，其中包括珍稀濒危野生动物；

5. 实施野生动物综合繁殖、栖息地保护和改善措施，其中包括人工繁殖；

根据 2013 年 7 月 3 日颁布的第 124–5 号哈萨克斯坦共和国法律，对第 6 款进行修订（见旧版）

6. 按照哈萨克斯坦共和国国家计划体系文件的规定，采取措施保护、再生和利用动物资源；

7. 采取综合措施防治动物疾病，并及时将发现相关动物疾病、动物栖息地状况恶化、出现动物灭绝威胁以及动物死亡情况的信息向保护、再生和利用动物资源领域的国家授权机关和卫生防疫领域的国家机关进行通报；

8. 在动物栖息状况和条件恶化、繁殖能力降低以及出现动物灭绝威胁的情况下，自行停止对动物界客体的利用，并及时采取措施消除对动物和动物栖息地的不良影响。

第 247 条　动物资源利用的临时限额和配额制定应当遵守的生态要求

为了保护和繁殖动物，根据哈萨克斯坦共和国保护、再生和利用动物资源领域的立法规定的程序建立动物资源利用的临时限额和配额。

第 248 条　保护动物资源免受生物技术产品的有害影响

在创建新的微生物、生物活性物，培育转基因生物，生产其他生物技术产品时，应具备国家生态鉴定正面结论和国家卫生防疫鉴定正面结论。在没有上述正面结论的情况下，禁止对上述生物体和物质进行利用。

第三十六章　有关保护、再生、圈养和半圈养条件下繁殖、限制合理利用珍稀和濒危野生动物种类的生态要求

第 249 条　珍稀和濒危野生动物的种类目录

1. 珍稀和濒危野生动物的种类目录由哈萨克斯坦共和国政府批准，包括永久或者暂时在陆地上、水中生存的处于自然栖息状态下的珍稀和濒危野生动物（脊椎动物和无脊椎动物）种类（分类、种群），以及栖息在哈萨克斯坦共和国大陆架和专属经济区的珍稀和濒危野生动物。

根据 2017 年 6 月 15 日颁布的第 73-6 号哈萨克斯坦共和国法律，对第 2 款进行修订（见旧版）

2. 被列入珍稀和濒危野生动物类型的动物属于国有财产，而在圈养和（或者）半圈养条件下繁殖和饲养的动物既可以是国有财产，也属于私有财产。

3. 自然人和法人有权按照哈萨克斯坦共和国立法规定的程序，在规定的范围内利用被列入珍稀和濒危野生动物。

第 250 条　对自然栖息状态下的珍稀和濒危野生动物的保护和再生

1. 不允许发生会导致珍稀和濒危野生动物数量减少或者破坏其栖息环境的行为。

2. 自然人和法人有义务确保对指定地区范围内的动物进行保护，将其已知的或者已发现的珍稀和濒危野生动物死亡的情况向保护、再生和利用动物资源领域的国家授权机关通报。调查此类情况的程序由保护、再生和利用动物资源

领域的国家授权机关确定。

3. 根据哈萨克斯坦共和国保护、再生和利用动物资源领域的立法，由于发生自然灾害以及由于其他原因造成珍稀和濒危野生动物物种发生大规模疾病、面临死亡威胁时，应该向珍稀和濒危野生动物物种提供援助。

4. 为预防被列为珍稀和濒危野生动物种类的动物死亡，除哈萨克斯坦共和国政府的决定规定的特殊情况之外，禁止对珍稀和濒危野生动物进行迁移。

5. 为对自然栖息状态下的珍稀和濒危野生动物进行再生，应当：

（1）改善自然再生条件；

第 2 项载于 2017 年 6 月 15 日颁布的第 73-6 号哈萨克斯坦共和国法律中（见旧版）

（2）迁移；

（3）将人工繁殖的动物放归自然栖息环境中。

6. 在本条第 5 款中规定的措施，应当按照保护、再生和利用动物资源领域国家授权机关的许可，在具有国家生态鉴定正面结论的生物学论证中进行。

7. 为了保护和再生自然栖息状态下的珍稀和濒危野生动物，应建立特别自然保护区，以及在其周围建立防护带，在防护带范围内禁止从事任何会对生物界状况产生负面影响的活动。

8. 在计划和实施经济活动和其他社会活动时应当制定措施以保护珍稀和濒危野生动物种类的栖息环境和繁殖条件、迁徙路径和聚集地，以及应当确保具有特别价值的、专用于珍稀和濒危野生动物的栖息区域不受到侵犯。

第 251 条　对自然栖息状态下的珍稀和濒危野生动物种类进行利用

1. 如果以科学、文化启蒙、教育和美学目的对自然栖息状态下的珍稀和濒危野生动物进行利用，并不将其从栖息环境中迁移出来，保护、再生和利用动物资源领域的国家授权机关有权对特定时期内对某些场所的到访进行限制。有关该限制消息应当在地区和州的大众传媒平台上进行发布，并且应当在相关场所设立警示牌。

第 2 款载于 2017 年 6 月 15 日颁布的第 73-6 号哈萨克斯坦共和国法律中（见旧版）

2. 在圈养和（或者）半圈养条件下饲养和繁殖珍稀和濒危野生动物的自然人和法人有义务在既定时期内从通过人工繁殖获得的珍稀和濒危野生动物种类

中挑选出曾经从栖息环境中迁移出的相应数量的珍稀和濒危野生动物，将其放归栖息地。

第252条的标题载于2017年6月15日颁布的第73-6号哈萨克斯坦共和国法律中（见旧版）

第252条　在圈养和（或者）半圈养条件下珍稀和濒危野生动物的饲养和繁殖

1. 可以在圈养（笼养和养禽场饲养）或者半圈养下（在公园和其他具备近似天然栖息环境条件的区域）人工繁殖珍稀和濒危野生动物。

根据2017年6月15日颁布的第73-6号哈萨克斯坦共和国法律，对第2款进行修订（见旧版）

2. 在遵守如下相关要求时，允许自然人和法人通过圈养和（或者）半圈养的方式饲养和繁殖珍稀和濒危野生动物：

（1）具备饲养动物的条件，包括具备按照既定程序划拨的专用地块或者设有养禽场、饲养笼和其他设施的场地；

（2）落实必要规模的畜牧措施、兽医措施和卫生防疫措施；

（3）具有动物、畜牧和兽医专业的人才储备，拥有掌握有关通过圈养或者半圈养的方法饲养动物的技术人才；

（4）具有保护、再生和利用动物资源领域的国家授权机关签发的许可证。

根据2017年6月15日颁布的第73-6号哈萨克斯坦共和国法律，对第3款进行修订（见旧版）

3. 在允许通过圈养和（或者）半圈养的方式饲养和繁殖珍稀和濒危野生动物的许可证中应当标明强制性要求，以及每种动物的最大个体数量。如果自然人和法人未能依许可证条件执行，在6个月内进行三次警告后，可撤销或者取消许可证。

根据2017年6月15日颁布的第73-6号哈萨克斯坦共和国法律，对第4款进行修订（见旧版）

4. 根据有关繁殖场条例在专业化的生物繁殖场里通过圈养和（或者）半圈养的方式对珍稀和濒危野生动物进行饲养和繁殖。

根据2017年6月15日颁布的第73-6号哈萨克斯坦共和国法律，对第5款进行修订（见旧版）

5. 拥有被列为珍稀和濒危野生动物种类的动物所有人以及通过圈养和(或者)半圈养方式饲养被列为珍稀和濒危野生动物种类的动物所有人有义务给这些动物戴上固定的环志或者标签,并为其办理证照。

根据 2017 年 6 月 15 日颁布的第 73-6 号哈萨克斯坦共和国法律,对第 6 款进行修订(见旧版)

6. 只有获得保护、再生和利用动物领域的国家授权机关的许可,通过圈养和(或者)半圈养的方式饲养被列为珍稀和濒危野生动物的自然人和法人方可在哈萨克斯坦共和国范围内购买、出售和交换这些动物。

根据 2017 年 6 月 15 日颁布的第 73-6 号哈萨克斯坦共和国法律,对第 7 款进行修订(见旧版)

7. 拥有通过圈养和(或者)半圈养方式饲养的珍稀和濒危野生动物的自然人和法人可以按照哈萨克斯坦共和国立法规定的程序将其用于国际贸易。

根据 2017 年 6 月 15 日颁布的第 73-6 号哈萨克斯坦共和国法律,对第 8 款进行修订(见旧版)

8. 如果将在圈养和(或者)半圈养条件下饲养的珍稀和濒危野生动物用于国际贸易会对国家造成生态损害和(或者)经济损害,则哈萨克斯坦共和国政府有权对这种贸易实行限制。

第三十七章　特别自然保护区应当遵守的生态要求

第 253 条　特别自然保护区利用应当遵守的生态要求

为保护和改善作为珍稀和濒危野生动物种类栖息地的具有特殊价值的特别自然保护区的生态状况，环境保护领域的授权机关应与特别自然保护区领域的国家授权机关协商一致，共同针对上述区域制定和施行比哈萨克斯坦共和国全境的既定标准更为严格的生态标准。

第 254 条　在特别自然保护区内安置居民点、工业设施、农业设施和土壤改良设施、能源设施、交通和通信设施、军事设施、国防设施以及与特别自然保护区的目的和功能不相关的设施时，应当遵守生态要求

为了改善生态状况以及预防对特别自然保护区造成损害，应当根据哈萨克斯坦共和国立法以及针对上述区域制定的生态要求，安置居民点、工业设施、农业设施和土壤改良设施、能源设施、交通和通信设施、军事设施、国防设施以及与特别自然保护区的目的和功能不相关的设施。

第 255 条　在国家自然保护区内进行地质研究、勘探和开采矿产资源时应当遵守的特殊生态要求

1. 为了防止地质研究、勘探和开采矿产资源对国家自然保护区的环境和客体造成不良影响，自然资源利用者应当：

（1）与特别自然保护区领域的国家授权机关以及保护、再生和利用动物资源领域的国家授权机关协商以下内容：

修理施工道路和输电线路所需场地的数量和位置，以及自然资源利用者活动中汽车运输对道路的需求；

合同区域内的备用施工道路方案；

生产废弃物和消费废弃物贮存场所的位置和设备，以及油料和其他污染物排放场地的位置和设备；

砍伐和掘根合同区域内的树木和灌木，用于建设项目规定的施工场地；

（2）为明确界定合同区域的界限，应当通过建立告示牌的方式实地划定边界；

（3）运输化学材料和放射性材料时，应当使用专门的容器，以避免其进入环境；

（4）维护施工道路的路面，防止路基毁坏、扬尘增加以及预防运输过程中化学品和放射性物质泄漏的危险；

（5）重新开发废石场，在专门划拨出的场地运出或者填埋维护施工道路和输电线路所用的剩余建筑材料。

2. 国家保护区内禁止：

（1）安置和建设居民点、永久性工业设施、农业设施和土壤改良设施、永久性能源设施、交通和通信设施、永久性军事和国防设施、疗养院、休养所、食品店、饭店以及其他与国家保护区目的和功能不相关的设备和设施；

（2）开展可能导致自然景观原始风貌改变、生态系统可持续性破坏的工作；

（3）填埋生产废弃物和消费废弃物，以及放射性材料；

（4）在地势低洼处排放工业污水和其他污水；

（5）利用具有潜在危险性的化学物质和生物物质，从而对环境造成有害物理影响；

（6）在规定的区域外露营、搭建帐篷、点燃篝火；

（7）在通用道路和规定的专门区域外移动和停放机动车，驱赶宠物；

根据 2017 年 6 月 15 日颁布的第 73-6 号哈萨克斯坦共和国法律，对第 8 项进行修订（见旧版）

（8）引进植物和驯化与当地动植物不相容的动物；

（9）工业采伐用于医疗和其他目的的植物；

（10）在没有保护、再生和利用动物界领域的国家授权机关签发的专门许可证的情况下，迁移动物、砍伐树木和灌木，采伐二级木材和割晒干草；

（11）车辆驶入施工道路，除经保护、再生和利用动物界领域的国家授权机

关专门划拨出来的场地,以及在道路路线外的合同区域内行驶外;

(12)开采普通矿产资源;

(13)在专门按照合同区域和国家保护区划拨出来用于预防废弃物(因风、降水)转移的场所贮存生产废弃物和消费废弃物;

(14)排放油料和其他污染物质,在经保护、再生和利用动物界领域的国家授权机关专门划拨出来的场地排放除外。

3. 为了监测环境状况,必须确保每年编制环境状况生产监测计划,并经特别自然保护区的国家授权机关以及保护、再生和利用动物界领域的国家授权机关的同意,在环境状况生产监测计划中应当规定:

(1)对距离合同区域20公里范围内的自流井和水井中水的化学成分进行季度监测;

(2)对合同区域内和合同区域外10公里内的土壤辐射水平和放射性物质的含量进行季度监测;

(3)对在活动中形成的环境污染物浓度进行季度监测;

(4)措施的具体期限和执行人员,履行方式和报告形式。

第三十八章　在里海北部国家保护区开展经济活动和其他社会活动时应当遵守的生态要求

第 256 条　里海北部国家保护区的界线

里海北部国家保护区的界线由哈萨克斯坦共和国政府规定。

第 257 条　使用制度的限制

1. 根据《哈萨克斯坦共和国特别自然保护区法》，在里海北部国家保护区的界线内，依据功能区划分出禁止开展经济活动和其他社会活动的保护区和针对开展某些工作的补充临时限制区。

2. 在保护区制定如下使用制度：

根据 2010 年 12 月 28 日颁布的第 369-4 号哈萨克斯坦共和国法律，对第 1 项进行补充修订（见旧版）

（1）为确保鱼类的正常产卵和幼鱼迁移，4 月 1 日至 7 月 15 日禁止开展建设工程和物理勘探作业以及钻井实验，禁止在距离乌拉尔河和伏尔加河三角洲向海最突出点 50 公里范围内的哈萨克斯坦境内的乌拉尔河和伏尔加河的近河口区域航行；同时，经保护、再生和利用动物界领域国家授权机关的同意，允许从事捕鱼及鱼类运输、航行装置校准、更换、拆除和检查，以及从事科研工作和检查检测性活动的船舶航行；

（2）在本款第 1 项中规定的期间之内，石油开采的过程中应当将设备、化学试剂、油料和其他材料、粮食改为独立供应保障；应当采取一切措施，确保石油开采过程中废弃物的集中囤积和贮存，以便在禁止期结束时将其运出；

（3）为了保护鸟类，在本款第1项规定的期间内，禁止在筑巢区（芦苇丛、沙滩嘴和岛屿）开展建设工程以及钻井试验；

（4）除本款第1项规定的期间之外，在陆海边界的芦苇丛（天然生物过滤器）内从事的工作应当由环境保护领域的国家授权机关和特别自然保护区保护领域的国家授权机关根据季节进行调整；

（5）为了保护里海海豹种群，从10月到次年5月，应当在距离海豹聚集地点1852米（1海里）之外的地方进行石油作业；由于栖息地会变化，应当采取一切可能的措施确定海豹的聚集地点；

（6）为了避免对鸟类和里海海豹造成负面影响，禁止在其栖息地和繁殖地的既定地点上空的1公里高度内进行航空运输，除在预先通知环境保护领域和特别自然保护区领域的国家授权机关的情况下进行科研工作和应急救援工作之外。

第258条　在水资源保护区开展经济活动和其他社会活动时应当遵守的生态要求

1. 里海沿岸水域保护区宽度按近10年海平面平均标记处向外扩展2000米、向下延伸27米水深计算。

在居民点范围内、海岸带（护栏、围堤、森林灌木带）安装用以防止水体堵塞和污染的必要工程设备或者森林土壤改良设备时，根据其计划和修建的具体条件，确定水资源保护区的边界。

2. 在水资源保护区范围内禁止：

（1）设计、建设、投入运行没有安置能够预防水体、水资源保护区及保护带污染和堵塞的设备和装置的新工程和改建工程；

（2）在居民点以外的区域安置和建设用来贮藏石油产品的仓库、专业技术维修点、机械修理点、洗矿机维修点、垃圾处理场的技术服务点以及其他对水质有不利影响的设施；

（3）开展建设工程、疏浚工程和爆破作业，开采矿产资源，电缆敷设、管道敷设和其他通信、钻井、农业作业，除经环境保护领域以及水资源利用和保护领域的国家授权机关的同意之外。

第259条　在保护区开展经济活动和其他社会活动时应当遵守的生态要求

根据2011年12月3日颁布的第505-4号哈萨克斯坦共和国法律，对第1款进行

修订(见旧版)

1. 应当根据《哈萨克斯坦共和国矿产资源和矿产资源利用法》在保护区开展石油作业。

2. 在保护区范围内禁止建设垃圾填埋场。

第260条　对里海北部的居民水资源使用地沿海水域的保护

1. 地方执行机关在其职权范围内,基于水资源实际使用情况和未来使用情况,确定里海北部居民水资源使用地的沿海水域保护区。该保护区向海方向的宽度与近10年海平面平均海拔的距离应当不少于3.9千米(2海里)。

2. 作为里海北部沿海水域保护区的一部分,居民水资源使用地的陆地沿岸带应当与边界界定和保护制度方面的里海水域保护区相一致。

第261条　在海平面潮汐影响带范围内开展经济活动和其他活动时应当遵守的生态要求

1. 海平面潮汐影响带没有明确固定的界限,大约从水域内负29米延伸到陆地的负26米。

2. 在海平面潮汐影响带范围内禁止:

(1)设计、建设、投入运行没有安置能够预防水体、水资源保护区及保护带污染和堵塞的设备和装置的新工程和改建工程;

(2)在居民点以外的区域安置和建设用来贮藏石油产品的仓库、专业技术维修点、机械修理点、洗矿机维修点、垃圾处理场的技术服务点以及其他对水质有不利影响的设施;

(3)开展建设工程、疏浚工程和爆破作业,开采矿产资源,电缆敷设、管道敷设和其他通信、钻井、农业作业,以及其他没有通过国家生态鉴定的作业。

第262条　在里海北部国家保护区开展经济活动和其他活动时应当遵守的一般性生态要求

1. 在获得研究和使用矿产资源领域国家授权机关的特别许可的情况下,允许进行与土壤挖掘和转移相关的工作。

2. 只有在使用能够确保收集所有类型污染物质的技术的情况下,才能建设、安装和拆除设备。

3. 在合同区域内发现先前开凿的钻井时，地下资源利用者务必采取措施使其平衡并对其进行监测。

4. 在石油作业中，各阶段的大气排放量不许超过其既定的最大允许排放和排泄污染物质的标准。

5. 除发生紧急情况之外，禁止使用钻井时在火把上燃烧液体。

6. 在测试钻井的过程中，火把上碳氢化合物的燃烧应保持在最低限度。在生态鉴定结论认可本款规定的对环境最安全的方法时，只能在可促进烟流分散的良好天气条件下使用该方法，与此同时，火把装置的设计应确保碳氢化合物的充分燃烧。如果该钻井位于鸟类迁徙的路线上，应采取技术组织措施，避免对鸟类造成损害。

7. 在进行石油作业时，应当根据哈萨克斯坦共和国立法的要求、环境保护领域国际惯例采用的经证实有效的原则和方法，控制大气排放。

第 8 款载于 2016 年 4 月 25 日颁布的第 505-5 号哈萨克斯坦共和国法律中（见旧版）

8. 在里海北部的国家保护区内禁止排放废水和废弃物，除少数未经污染或者经处理的废水，其中包括经环境保护领域、水资源基金使用和保护领域国家授权机关以及居民卫生防疫保障领域的国家机关许可排放的冷却系统、灭火系统的水和压载水。在控制区外排放的水温不能超过最近 3 年排泄期月平均水温的 5 摄氏度。

9. 未经初步无害化处理，禁止将钻井废弃物注入地下资源，而是应当按照国家生态鉴定计划进行。

根据 2011 年 12 月 3 日颁布的第 505-4 号哈萨克斯坦共和国法律，将第 9-1 款补充至本条

9-1. 禁止向里海北部的地下资源中注入超出规范的伴生气，该规范是按照已批项目计划制定的通过维持地层压力以确保增加石油产出率，以及禁止注入超出设计指标的伴生气。

10. 有关未进入流通和未注入地下资源的钻井废弃物（残渣和溶液）的无害化处理和贮存的所有作业，应当在里海北部国家保护区外的专业垃圾填埋场进行。上述作业的实施应当经环境保护领域授权机关的同意，并确保在钻井工作开始前建成垃圾填埋场。

根据 2011 年 12 月 3 日颁布的第 505-4 号哈萨克斯坦共和国法律，对第 11 款进

行修订（见旧版）；载于2016年4月25日颁布的第505-5号哈萨克斯坦共和国法律中（见旧版）

11. 海事生产设施（钻井、开采、使用）和为其提供服务的船舶应当配备用于处理、消毒或者收集、贮存废水的设施以及后续用于将其转移到专用船只或者岸上接收设备的设施。必须提供相关设备用于收集或者处理垃圾（粉碎或者压榨）。在项目书获得国家生态鉴定的正面结论的情况下，允许使用最佳可行技术焚烧医疗废弃物和食品废弃物。

根据2011年7月15日颁布的第461-4号哈萨克斯坦共和国法律，对第12款进行修订（自其正式颁布之日起6个月期满后生效）（见旧版）

12. 在开展任何类型的建设工程或者其他工作时，禁止在水层和海底进行爆破作业。海底的爆破作业必须经环境保护领域、水资源利用和保护领域以及研究、利用地下资源领域的国家授权机关的许可。

13. 禁止破坏水禽和水鸟的筑巢地，以及阻断鲟鱼产卵地的通道。

14. 只有在汲水设施配备鱼类保护装置的情况下才允许从海上取水。在汲水设施上应当安装技术设备以便持续监测鱼类保护装置的有效运行。

15. 在石油开采作业开始之前，应当用地下资源利用者的资金制定综合性环境保护计划，包括保护珍稀鱼类的繁殖和产卵地的措施，以及保护里海北部国家保护区的海豹栖息地。

16. 运输道路的选择应当防止或者降低对海洋哺乳动物、鱼类和鸟类的影响。

17. 禁止在具有特殊要求的活动区内敷设项目未规定的铁路、公路、干线管道。

18. 在浅水区开展作业时，应当使用能够保护海底高产群落和鱼类产卵地的运输工具。在监测环境状况的过程中，必要时，允许在扩展轨道、低压轮胎、气垫上使用能够把对土壤植被层和现有生物群落的破坏降到最低的专业运输工具。

19. 在钻井液和油井液的成分中，不能使用在技术设计中未提及的物质。若地下资源利用者使用其他物质，应当经环境保护领域、地下资源研究和使用领域的国家授权机关同意。

20. 钻井设备必须配备符合国际海事组织对一氧化碳排放限值要求的内燃机。

21. 发电厂必须配备内燃机或者双燃料涡轮机（柴油机燃料—天然气）。

22. 在进行海上勘探之前，应先根据世界经验制定工作项目计划，其中包括对环境影响的全面评估。应基于在提交环境影响评估前4年内进行的实地研究结果，分析先前研究的拟议实施的经济活动的现状。

23. 环境影响评估的一项强制性因素是分析备选方案，包括不在海洋和沿海地区特别脆弱的地块勘探。

24. 在水资源保护区和深度不超过5米至10米的浅海沿岸地区钻井时，应当使用电动钻机。如果使用柴油发动机和带有柴油传动装置的发动机钻井，则应当将从上述设备中向大气排放的未经处理的废气降到最低。

根据2011年12月3日颁布的第505–4号哈萨克斯坦共和国法律，将第25款补充至本条

25. 在海上进行石油作业时，在每个用来运输石油和含有石油货品的海上装置和船舶上都应当放置用于保护和收集泄漏后果所需的吸收剂和材料。

第263条　在进行物理探矿作业时应当遵守的生态要求

1. 在进行物理探矿作业时禁止：

（1）使用其参数对鱼群及其栖息地造成有害影响的地震波爆破源和气动源；

（2）使用尚未证明安全性或者根据物理探矿作业经验没有被核准的仪器和方法；

（3）为避免其分离和夹带，在不受控制的情况下，将地震拖缆留在海中以及沿底部拖曳地震拖缆。

2. 为了保护里海海豹种群，从10月到次年5月进行地震作业和其他经济活动时，地震作业的地点距离岛上和冰上的海豹聚集地应当不小于1海里。为了确定海豹聚集度较高的地区，考虑到栖息地的频繁更换，应当预先进行航飞观察。

3. 在地震勘探过程中，可以使用驱鱼工具将鱼群从工作区域驱走。

第264条　在海上进行勘探和开采时应当遵守的生态要求

1. 应根据环境保护领域国际惯例所采用的经证实有效的先进原则和方法开展石油开采的钻井工作。

2. 在选择合同区域内海上钻井平台的安置地点时，应当考虑尽最大可能保

护对鱼类捕捞、珍稀鱼类的保护和繁殖以及其他水生生物具有前瞻意义的海域。

3. 在可通航的冰封海域上使用钻井船或者钻井平台开展钻探作业时，应当始终保持破冰船的航行，并配备必要的设备以防止可能发生碳氢化合物的漫溢。本款规定的要求不适用于人工岛上的钻井。

4. 禁止在海上冰情严重的条件下打开盐下地层的生产层，以及在假定的极压和高硫化氢含量的条件下测试钻井。

5. 为了确保里海北部国家保护区生态系统的可持续发展，在设计海上勘探和开采工作时，应当最大限度地限制钻基建设、钻井试验和通航。

第 6 款载于 2016 年 4 月 25 日颁布的第 505–5 号哈萨克斯坦共和国法律中（见旧版）

6. 开展石油作业时，地下资源利用者应当提供预防、限制和清理紧急溢流的措施。

见：哈萨克斯坦共和国海上和内陆水域溢油应急方法的应用规则

根据 2011 年 3 月 12 日颁布的第 505–4 号哈萨克斯坦共和国法律，将第 7 款补充至本条；载于 2014 年 9 月 29 日颁布的第 239–5 号哈萨克斯坦共和国法律中（见旧版）

7. 在海上开展有关石油开采的石油作业时，地下资源利用者必须按照环境保护领域授权机关规定的程序，通过在井口进行观察和测量的方式，监测生产过程。

第 265 条　在设计和建设石油天然气管道时应当遵守的生态要求

1. 在海平面潮汐影响带内设计和建设石油天然气管道及其配套设施时，应考虑其最大的振幅。

2. 油气管道中的气动截止阀的设计必须考虑到关于可能破坏油气管道完整性的风险评估。

3. 在里海北部的国家保护区内必须深埋石油天然气管道，以确保其免受流动冰、船锚和其他外来人为因素的损害。

4. 应当沿着石油天然气管道，从水面水域到水底水域设立保护区，该保护区应当在距离管道两端螺纹轴线 500 米的平行平面之间。

5. 石油天然气管道液压实验中的排水应当在里海北部国家保护区的界线外进行。

第 266 条　在建设沿海供应基地和沿海基础设施时应当遵守的生态要求

1. 沿海基地的建设，包括燃料和润滑油的仓库以及除港口和码头外的车辆维修站，应当使用现有基础设施并在里海水资源保护区外进行。允许在哈萨克斯坦共和国立法规定的水资源保护区内建设设施和开展工作。

2. 码头区域和供应基地的计划，应当确保有关供应、维修和加油作业符合生态安全保障和公众健康安全保障的所有要求。

3. 沿海基础设施完成运行并拆除后，应当按照经环境保护领域授权机关同意的项目文件恢复土地生产力。

第 267 条　航行时应当遵守的生态要求

根据 2011 年 12 月 3 日颁布的第 505-4 号哈萨克斯坦共和国法律，对第 1 款进行修订（见旧版）；载于 2014 年 12 月 29 日颁布的第 269-5 号哈萨克斯坦共和国法律中（见旧版）

1. 为避免意外将动植物引入里海，在未进行环境调查时，禁止使用以前在其他水域工作过的设备、仪器和船舶。

2. 在选择运输路线时，应当考虑包括冰况在内的水文气象条件，以及珍稀鱼类、海豹和鸟类的产卵及迁徙的时期和地点。

3. 所有船舶应当配备封闭式的燃料装载系统、用于收集污水和生活垃圾的容器以及防止向开放水域进行排泄和排放的设备。

根据 2011 年 12 月 3 日颁布的第 505-4 号哈萨克斯坦共和国法律，对第 4 款进行修订（见旧版）

4. 应按照哈萨克斯坦共和国有关海商法立法的要求，使用能够防止其进入环境的密闭容器和特殊容器对散装物料、化学试剂和危险货物进行运输。

5. 应当在船体、其他游泳设备、海上钻井设备的机身和平台上覆盖现代化防腐材料。

6. 应当使用避免燃料和油料溢出和泄漏的系统为海上船舶加油。

7. 船舶发出的噪声和振动不得超过卫生防疫条例和规则以及卫生标准所规定的最大允许噪声等级。

8. 特种船舶的施工设备应当配备能够降低噪声等级和振动程度的装置。

第 9 款载于 2017 年 5 月 5 日颁布的第 59-6 号哈萨克斯坦共和国法律中（见旧版）

9. 应当使用双壳油轮在里海水域上运输碳氢化合物和其他危险物质。

根据 2017 年 5 月 5 日颁布的第 59-6 号哈萨克斯坦共和国法律，对第 10 款进行修订（见旧版）

10. 船舶应当配备设备以防止石油产品污染船舶甲板以及防止污水排入水体。禁止船舶将石油、有害物质和含有有害物质的水、食物废弃物、生活垃圾和各类塑料排入水体中。

11. 应当经保护、再生和使用动物界领域以及水资源使用和保护领域国家授权机关的同意，建立航行制度。

第 268 条　在封存和清除石油作业设施时应当遵守的生态要求

1. 封存或者清除海上石油作业设施，包括固体矿物、矿物和（或者）饮用水在内的勘探工作应当按照哈萨克斯坦共和国关于地下资源和地下资源利用的立法进行。

2. 试验完成后对钻井封存时，地下资源利用者必须封存钻井以确保钻井基地的安全性，并确保钻井呈密封状态直至恢复工作。

3. 在清除松散地基（海底护堤或者岛屿）上的钻井时，地下自然资源利用者必须确保人造地基的密闭并监测其状况，并事先清除以避免碳氢化合物和其他化学物质对其造成污染。在发生岛屿（护堤）冲刷侵蚀时，在最终测量地基水平前，地下资源利用者应当用航标或者浮标将冲刷处标记出来，并将坐标提交给地下资源和内陆水运的研究和使用领域的国家授权机关，以便绘制海图和保障航行安全。

4. 在清除任何类型平台上的钻井时，必须将其结构完全拆除并移走，并在底部切断密封钻井的末端，以避免干扰捕鱼和航行。

第 5 款载于 2011 年 12 月 3 日颁布的第 505-4 号哈萨克斯坦共和国法律中（见旧版）

5. 应当基于清除工作的环境影响评价结果作出有关清除停止使用的堆积采矿岛屿的决议。

根据 2014 年 4 月 11 日颁布的第 189-5 号哈萨克斯坦共和国法律，对第 6 款进行修订（见旧版）

6. 对淹没和部分淹没的旧钻井的封存和清除，应当在包括环境影响评价在内的项目下进行，该评价应当根据哈萨克斯坦共和国立法规定的国家生态鉴定、生产安全鉴定和哈萨克斯坦共和国有关地下资源和地下资源使用立法规定的鉴定进行。同时要制定并批准石油泄漏的应急计划。不得在未按照石油泄漏的应急计划为其提供必要设备、专家、车辆和其他用来预防和应对突发事件的工具时开展工作。

第269条　里海北部国家保护区的生态监测

1. 环境保护领域的授权机关必须在里海北部的国家保护区实施国家生态监测。

第2款载于2011年12月3日颁布的第505-4号哈萨克斯坦共和国法律（见旧版）、2016年4月28日颁布的第506-5号哈萨克斯坦共和国法律中（见旧版）

2. 在国家保护区从事经济活动的地下资源利用者应当对整个合同区域的环境进行年度生产监测（按照气候季节），以防止对海洋环境产生负面影响，但冬季在被冰覆盖的海域进行监测除外。

根据2011年12月3日颁布的第505-4号哈萨克斯坦共和国法律，对第3款进行修订（见旧版）

3. 应当对石油作业各阶段（物理探矿研究、工程地质勘测、钻探、建设工程、设备安装、操作、清除等）的环境影响评价材料均进行生产监测，包括：

第1项载于2011年12月3日颁布的第505-4号哈萨克斯坦共和国法律中（见旧版）

（1）全面研究石油作业各阶段生产设施的环境状况；

（2）污染源监测；

（3）环境状况监测；

（4）紧急环境污染后果的监测。

4. 国家生态监测和国家生产环境监测应当包括对以下参数的观察：

（1）里海区域中不同状态（条件）的水污染程度以及底层沉积物的物理、化学和水生生物指标；

（2）里海部分地区的（公海、海湾、河口区域、流入海洋的河流以及石油作业区域的取样监测点）大气与水分界面的污染物的平衡和转化以及海底沉积物（沉淀物）的集中囤积；

（3）自然循环过程，水文气象指标（水温、水流、风速和风向、大气降水、大气压力、空气湿度）。

5. 必要时，地下资源利用者应当按照环境保护领域授权机关的要求对环境状况进行补充研究。

6. 地下资源利用者应当按照环境保护领域授权机关的既定程序确定环境状态监测的类型和方法。

7. 在进行生产监测时，地下资源利用者必须考虑过去几年的观测结果，并使用位于施工区域内（合同区域内及其周围环境）的现有观察站的记录，以便继续进行一系列的长期观测。

8. 在发生紧急情况时，应当立即组织对紧急环境污染后果进行监测。

9. 地下资源利用者应当将生产监测结果提交给环境保护领域的授权机关。

第三十九章标题载于2016年1月12日颁布的第443-5号哈萨克斯坦共和国法律中(见旧版)

第三十九章　使用放射性材料和原子能以及保障辐射安全时应当遵守的生态要求

第270条　放射性废弃物和材料的跨境转移

1. 除哈萨克斯坦共和国自身出口到其他国家进行加工的放射性废弃物之外，禁止从其他国家向哈萨克斯坦共和国运入用来储存和填埋的放射性废弃物。

2. 禁止在未采取防止放射性物质进入环境的措施的情况下，将放射性废弃物和放射性材料填埋(放置)在土地表面和地下。

根据2011年12月3日颁布的第505-4号哈萨克斯坦共和国法律，对第3款进行修订(见旧版)；载于2016年1月12日颁布的第443-5号哈萨克斯坦共和国法律中(见旧版)

3. 应当根据哈萨克斯坦共和国出口管制领域的立法向哈萨克斯坦共和国运入放射性材料、半成品、原材料以及含有超过辐射安全标准规定的使用标准的放射性物质配套制品，并根据哈萨克斯坦共和国在原子能利用领域的立法对核材料和电离辐射源进行国家登记。

4. 放射性材料跨境转移时，自然资源利用者应当采取措施确保放射性物质材料的跨境转移符合国际法的规范。同时自然资源利用者应当：

(1)采取措施在取得目的地国的许可、预先通知并征得其同意的情况下，转移放射性材料；

(2)通过过境国的越境转移应当遵守与所使用的具体运输方式有关的国际

义务；

(3)禁止将用过的燃料或者放射性废弃物送到南纬60度以南的地方对其进行储存或者填埋。

第271条　放射性材料利用时应当遵守的生态要求

1. 自然人和法人有义务遵守关于放射性材料的生产、储存、运输、使用、无害化处理和清除的既定条例，不得超过最大允许造成辐射影响的标准，并且采取措施以防止和消除对环境造成的辐射污染。

2. 如发现放射性材料污染环境时，自然人和法人必须立即将相关情况通报给原子能领域的国家授权机关和环境保护领域的国家授权机关以及国家卫生防疫领域的国家机关。

3. 在使用放射性物质时，自然资源利用者应当确保：

(1)评估在使用过程中可能对放射性材料产生影响的所有因素；

(2)评估放射性材料对公众健康和环境的影响；

(3)向公民和社会组织告知有关放射性材料性质的信息以及确保其使用安全措施的信息，构成国家秘密或者其他受到哈萨克斯坦共和国法律保护的信息除外；

(4)根据哈萨克斯坦共和国在居民辐射安全领域立法制定的辐射安全基本标准和规则，采取措施预防辐射对人类健康和环境的影响，包括意外事故产生的影响；

(5)放射性废弃物产生的最低水平。

第272条　保存和填埋放射性材料和放射性废弃物时应当遵守的生态要求

1. 在哈萨克斯坦共和国境内产生的放射性废弃物必须以一定的方式进行填埋，以确保在可能造成潜在危害的一段时间内保护居民和环境免受辐射。

2. 放射性废物的放置应由项目文件和技术文件规定，作为导致放射性废弃物产生一切活动的强制性步骤。放射性废弃物的收集、储存、运输和填埋的程序和组织应当按照哈萨克斯坦共和国有关原子能利用的立法进行，同时应当考虑到本法典规定的生态要求。

3. 在储存和填埋放射性材料和放射性废弃物时，自然资源利用者应当确保：

(1)不可能发生自发的链式核反应，并防止过热产生；

(2)根据辐射安全规则和规范,采取适当的保护措施,有效保护居民和环境;

(3)核算与放射性材料和反射性废弃物储存有关的生物风险、化学风险和其他风险;

(4)保存与填埋设施的位置、构造和内容相关的核算文件;

(5)控制和限制未经核准使用放射性材料,并防止放射性物质意外泄漏到环境中。

第273条　运输放射性材料和放射性废弃物时应当遵守的生态要求

1. 放射性材料和放射性废弃物的运输应当按照哈萨克斯坦共和国的立法条例和哈萨克斯坦共和国批准的国际条约进行。

2. 放射性材料和放射性废弃物的运输规则应当包括托运人、承运人和收货人的权利、义务和责任,安全措施,实物保护,有关预防事故和紧急情况的议定措施体系,包装的要求,标签和车辆的要求,以及对可能发生的紧急事故后果进行限制的措施。

第274条　安置和运行核设施以及安置和运行用于处理放射性废弃物设施应当遵守的生态要求

1. 国家地方机关、自然人和法人有权向哈萨克斯坦共和国政府提交有关安置和运行核设施以及安置和运行用于处理放射性废弃物设施的建议。

为了审议有关核设施或者用于处理放射性废弃物设施的安置问题,申请人应当按照哈萨克斯坦共和国法律规定的程序提交准备材料,其中应当包含建设该设施或者客体的必要性论证以及安置场地的替代性方案。

材料应当包括:

(1)可能用于安置核设施或者用于处理放射性废弃物设施的区域的环境特征;

(2)评估有关设施的建设、运行、使用、停用和关闭的计划对人类健康和环境的影响;

(3)采取措施以减少对环境产生负面影响;

(4)必须具有公开听证会结果的国家生态、卫生防疫和技术鉴定的正面结论。

2. 哈萨克斯坦共和国政府经在其领土上建造核设施和(或者)客体的地方代表机构的同意,方可通过关于建造核设施和(或者)客体的决定。

3. 按照《哈萨克斯坦共和国土地法》、哈萨克斯坦共和国关于地下资源和地下资源使用立法以及本法典规定的程序,为安置核设施和用于处理放射性废弃物设施提供土地地块和地下资源。

4. 在通过有关安置核设施和用于处理放射性废弃物设施的决议时,应当针对该地区的社会和经济发展制定补充措施。在科学和经济论证的基础上,由哈萨克斯坦共和国政府与地方国家管理机关协商确定在各个具体情况下实施这些措施的范围和程序。

5. 国家验收委员会负责调试核设施或者用于处理放射性废弃物的设施。

6. 核设施或者用于处理放射性废弃物设施的调试应当与该项目中规定的生产设施和生活设施一起进行。

7. 项目应当遵照原子能使用领域的规范、准则和标准来规定核设施或者用于处理放射性废弃物设施的停用程序。费用由核设施或者用于处理放射性废弃物的设施的所有人承担。

根据 2012 年 7 月 10 日颁布的第 34-5 号哈萨克斯坦共和国法律,对第 8 款进行修订(见旧版)

8. 关于核设施或者用于处理放射性废弃物设施的提前停用以及关闭用于处理放射性废弃物设施的决议,应当由哈萨克斯坦共和国政府批准,并在上述行动开始前 2 年通知该领域的营运组织或者专业机构。

9. 在核设施安置地或者用于处理放射性废弃物设施的安置地应当建立卫生防护区和观察区。在项目中,按照原子能使用领域的规则和标准确定卫生防护区和观察区的面积和边界。监测卫生防护区和观察区的辐射情况。

10. 无论其规格和特征如何,在卫生防护区内均不允许安置(建设)居民住房、教育机构、保健娱乐设施、体育娱乐设施,其中包括园艺绿化区、蔬菜种植区和农产品生产区。

11. 只有在对产品进行强制放射性控制的情况下,才能将卫生保护区内的土地和水体用于经济目的。

第 275 条　建筑材料、矿物肥料、改良剂和煤炭产生可允许的放射性标准

1. 建筑材料,矿物肥料,改良剂和煤的允许放射性标准由辐射安全标准确定。

2. 在不超过辐射安全标准规定的辐射量限值的情况下，煤炭可用于任何目的。当煤炭的放射性超过现行辐射安全标准和卫生条例的规定标准，应当根据辐射安全标准在废石场内部的垃圾堆对其进行贮存和填埋。

第 276 条　对居民点、住宅和公共建筑物区域范围内的辐射状况的组织监督，对建筑材料、矿物肥料、燃料动力原料以及石油作业的辐射安全进行的组织监督

1. 组织辐射监督的任务是防止超过既定的辐射安全标准值，并且制定和实施有关减轻人口负担的措施。

2. 在划拨土地地块用于建设居民点、住房设施、工业企业，休闲娱乐场所、园艺公司时，应当将划拨地块区域的外部 γ 辐射剂量率的测量纳入强制勘查范围。结果由选择建筑工地的委员会议定书制定。

3. 在住宅设施交付使用时，应当测量每家住户的外部 γ 辐射剂量率，并测量每栋入口一楼的其中一家住户的氡浓度。当探测到氡浓度超标时，应当对此住宅楼的所有住户的氡浓度进行研究。

4. 外部 γ 辐射剂量率的测量应当在离土地地面或者建筑物地面 1 米的高度上进行。

5. 根据居民卫生防疫保障领域的国家机关的方法以及经哈萨克斯坦共和国立法规定程序认证的其他方法，监测氡的等效平衡体积活度的含量。

6. 对已投入使用的建设客体的测量结果以辐射检验报告的形式记录在案，其中一份副本附于国家验收客体投入使用的验收委员会的文件中。由进行建设和交付客体投入使用的组织承担测量责任。

7. 在居民卫生防疫保障领域的国家机关代表和环境保护领域的授权机关地方机构代表的强制性参与下，由国家地方管理机关的委员会制定有关降低场所 γ 射线本底以及氡含量的措施的可能性、必要性、范围和时间。

8. 在开发建筑材料、矿物肥料、改良剂和燃料动力原料之前，自然资源利用者应当取得有关其辐射危害及使用条件的卫生防疫结论。该结论由居民卫生防疫保障领域的国家机关基于采矿项目签发，该项目包括根据地质勘探结果对矿产进行的辐射卫生评估。

9. 自然资源利用者的辐射监测工作可以确保符合开采项目的要求，其辐射监测结果以文件的形式记录。

10. 产品的辐射质量由国家监督机关在经认可的实验室研究的基础上确定。产品质量的确认程序和周期在开发项目鉴定过程中确定。

第 277 条　保障金属废料辐射监督的要求

1. 金属废料的生产辐射监督包括：

（1）监督提供给采购组织的所有金属废料，以查明其放射性污染或者其中是否存在局部 γ 辐射源；

（2）当在金属废料或者其碎片附近检测到过量辐射本底时，应当测量 γ 射线的剂量率；

（3）抽样检验金属废料的表层是否被 α 和 β 活性放射性核素污染；

（4）对用于运送金属废料的空车进行辐射检查，并测量装载车辆表面的 γ 射线剂量率。

第 2 款载于 2014 年 12 月 29 日颁布的第 269–5 号哈萨克斯坦共和国法律中（见旧版）

2. 实施生产放射监督的方法由卫生条例规定。

第 278 条　辐射事故发生时的措施实施程序

1. 在放射性材料运输过程中发生紧急事故时，必须遵守哈萨克斯坦共和国在原子能使用领域、居民辐射安全和技术法规方面的立法要求，以保护公民健康和财产以及保护环境。

2. 应急程序应当考虑到在事故发生时由于货物含量与环境的相互作用而形成其他危险物质的可能性。

第 279 条　辐射安全保障领域的监察和监督

辐射安全保障领域的监察和监督应当根据哈萨克斯坦共和国有关原子能使用领域的立法进行。

第四十章　在生产和使用潜在的危险化学物质以及生产和利用生物物质、转基因产品和生物时应当遵守的生态要求

根据2011年12月3日颁布的第505-4号哈萨克斯坦共和国法律，对第280条进行修订（见旧版）

第280条　在生产和使用潜在危险化学物质时应当遵守的生态要求

1. 在生产和使用潜在危险化学物质的操作过程中，应当确保：

（1）符合生产、储存、运输和使用过程中的最大允许对环境施加影响的既定标准；

（2）采取措施以预防因其使用对公众健康和环境造成有害影响。

根据2011年12月3日颁布的第505-4号哈萨克斯坦共和国法律，将第2款补充至本条

2. 禁止生产和进口含有持久性有机污染物的产品，或者使用会产生哈萨克斯坦共和国国际条约规定的持久性有机污染物的产品。限制生产和使用哈萨克斯坦共和国国际条约规定的化学物质。

根据2016年4月28日颁布的第506-5号哈萨克斯坦共和国法律，将第3款补充至本条

3. 持久性有机污染物应当以环保的方式进行消除。在未对废气进行综合净化时，禁止使用技术消除持久性有机污染物和含氯废弃物。同时，废气的综合净化应当确保净化过的气体中二氧杂芑和氧（杂）茂的含量不超过0.1ng/m^3。

根据2016年4月28日颁布的第506–5号哈萨克斯坦共和国法律，将第4款补充至本条

4. 在与食品或者饲料生产和加工有关的地方，禁止使用持久性有机污染物。

第281条　保护环境免受有害生物的影响以及不受控制的生物影响

在生产和使用包括转基因生物和产品在内的潜在危险生物物质的过程中，应当确保：

(1)符合生产、储存、运输和使用过程中最大允许对环境施加影响的既定标准；

(2)采取措施以预防因其使用对公众健康和环境造成有害影响；

(3)只能在环境保护领域授权机关和居民卫生防疫保障领域的国家机关允许使用的清单范围内使用转基因产品。

第282条　基因工程活动开展的程序

1. 在转基因产品和生物的生产和使用过程中，必须遵守下列要求：

(1)自然资源利用者应当具备确定转基因的来源和去向的系统和程序；

(2)对于有意向环境中投放转基因生物的自然资源利用者，应当向环境保护领域的授权机关和国家卫生防疫领域的国家机关提交其特征的详细信息资料；

(3)对于拟用于食品、饲料或者加工的转基因生物，自然资源利用者必须向环境保护领域的授权机关提交声明，说明该产品应当仅用作食品、饲料或者加工，并说明产品中包含的转基因生物的特性；

(4)关于来自转基因生物的食品和饲料，自然资源利用者应当告知购买者该产品来自转基因生物的信息；

(5)自然资源利用者应当在5年内保存有关转基因产品和生物的生产和使用信息，并按要求将其提供给环境保护领域的授权机关和居民卫生防疫保障领域的国家机关。

2. 农业领域的自然资源利用者应该通过标识告知购买者其正在购买的是转基因产品，并保存购买其转基因产品的买家名单。

3. 国家机关将现有的标签规定适用于所有的转基因食品和饲料。所有含有转基因生物或者由转基因生物组成，或者来源于转基因生物的食品和饲料都应

贴有标签。标签的目的是告知消费者有关产品或者饲料的实际属性。

4. 转基因产品的标识系统是基于能够检测到最终食品中脱氧核糖核酸或者蛋白质的可能性。

第四十一章 在确定生产废弃物和消费废弃物所有权时应当遵守的生态要求

第283条 生产和消费废弃物的所有权

1. 除非哈萨克斯坦共和国立法或者规定废弃物处理条件的协议另有规定，因其活动而形成的生产废弃物和消费废弃物的自然人和法人是这些废弃物的所有人，并承担自废物形成时对其进行安全处理的责任。

2. 废物的所有权可以根据买卖合同、交换合同、赠与合同或者其他有关废弃物转让的交易合同，由他人取得。

3. 国家是在国有客体上产生的废弃物的所有人，或者是根据法院判决被认定为废弃物的所有人，以及在哈萨克斯坦共和国法律规定的其他情况下形成的废弃物的所有人。

根据2011年12月3日颁布的第505-4号哈萨克斯坦共和国法律(见旧版)、2016年4月28日颁布的第506-5号哈萨克斯坦共和国法律，对第4款进行修订(见旧版)

4. 废弃物的所有人应当使用集中式废弃物收集系统，或者使用从事收集、无害化处理、加工、储存、安置或者消除废弃物作业主体的服务，或者必须独立进行废弃物安置和消除的作业。从事收集、运输、无害化处理、加工和填埋从第三方机构接收到的废弃物的主体，必须符合哈萨克斯坦共和国标准所规定的鉴定要求，并从废弃物所有人对其进行转移之际负责废弃物的安全处理。

根据2011年12月3日颁布的第505-4号哈萨克斯坦共和国法律，将第5款补充至本条

5. 除非双方另有协议，否则废弃物的所有人将废弃物转交给从事收集、无害

化处理、加工、储存、安置或者消除废弃物作业的主体时，即将废弃物所有权转移给该主体。

根据2016年4月28日颁布的第506–5号哈萨克斯坦共和国法律，将第6款补充至本条

6. 对从事有关收集、运输、无害化处理、加工和填埋废弃物作业的主体的要求由哈萨克斯坦共和国的标准进行规定。对于从事有关收集、无害化处理、加工、储存、安置或者消除废弃物的主体的标准要求，任何组织形式和法律形式的自然人和法人都应当履行。

第284条　无主废弃物

1. 无主废弃物，是指没有所有人或者所有人不明确的废弃物。

2. 当土地所有人或者土地使用人查明无主废弃物位于其所有（使用）的土地上时，在开始使用后或者完成能证明将废弃物变为自己财产的其他活动后，有权将这些废弃物变为自己的财产。如果经其他无主废弃物占有人申请法院确认这些废弃物为无主废弃物，则这些无主废弃物可以变为其占有人的财产。

根据2011年12月3日颁布的第505–4号哈萨克斯坦共和国法律，对第3款进行修订（见旧版）

3. 其他情况下，发现无主废弃物者必须将此情况向有关的地方执行机关报告。在其领土上查明无主废弃物的该地方执行机关（直辖市、首都）必须在收到关于无主废弃物通知时起的1年内向法院提出申请，以确认这些废弃物归国家所有或者公共所有。当环境保护领域的授权机关发现无主废弃物时，也可以向法院提起有关确认该无主废弃物归国家所有或者公共所有的要求。

4. 地方执行机关组织落实有关处理无主废弃物以及预防其对环境和居民健康产生负面影响的措施。

第5款载于2011年12月3日颁布的第505–4号哈萨克斯坦共和国法律（见旧版）、2014年9月29日颁布的第239–5号哈萨克斯坦共和国法律中（见旧版）

5. 无主废弃物可以根据法院判决转移为国家所有。无主危险废弃物的管理程序由环境保护领域的授权机关批准。由环境保护领域的授权机关的下属机构管理这些废弃物。

6. 根据法院判决不属于国家所有或者公共所有的无主废弃物，可以由其他所有人重新占有、使用和支配或者根据哈萨克斯坦共和国民事立法规定的占有

时效获得该废弃物的所有权。

第7款载于2016年4月28日颁布的第506-5号哈萨克斯坦共和国法律中(见旧版)

7. 根据本条的规定,在无主废弃物归为国家所有或者私人所有后,经对其进行加工并提取有益成分后,则不视为废弃物。

第285条　废弃物所有权的转让

1. 如果废弃物所在土地的土地所有人或者土地使用人发生变更时,应当根据哈萨克斯坦共和国立法规定解决有关废弃物所有权问题。

根据2011年3月1日颁布的第414-4号哈萨克斯坦共和国法律,对第2款进行修订(见旧版)

2. 在对国有财产实行私有化时,废弃物的所有权、其安全处理和消除、恢复土地生产力和恢复土地的义务将转移给新的所有人,除非《哈萨克斯坦共和国国有资产法》对这些企业制定的私有化条款另有规定。

根据2015年11月17日颁布的第407-5号哈萨克斯坦共和国法律,将第四十一(乙)章补充至本法典

第四十一(乙)章　生产者(进口商)的附加义务

第285-1条　对生产者(进口商)履行附加义务提出的要求

1. 在哈萨克斯坦共和国境内从事生产产品(商品)活动的自然人和法人以及(或者)向哈萨克斯坦共和国境内运输产品(商品)的自然人和法人,根据生产者(进口商)附加义务所涉及的产品(商品)清单,应当确保自生产者(进口商)附加义务涉及的产品(商品)消费属性丧失后对废弃物进行收集、运输、加工、无害化处理、使用和(或者)利用,并对该产品(商品)进行包装,方法如下:

(1)使用自己的废弃物收集、加工和利用系统时,由环境保护领域的授权机关针对该系统制定要求;有关使用自己的废弃物收集、加工和利用系统的要求不适用于汽车生产者和进口商;

(2)与生产者(进口商)附加义务的经营者签订的关于组织收集、运输、加工、无害化处理、使用和(或者)利用生产者(进口商)附加义务涉及的产品(商品)消费属性丧失后产生的废弃物,并且根据组织收集、运输、加工、无害化处理、使用和(或者)利用废弃物的计算费用的方法将款项汇入生产者(进口商)附加义务的经营者的银行账户。

2. 对生产者(进口商)附加义务的要求不适用于:

(1)在哈萨克斯坦共和国境内生产油、聚合物包装、玻璃包装、纸质包装和(或者)纸板包装时,使用经加工和利用的废油、塑料废弃物、玻璃废弃物、纸张废弃物和纸板废弃物达到30%的生产者;

(2)在哈萨克斯坦共和国境内生产产品(商品)和(或者)向哈萨克斯坦共和国境内进口在境外销售产品(商品)的进口商;

(3)在哈萨克斯坦共和国境内生产和(或者)向哈萨克斯坦共和国境内进口聚合物包装、玻璃包装、纸质包装和(或者)纸板包装,使用专用于包装的混合材

料制成的包装和(或者)在由境外销售产品(商品)的混合材料制成的包装的生产者和进口商;

(4)在哈萨克斯坦共和国进口产品(商品)的个人,在个人免税进口额度范围内进口产品(商品)时,除机动车辆进口商之外,生产者(进口商)应当承担附加义务。

见:2016年1月27日颁布的第28号哈萨克斯坦共和国政府决议《关于批准执行生产者(进口商)扩大义务的规则》

第285-2条　生产者(进口商)附加义务的经营活动方向

生产者(进口商)附加义务的经营者将汇入其银行账户的款项用于:

(1)为了在哈萨克斯坦共和国境内进行废弃物无害化处理和(或者)利用而对废弃物进行转移时,生产者(进口商)的附加义务包括:向自然人和法人补偿因产品(商品)的丧失消费属性而单独收集和加工废弃物的费用,以及因产品(商品)包装除产品(商品)丧失消费属性后形成的废弃物的费用[从生产废弃物中获取的废弃物和(或者)从法人或者个体工商户向法人或者个体工商户转移的因生产活动形成的废弃物除外]。

第2项载于2016年12月28日颁布的第34-6号哈萨克斯坦共和国法律中(见旧版)

(2)通过以下方法鼓励在哈萨克斯坦共和国境内生产环保型汽车(相当于4级和更高环境等级,且带有电动马达)及其零部件:

在以下领域为生产者提供资金:工作地维护、能源利用、科研实施、与产品生产有关的测试、保修义务的支持;

在哈萨克斯坦共和国境内购买在本国境内生产的车辆时,生产商应当向自然人和法人提供资金折扣;

为了鼓励在哈萨克斯坦共和国境内生产环保型汽车(相当于4级和更高环境等级,且带有电动马达)及其零部件而制定的条例对以下事项进行规定:

环保型汽车的生产者与生产者(进口商)附加义务的经营者之间的标准协议形式,并指明资金支持的期限和金额;

有关生产环保型车辆的报告书形式,以及向生产者(进口商)附加义务的经营者提交该报告书的期限;

对环保型车辆的生产者提出的要求:

在出售本国生产的车辆时,应当提交能够证明停止使用的车辆回收利用以及在本国境内购买本国生产的车辆时享有折扣权利的文件,并确定生产者向自然人和法人提供资金折扣的程序,以及融资折扣的程序;

(3)组织收集、运输、加工、无害化处理、使用和(或者)利用生产者(进口商)附加义务涉及的产品(商品)及其包装在丧失其消费属性后产生的废弃物;

(4)当哈萨克斯坦共和国境内不具备无害化处理、加工和(或者)利用该废弃物的设施时,组织收集生产者(进口商)附加义务涉及的产品(商品)及其包装丧失消费属性后形成的废弃物,将转移至哈萨克斯坦共和国境外用于无害化处理、加工和(或者)利用;

(5)为收集、运输、加工、无害化处理、使用和(或者)利用废弃物系统提供组织技术保障和信息保障,为废弃物处理领域和再生资源领域的广告活动、教育研究、销售研究提供资金支持;

(6)根据卫星导航系统,组织和管理一个信息系统,用于跟踪从事清除城市固体废弃物的车辆;

(7)为废弃物收集、加工、无害化处理、使用和(或者)利用领域的实验工作、试验工作、设计工作、科研工作提供资金支持;

(8)引入新技术收集和使用可以作为再生能源的废弃物,建设用于分拣和(或者)使用固体生活废弃物和再生资源的工厂(设施),完善从事收集和(或者)使用再生能源、收集、分拣和(或者)使用固体生活废弃物的组织的物质技术基础;

(9)为生产者(进口商)附加义务的经营者发挥自身功能的相关活动提供资金支持;

(10)由环境保护领域的授权机关和哈萨克斯坦共和国立法规定的其他活动。

第285-3条　生产者(进口商)附加义务的经营者的法律地位

1. 生产者(进口商)附加义务的经营者是根据哈萨克斯坦共和国政府决议确定的法人,其通过向生产者(进口商)收取组织收集、运输、加工、无害化处理、使用和(或者)利用废弃物的费用,并根据本法典和其他哈萨克斯坦共和国立法规定的程序对该费用进行管理的方法,从而贯彻其附加义务的原则,该原则是有关生产者(进口商)收集、运输、加工、无害化处理、使用和(或者)利用生产者(进口商)附加义务涉及的产品(商品)及其包装的丧失消费属性后形成的废弃物。

2. 生产者(进口商)附加义务的经营者对收取的用于组织收集、运输、加工、无害化处理、使用和(或者)利用废弃物的费用享有专有权,且必须根据本法典和其他哈萨克斯坦共和国立法规定的程序进行支配和管理。

第285-4条 生产者(进口商)附加义务的经营者权能

1. 生产者(进口商)附加义务的经营者的权能包括:

(1)根据有关组织收集、运输、加工、无害化处理、使用和(或者)利用生产者(进口商)附加义务涉及的产品(商品)及其包装的丧失消费属性后形成的废弃物的示范协议,与生产者(进口商)签订有关组织收集、运输、加工、无害化处理、使用和(或者)利用生产者(进口商)的附加义务涉及的产品(商品)及其包装的消费属性丧失后形成的废弃物的协议;

(2)收取有关组织收集、运输、加工、无害化处理、使用和(或者)利用废弃物的费用,该费用是由生产者(进口商)根据组织收集、运输、加工、无害化处理、使用和(或者)利用生产者(进口商)附加义务涉及的产品(商品)及其包装丧失消费属性后形成的废弃物的协议,汇入生产者(进口商)附加义务的经营者的银行账户;

(3)监督生产者(进口商)支付组织收集、运输、加工,无害化处理、使用和(或者)利用废弃物费用的准确性、完整性和及时性;

(4)向环境保护领域的授权机关提交有关生产者(进口商)附加义务履行情况的报告;

(5)形成、确认、管理在哈萨克斯坦共和国境内从事生产(或者)向哈萨克斯坦共和国境内进口生产者(进口商)附加义务涉及的产品(商品)及其包装的生产者(进口商)的清单,汽车的生产者和进口商除外;

(6)制定和确认在哈萨克斯坦共和国境内从事生产(或者)向哈萨克斯坦共和国境内进口生产者(进口商)附加义务涉及的产品(商品)及其包装的生产者(进口商)清单的登记条例和管理条例,汽车的生产者和进口商除外;

(7)与包括哈萨克斯坦共和国海关立法和税务立法的国家机关在内的国家机关,就生产者(进口商)附加义务方面的问题进行商议;

(8)引入新技术利用可以作为再生原料的废弃物,建设用于分拣、加工和(或者)利用废弃物和再生资源的工厂(设施);

(9)如果发现行政违法行为,且根据哈萨克斯坦共和国法律对该行为的诉讼属于环境保护领域授权机关的职权范围时,生产者(进口商)附加义务的经营者有义务将有关上述违法行为的材料提交给环境保护领域的授权机关;

(10)为了贯彻生产者(进口商)附加义务的原则,生产者(进口商)附加义务的经营者有权从环境保护领域的授权机关处获取来自生产者(进口商)附加义务涉及的自然人和法人的活动信息数据用于计算加工费用;

根据 2016 年 12 月 28 日颁布的第 34-6 号哈萨克斯坦共和国法律,将第 10-1 款补充至本条

(10-1)签发能够确认停止使用的车辆用于废弃物利用的文件,其中包括在哈萨克斯坦共和国境内购买哈萨克斯坦共和国生产的车辆时,享有折扣权的文件;

根据 2016 年 12 月 28 日颁布的第 34-6 号哈萨克斯坦共和国法律,将第 10-2 款补充至本条

(10-2)制定和批准签发文件的规则和条件,以确认停止使用的车辆用于废物利用,以及在哈萨克斯坦共和国境内购买哈萨克斯坦共和国生产的车辆时,享有折扣权;

(11)由环境保护领域的授权机关确定的其他职能。

2. 生产者(进口商)附加义务的经营者应当根据本法典第 285-2 条使用生产者(进口商)支付的其附加义务涉及的产品(商品)及其包装的费用,以及与环境保护领域授权机关达成一致的活动发展战略,其中包括优先使用生产者(进口商)支付的费用,这些费用不能由自然人和法人按照收集居民区固体生活废弃物的费率支付的资金补偿。

第 285-5 条　生产者(进口商)附加义务的参加者的责任

1. 未与生产者(进口商)附加义务的经营者签订有关组织收集、运输、加工、无害化处理、使用和(或者)利用生产者(进口商)附加义务涉及的产品(商品)及其包装的丧失消费属性后形成的废弃物的协议,以及未向或者未及时向生产者(进口商)附加义务的经营者的银行账户汇入有关组织收集、运输、加工、无害化处理、使用和(或者)利用废弃物的费用的生产者(进口商),应当按照哈萨克斯坦共和国法律的规定承担相应的责任。

2. 本条第 1 款规定的有关支付组织收集、运输、加工、无害化处理、使用和

（或者）利用废弃物的费用计算要求，不适用于拥有自己的废弃物收集、加工和利用系统的生产者（进口商）。

自己拥有收集、加工和利用废弃物系统的生产者（进口商）未履行和（或者）不当履行有关确保收集、运输、加工、无害化处理、使用和（或者）利用生产者（进口商）附加义务涉及的产品（商品）及其包装的丧失消费属性后形成的废弃物的要求，应当根据哈萨克斯坦共和国的法律承担相应的责任。

3. 若生产者（进口商）附加义务的经营者，因滥用生产者（进口商）支付的费用，未履行或者不当履行其义务和权能，未使用和（或者）不合理使用机会履行生产者（进口商）的附加义务，应当根据哈萨克斯坦共和国的法律承担相应的责任。

第 285-6 条　确保生产者（进口商）附加义务经营活动的透明性

生产者（进口商）的附加义务的经营者：

（1）应当与环境保护领域的授权机关协商自身的活动发展战略和投资政策问题；

（2）应当与国家计划领域的授权机关和预算计划领域的中央授权机关协商二级银行的标准和要求，以便储蓄用于组织收集、运输、加工、无害化处理、使用和（或者）利用废弃物的费用。

第 285-7 条　生产者（进口商）附加义务的履行

1. 生产者（进口商）附加义务的履行通过生产者（进口商）和生产者（进口商）附加义务的经营者之间根据本法典的规定签订协议完成，该协议涉及有关组织收集、运输、加工、无害化处理、使用和（或者）利用生产者（进口商）附加义务涉及的产品（商品）及其包装丧失消费属性后形成的废弃物。

2. 自己拥有收集、加工和利用废弃物系统的生产者（进口商）应当根据环境保护领域的授权机关规定的程序向生产者（进口商）附加义务的经营者提供能够确保对生产者（进口商）附加义务涉及的产品（商品）及其包装丧失消费属性后产生的废弃物进行收集、加工和（或者）利用的文件，以确认生产者（进口商）附加义务的责任履行。

第四十二章 在处理生产和消费废弃物时应当遵守的生态要求

根据2011年1月10日颁布的第383-4号哈萨克斯坦共和国法律，对第286条进行修订（见旧版）；载于2011年12月3日颁布的第505-4号哈萨克斯坦共和国法律中（见旧版）

第286条 生产和消费废弃物及其类型

1. 生产和消费废弃物按照危险程度可以划分为危险性生产和消费废弃物以及非危险性生产和消费废弃物。

第2款载于2014年12月29日颁布的第271-5号哈萨克斯坦共和国法律中（见生效期限）（见旧版）

2. 本章的规定不适用于：

（1）在勘探、开采和加工矿产资源时形成的应当由哈萨克斯坦共和国关于地下资源以及地下资源使用的立法规制的人造矿物结构；

（2）放射性废弃物；

（3）不同年代的地表喷出的沉积岩和侵入沉积岩（覆盖层）。

第287条 危险废弃物的分类

1. 含有以下一种或者多种物质的废弃物属于危险废弃物：

（1）爆炸物；

（2）易燃液态物；

（3）易燃固态物；

（4）自燃性物质和废弃物；

(5)氧化物;

(6)有机过氧化物;

(7)有毒物质;

(8)能够导致长期慢性疾病的有毒物质;

(9)传染性物质;

(10)腐蚀性物质;

(11)生态毒性物质;

(12)与水接触会产生易燃性气体的物质或者废弃物;

(13)暴露于空气中或者水中时会释放出有毒气体的物质或者废弃物;

(14)能够形成具有上述特性之一的其他物质和材料。

2. 根据《控制危险废弃物跨境转移及其处置巴尔塞公约》以运输、处置、储存和填埋为目的将废弃物的危险程度划分成三个等级:

(1)绿色——指数 G;

(2)琥珀色——指数 A;

(3)红色——指数 R。

3. 对废弃物进行编码时应当考虑到废弃物形成的领域、储存(填埋)方式、利用方式或者回收方法、潜在的危险成分、危害类型以及产生该废弃物的经济部门。

第 4 款载于 2014 年 12 月 29 日颁布的第 269 号哈萨克斯坦共和国法律中(见旧版)

4. 废弃物的危险程度和编码是根据环保领域授权机关批准的废弃物分类表确定的。分类表中没有该类型的废弃物时,其危险登记和编码应当根据废弃物危险等级和编码的确认方法进行确定。

5. 当技术发生改变或者向其他原材料过渡时,以及发生可能导致废弃物危险特性发生变化的其他情况时,应当对废弃物的危险程度和编码进行确定。

6. 自然资源利用者可以自行给废弃物分配某一特定的编码,或者由自然资源利用者聘请具有环境保护领域履行工作和提供服务许可证的自然人和(或者)法人,给废弃物分配某一特定的编码。

第 288 条　在处理生产和消费废弃物时应当遵守的一般性生态要求

第 1 款载于 2016 年 4 月 28 日颁布的第 506-5 号哈萨克斯坦共和国法律中(见

旧版）

1. 在其经济活动中产生废弃物的自然人和法人有义务采取措施安全处理废弃物，遵守生态要求和卫生防疫要求并落实有关废弃物利用、加工、无害化处理和安全消除的措施。自然人和法人在处理生产和消费废弃物时必须遵守哈萨克斯坦共和国的立法要求。

见：2016 年 11 月 25 日第 8 号哈萨克斯坦共和国最高法院《关于法院就民事问题适用哈萨克斯坦共和国生态立法的若干问题》的规范性决议，有关废弃物处理的生态要求的应用指南（由 2010 年 1 月 29 日颁布的第 298 号哈萨克斯坦共和国环境保护部法令批准），2010 年 2 月 1 日颁布的第 06－06－01–7/187－u 号哈萨克斯坦共和国环境保护部信件《关于废旧轮胎利用问题的建议》

2. 废弃物安置和清除的地点，应当由地方执行机关与环境保护领域的授权机关和卫生防疫领域的国家授权机关以及其他国家特别授权机关共同协调确定。

根据 2011 年 12 月 3 日颁布的第 505–4 号哈萨克斯坦共和国法律，对第 3 款进行修订（见旧版）；根据 2016 年 4 月 28 日颁布的第 506–5 号哈萨克斯坦共和国法律，对第 3 款进行修订（见旧版）

3. 废弃物的贮存区是在回收或者加工废弃物前用于安全存放废弃物的场所，存放期限不超过 3 年，或者在废物填埋前安全存放废弃物的场所，存放期限不超过 1 年。

根据 2016 年 4 月 28 日颁布的第 506–5 号哈萨克斯坦共和国法律，将第 3–1 款补充至本条

3–1. 废弃物临时保管地不等于对废弃物进行安置

废弃物临时保管地是用于在将废弃物转交给从事有关利用、加工以及对无法加工或者利用废弃物进行消除作业的第三人之前，安全收集废弃物的场所，期限不能超过 6 个月。

如违反项目文件规定的生产和消费废弃物临时保管地条例和期限（但未超过 6 个月），该废弃物自形成时即被视为已处置。

见：2016 年 11 月 25 日第 8 号哈萨克斯坦共和国最高法院《关于法院就民事问题适用哈萨克斯坦共和国生态立法的若干问题》的规范性决议

第 4 款载于 2013 年 6 月 21 日颁布的第 107–5 号哈萨克斯坦共和国法律中（见旧版）

4. 以使用(利用、加工)废弃物为目的,从非关税同盟成员国向哈萨克斯坦共和国境内进口废弃物,或者从哈萨克斯坦共和国境内向非关税同盟成员国出口废弃物时,应当按照哈萨克斯坦共和国政府的授权机关签发的许可证进行。

禁止自然人以个人使用为目的(非商业用途)进口和出口废弃物。

禁止以填埋和无害化处理为目的进口废弃物。

第5款载于2011年12月3日颁布的第505-4号哈萨克斯坦共和国法律中(见旧版)

5. 在本法典规定的情况下,废弃物所有人有义务制定废弃物管理计划,以逐渐减少废弃物数量。

6. 在选择无害化处理或者安置废弃物的方法和场地时,以及在确定从事加工、消除或者安置废弃物的自然人和法人时,废弃物所有人应当确保从废弃物形成的来源处对其进行最小化程度的转移。

7. 如果利用一次性产品形成的废弃物,会引发较高生态风险或者在经济上不可行,则可以限制或者完全禁止一次性产品的进口。

8. 若在哈萨克斯坦共和国境内尚不具备能够对产品使用过程中产生的危险废弃物进行无害化处理或者利用技术,则应当禁止进口该类产品。

根据2011年12月3日颁布的第505-4号哈萨克斯坦共和国法律,将第9款补充至本条

9. 若哈萨克斯坦共和国有关持久性有机污染物质的国际条约中规定,使用该类产品会导致产生含有持久性有机污染物质的废弃物,则应当禁止生产和进口该类产品。

根据2011年12月3日颁布的第505-4号哈萨克斯坦共和国法律,将第288-1条补充至本法典

第288-1条 废弃物的管理方案

第1款载于2014年9月29日颁布的第239-5号哈萨克斯坦共和国法律中(见旧版)

1. 具有Ⅰ类和Ⅱ类废弃物的自然人和法人应当按照环境保护领域的授权机关批准的程序制定废弃物管理方案(2013年1月1日对第2款做的补充)。

第2款自2013年1月1日起生效

2. 从事废弃物利用和加工的人员或者以其他方式减少废弃物数量和危险性的人员以及从事与生产和消费废弃物安置相关活动的人员，必须制定废物管理方案。

见:2012 年 11 月 29 日哈萨克斯坦共和国环境保护部长对 2012 年 11 月 20 日第 175227 号(e. gov. kz)的答复《环境排放许可证不适用于根据订立的合同出口或者出售的生产和消费废弃物的产生量的规制问题(不属于特殊性自然资源利用)》

3. 废弃物管理方案应当包括有关形成废弃物的数量和安置废弃物的数量，废弃物的保存方法、利用方法、填埋方法、填埋地土地复垦方法或者废弃物的清除方法。

4. 在废弃物管理方案中规定措施并指明其实施的数量和时间，以确保通过以下途径逐步减少废弃物：

(1)改进生产工艺，包括采用低废技术；

(2)重复利用废弃物或者将其转移给在其使用方面具有相关利益的自然人和法人；

(3)利用最佳可行技术对废弃物进行加工。

第 5 款载于 2014 年 9 月 29 日颁布的第 239-5 号哈萨克斯坦共和国法律中(见旧版)

5. 有关废弃物加工的最佳可行技术清单是由环境保护领域的授权机关在中央相关执行机关和其他法人的参与下制定的，并由环境保护领域的授权机关批准。

6. 在缺乏有关废弃物加工的最佳可行技术的情况下，在废弃物管理方案中应当规定有关恢复废弃物安置地土地生产力的措施。

7. 在无法通过技术恢复废弃物安置地土地生产力时，在废弃物管理方案中应当规定措施，以减少废弃物对环境的有害影响。

8. 根据 2014 年 12 月 29 日颁布的第 269-5 号哈萨克斯坦共和国法律，本款已废止(见旧版)。

第 289 条　危险废弃物的登记证

1. 在其经济活动过程中会形成危险废弃物的自然人和法人应当编制和确认危险废弃物的登记证。

2. 应当针对以下废弃物编制危险废弃物登记证：

(1)在本法典第287条第1款中规定的废弃物;

(2)琥珀色级别清单和红色级别清单中的废弃物。

3. 危险废弃物登记证必须包括以下章节:

(1)废弃物名称;

(2)自然人的姓、名、父称,住址,生产场所—生产场所所在地,企业名称和详细信息—废弃物生产者;

(3)废弃物的来源;

(4)废弃物的危险特性清单;

(5)废弃物的化学成分及其组成的危险特性描述;

(6)推荐的废弃物处理方法;

(7)处理废物时必要的预防措施;

(8)废弃物运输要求和废弃物装卸要求;

第9项载于2014年4月11日颁布的第189-5号哈萨克斯坦共和国法律中(见旧版)

(9)预防和消除自然和人为紧急情况及其后果的措施;

(10)补充信息。

4. 危险废弃物登记证的形式由环境保护领域的授权机关批准,并针对每种废弃物分别填写。

第5款载于2015年11月24日颁布的第419-5号哈萨克斯坦共和国法律(见旧版)、2016年4月28日颁布的第506-5号哈萨克斯坦共和国法律中(见旧版)

5. 应在废弃物形成之日起3个月内将危险废弃物登记证送交到环境保护领域的授权机关。

第6款载于2016年4月28日颁布的第506-5号哈萨克斯坦共和国法律中(见旧版)

6. 在增加强制性章节中数据完整性和可靠性的补充信息时,应及时更新危险废弃物登记证。更新的登记证应当在10个工作日内送交环境保护领域的授权机关。

第7款载于2016年4月28日颁布的第506-5号哈萨克斯坦共和国法律中(见旧版)

7. 危险废弃物登记证的复印件必须提交给负责运输该批危险废弃物或者该批中部分废弃物的自然人或者法人,并且同时提交给该批(该批中部分)废弃物的每位收货人。

第8款载于2016年4月28日颁布的第506–5号哈萨克斯坦共和国法律中(见旧版)

8. 处理收到的该批废弃物时，包括与其他物料混合物时，收货人有义务在向企业外运输的情况下，为本批次(批次中部分)危险废弃物办理新的危险废弃物登记证，并将其提交给环境保护领域的授权机关。

9. 如果由于产生废弃物的技术流程工艺发生变化导致废弃物的危险特性发生变化时，则危险废弃物的登记证失效。

10. 根据经授权的实验室的分析结果，指出废弃物的化学成分和组成成分。对于丧失消费属性的商品(产品)所形成的废弃物，应当根据技术条件说明原商品(产品)的组成成分。

11. 在危险废弃物的登记证中应当注明产生废弃物的工艺流程的名称，或者商品(产品)丧失消费属性的工艺流程的名称以及原商品(产品)的名称。

第12款载于2014年4月11日颁布的第189–5号哈萨克斯坦共和国法律中(见旧版)

12. 在危险废弃物的登记证中应当注明必要的措施，以预防和消除包括在运输过程中和装卸工作中产生的与危险废弃物有关的自然和人为紧急情况及其后果。

13. 在“补充信息”章节中应当注明废弃物所有人有意愿告知的其他信息。

第290条　在设计与废弃物处理相关的活动中应当遵守的生态要求

1. 在设计其使用过程中会产生废弃物的客体时应当：

(1)制定废弃物管理方案，作为项目文件的组成部分；

(2)考虑哈萨克斯坦共和国生态立法和哈萨克斯坦共和国在居民卫生防疫保障领域的立法所制定的生态、卫生防疫等其他要求；

(3)制定有关处理废弃物的技术和工艺文件。

2. 在设计居民住宅以及工业企业、建筑物、房屋、构筑物和其他在其使用过程中会产生废弃物的客体时，必须按照由环境保护领域的授权机关和居民卫生防疫保障领域的国家机关制定的废弃物处理领域的规则、标准和要求，提供收集上述废弃物的地点(场所)。

第291条 在建设和利用企业、建筑物、房屋、构筑物和其他与废弃物处理有关的设施时应当遵守的生态要求

1. 自然人和法人在使用企业、建筑物、房屋、构筑物和其他与废弃物处理相关的客体时，应当：

第1项载于2011年12月3日颁布的第505-4号哈萨克斯坦共和国法律中（见旧版）；根据2016年4月28日颁布的第506-5号哈萨克斯坦共和国法律，对其进行修订（见旧版）

（1）制定废弃物安置标准草案，制定措施以通过加工、利用，无害化处理和安全处理或者将废弃物转让给从事上述活动的自然人和法人的方式减少废弃物；

废弃物安置标准草案由具有废弃物安置设施的自然人和法人制定；

见：2012年11月29日哈萨克斯坦共和国环境保护部部长对2012年11月20日第175227号（e. gov. kz）的答复《环境排放许可证不适用于根据订立的合同出口或者出售的生产和消费废弃物的产生量的规制问题（不属于特殊性自然资源利用）》

（2）在最新科学技术成果的基础上，引进低废技术和组织措施以减少废弃物的产生；

（3）清查盘点废弃物和废弃物安置设施；

（4）监测废弃物安置设施所在地的环境状况；

（5）按照哈萨克斯坦共和国立法规定的程序，提供有关废弃物处理的相关信息；

（6）遵守与废弃物处理有关的意外事件的预防要求，并采取紧急措施予以消除；

（7）如果发生正在造成或者有可能造成环境损害、自然人健康损害、财产损失或者法人财产损失且与处理废物有关的意外事件或者威胁时，应当立即向环境保护领域的授权机关和居民卫生防疫保障领域的国家机关以及地方执行机关通报。

第2款载于2014年12月29日颁布的第269-5号哈萨克斯坦法律中（见旧版）

2. 应当在具有国家生态鉴定正面结论、卫生防疫鉴定正面结论（在建设具有高度防疫意义的设施时）以及根据哈萨克斯坦共和国有关地下资源和地下资源使用的立法进行的国家鉴定正面结论的前提下，根据专业的（工程地质、水文地理和其他）研究结果，确定废弃物安置设施的施工场地。

3. 废弃物安置设施的所有人，以及拥有或者使用废弃物安置设施的人员，在设施完工后，应当对设备的状态和其对环境的影响进行监测，并开展有关恢复土地生产力的工作。

第 4 款载于 2014 年 12 月 29 日颁布的第 269-5 号哈萨克斯坦共和国法律（见旧版）、2015 年 6 月 15 日颁布的第 320-5 号哈萨克斯坦共和国法律中（见旧版）

4. 禁止在城市居民区和其他居民区、森林公园、疗养中心、治疗保健中心、休养地带和水上保护区，用于饮用水和生活饮用水的地下水体集水区域，以及被列为历史和文化遗产客体的区域填埋废弃物。

5. 在发生矿产地污染威胁和矿山工作开展安全威胁时，禁止在矿产地和矿山工作开展地填埋废弃物。

第 292 条　在处理公共废弃物时应当遵守的生态要求

第 1 款载于 2016 年 4 月 28 日颁布的第 506-5 号哈萨克斯坦共和国法律中（见旧版）

1. 地方执行机关负责组建合理的、保障生态安全的公共废弃物收集系统，分类收集、储存、定期清除、加工、利用和无害化处理公共废弃物的危险成分以及清理居民区的土地。

第 2 款载于 2014 年 12 月 29 日颁布的第 269-5 号哈萨克斯坦共和国法律中（见旧版）

2. 在处理公共废弃物时，由地方执行机关、环境保护领域的授权机关监督遵守生态要求的情况。

3. 地方执行机关应当规定中小企业主体建立和运行必要的基础设施，用于垃圾场公共废弃物的收集、运输、分类、再利用和填埋。

见：2010 年 3 月 19 日颁布的第 03-2/1888 号哈萨克斯坦共和国竞争保护署（反垄断局）信件

第 4 款载于 2012 年 7 月 10 日颁布的第 34-5 号哈萨克斯坦共和国法律中（见旧版）

4. 由填埋和加工废弃物领域的专业机构收集公共废弃物并向填埋和加工废弃物的既定地点运输公共废弃物，费用由废弃物所有人承担。

5. 在处理公共废弃物时地方执行机关应当通过以下方式确保遵守生态要求：

(1)组织进行分类收集和利用废弃物的可回收部分；

(2)组织定期运输废弃物到临时储存地和加工地以及填埋地；

(3)促进有机废弃物的分类收集和使用；

(4)在施工现场或者特定地点组织将建筑废弃物与其他类型的废弃物强制分离，并防止建筑废弃物与垃圾填埋场的其他废弃物混合；

(5)禁止将某些类型的废弃物与其他类型或者特殊添加剂混合；

(6)防止未经许可焚烧公共废弃物；

(7)为废弃物所有人将其利用废弃物的义务转交给加工该些废弃物设施的所有人创造条件；

(8)组织建立及时向环保领域的授权机关提供有关处理公共废弃物真实可靠信息的系统。

根据2016年4月28日颁布的第506-5号哈萨克斯坦共和国法律，将第5-1款、第5-2款、第5-3款、第5-4款补充至本条(自2019年1月1日起生效)

第6款载于2012年7月10日颁布的第34-5号哈萨克斯坦共和国法律中(见旧版)

6. 由市属国有企业和其他从事这一领域的专业组织填埋公共废弃物，建立和使用废弃物填埋场。

根据2016年4月28日颁布的第506-5号哈萨克斯坦共和国法律，将第292-1条补充至本法典

第292-1条　有关处理个别类型的废弃物以及个别类型的废弃物的衰变周期过程的生态要求

1. 在处理个别类型的废弃物时，废弃物所有人应当确保遵守生态要求、卫生防疫要求、处理个别类型废弃物领域的标准要求。

2. 处理下列属于废弃物范畴的材料和产品时应当遵守哈萨克斯坦共和国标准规定的生态要求：轮胎、电子设备和电气设备、包装、纸张、废油、电流的化学来源、含汞的废弃物。废弃物领域的标准要求对任何组织和法律形式的自然人和法人都有约束力。

第293条　在处理危险废弃物时应当遵守的生态要求

1. 其活动过程中形成危险废弃物的自然人和法人应当采取措施以停止或者

减少废弃物形成和(或者)降低危险程度。

根据2011年1月10日颁布的第383-4号哈萨克斯坦共和国法律,对第2款进行修订(见旧版)

2. 如果在处理危险废弃物时,不能保障生态安全和人类健康安全,则应当限制或者禁止其活动过程会产生危险废弃物的自然人和法人的活动。

根据2016年4月28日颁布的第506-5号哈萨克斯坦共和国法律,将第2-1款补充至本条

2-1. 必须分类收集公共废弃物的危险组成部分并将其转交给专业公司利用和加工,公共废弃物的危险组成部分包括电子设备和电气设备、含汞废弃物、电池、蓄电池等其他危险部件。

3. 危险废弃物的所有人必须确保危险废弃物的包装标签上标明其危险特性。在一定时间内将此危险废弃物转移给其他人时,废弃物的所有人必须以书面形式通知他人该些危险废弃物的危险属性,以及在处理该些危险废弃物时的注意事项。

根据2016年4月28日颁布的第506-5号哈萨克斯坦共和国法律,将第3-1款补充至本条

3-1. 从事有关废弃物收集、运输、利用、加工、贮存、安置或者消除作业的主体必须根据环境保护领域的授权机关批准的形式,于报告年度后一年的每年1月1日至3月1日提交有关清算废弃物的电子版和纸质版年度报告。

第4款载于2011年12月3日颁布的第505-4号哈萨克斯坦共和国法律中(见旧版)

4. 在生产、运输和储存过程中,禁止将危险废弃物与非危险废弃物以及不同类型的危险废弃物相互混合,在处理废弃物时将非危险废弃物用于填充、压实的情况除外。

根据2016年4月25日颁布的第505-5号哈萨克斯坦共和国法律,对第5款进行修订(见旧版)

5. 在具有国家生态鉴定结论并经地下资源使用领域的授权机关允许的情况下,在安装专门设施的地点填埋危险废弃物,包括在矿井、矿山和运输倾斜的没有淹水的地下矿山井巷中。禁止在划拨用于填埋危险废弃物的区域上实施与危险废弃物处理无关的其他活动。

填埋危险废弃物的区域应当用清晰可见的标识符号标明废弃物的类型、危险程度和填埋日期。

6. 从事危险废弃物收集、利用、运输和安置工作的企业应当制定在发生紧急情况和灾难情况时的应急计划。

7. 应当根据《哈萨克斯坦共和国强制生态保险法》对拥有危险废弃物或者从事危险废弃物处理的自然人和(或者)法人的民事法律责任进行强制生态保险。

根据2011年12月3日颁布的第505-4号哈萨克斯坦共和国法律,将第293-1条补充至本法典

第293-1条　在贮存含有持久性有机污染物的废弃物时应当遵守的生态要求

1. 含有持久性有机污染物的废弃物储存站应当配备防护设备,以确保防止持久性有机污染物对环境和公众健康造成影响。

2. 对含有持久性有机污染物的废弃物进行核算时,应当在报告册中严格报告。

3. 未经环境保护领域授权机关的许可,禁止变更含有持久性有机污染物的废弃物所有人。

4. 对含有持久性有机污染物的废弃物进行地籍调查的情况应当记录在《国家废弃物地籍调查》框架内的单独章节中。

见:处理持久性有机污染物和含有这些污染物的废弃物的规则

第294条　在运输危险废弃物时应当遵守的生态要求

1. 应当尽量减少危险废弃物的形成和运输。

2. 允许在以下条件下运输危险废弃物:

(1)具有适当的危险废弃物包装和标签以供运输;

(2)具有配备特殊标志的专门装备车辆;

(3)具有危险废弃物登记证以及危险废弃物运输文件和转移文件,并标明运输危险废弃物的数量、运输目的和运输目的地;

(4)在运输危险废弃物时,符合运输和装卸的安全要求。

3. 由哈萨克斯坦共和国有关交通的法律规定运输危险废弃物、包装危险废弃物和为危险废弃物贴标签的程序。

4. 使用车辆运输危险废弃物的程序，危险废弃物装卸的要求以及其他确保生态安全和卫生防疫安全的要求，由交通和通信领域的国家授权机关核准，并经环境保护领域授权机关和居民卫生防疫保障领域国家机关协商的规范和条例进行确定。

5. 自废弃物装载到运输车辆上并被从事废弃物运输的自然人或者法人接受时起至将废弃物从指定地点卸下运输车辆前，运输机构或者该运输车辆的所有人应当对废弃物的安全管理承担责任。

第 295 条　废弃物的越境转移

第 1 款载于 2016 年 4 月 28 日颁布的第 506–5 号哈萨克斯坦共和国法律中（见旧版）

1. 越境转移危险物时，在《控制危险物越境转移及其处置巴塞尔公约》中规定的废弃物类别属于危险废弃物。

第 2 款载于 2013 年 6 月 21 日颁布的第 107–5 号哈萨克斯坦共和国法律中（见旧版）

2. 应当按照《控制危险废物越境转移及其处置巴塞尔公约》的要求在哈萨克斯坦共和国境内越境转移危险废弃物。

应当根据环境保护领域授权机关的结论在哈萨克斯坦共和国境内越境转移废弃物。

3. 禁止向《控制危险废物越境转移及其处置巴塞尔公约》的缔约国出口危险废弃物，并禁止向根据其立法禁止进口危险废弃物的发展中国家出口危险废弃物，或者有理由认为其不会以对生态无害的方式使用危险废弃物以及位于南纬 60 度以南的地区出口危险废弃物。

4. 越境转移危险废弃物时，自然资源利用者必须向有关国家提交关于拟议越境转移危险废弃物的资料，其中应当说明拟议转移的危险废弃物对人类健康和环境的影响。

5. 越境转移危险废弃物时，必须按照包装、标签和运输领域公认的国际规则和标准对其进行包装、贴标签和运输。

第 296 条　对危险物的处理进行统计

1. 废弃物所有人应当对废弃物进行统计（类型、数量和产地），并收集和保存有关废弃物对环境和（或者）人体健康的危险属性的信息。

根据2016年4月28日颁布的第506-5号哈萨克斯坦共和国法律，对第2款进行修订（见旧版）

2. 处理废弃物的人员和危险废弃物生产者必须对其活动过程中已形成的废弃物、已收集的废弃物、已转运的废弃物、已利用的废弃物或者已填埋的废弃物定期统计（类型、数量、性质）。

生产和消费废弃物的统计规则由环境保护领域的授权机关确定。

3. 废弃物所有人应当保存有关废弃物5年内的统计文件。

4. 废弃物所有人应当向环境保护领域的授权机关提交有关自己在废弃物处理领域活动的年度报告，以载入国家废弃物地籍清查册。

根据2016年4月25日颁布的第505-4号哈萨克斯坦共和国法律，本条已废止（见旧版）

根据2010年3月19日颁布的第258-4号哈萨克斯坦共和国法律，对第6款进行修订（见旧版）

5. 根据哈萨克斯坦共和国在国家统计领域的立法提交废弃物领域的原始统计数据。

第297条　有关废弃物利用和减少废弃物产生规模的激励措施

1. 经济活动主体应当采取措施以激励利用废弃物、减少废弃物产生规模和危害程度，包括采用减少废弃物产生规模的技艺，在产品生产过程中（履行工作、提供服务过程中）利用废弃物、收集和储存废弃物，建设企业和车间，以及组织生产用于废弃物处理的设备，共同融资用于废弃物处理和减少废弃物的产生规模。

根据2011年12月3日颁布的第505-4号哈萨克斯坦共和国法律，对第2款进行修订（见旧版）

2. 地方执行机关确定有关激励废弃物利用和减少废弃物产生规模的措施。

根据2016年4月28日颁布的第506-5号哈萨克斯坦共和国法律，将第297-1条补充至本法典

第297-1条　将消费废弃物转化成再生原料

1. 消费废弃物在经过操作后可以变成再生原料，该再生原料在生产过程中

能够部分或者全部替代原材料和(或者)其他材料。

2. 由环境保护领域的授权机关确定消费废弃物变成再生原料的标准。

3. 废弃物领域的立法要求不适用于再生原料。

第四十三章　废弃物填埋场及废弃物长期储存库应当遵守的生态要求

第 298 条　废弃物储存地和废弃物填埋场

根据2016 年4 月28 日颁布的第 506–5 号哈萨克斯坦共和国法律，对第 1 款进行修订（见旧版）

1. 在项目文件中针对每种类型废弃物规定的时间内，在特定装备场所（场地、仓库、储存库）内储存废弃物，以便后续利用、加工或者最终填埋废弃物。

2. 废弃物填埋地，是指可以永久安置废弃物的场所，无意将其取缔。在具有特殊装备的场所填埋废弃物。

3. 废弃物长期储存地，是指可以永久安置废弃物的地方，并且可以在后续期间将其转移和（或者）连续监测其对环境的影响。废弃物长期储存地要符合为垃圾填埋场制定的环境要求，并且必须提供技术能力用以回收、运输、后续处理应（或者）最终安置。

第 4 款载于 2014 年 12 月 29 日颁布的第 269–5 号哈萨克斯坦共和国法律中（见旧版）

4. 安置废弃物和建设废弃物填埋场的项目应当：

（1）进行国家生态鉴定；

（2）在建设高度防疫意义的设施时，按照本法典和哈萨克斯坦共和国其他规范性法律法规规定的程序，进行国家卫生防疫鉴定。

5. 储存和填埋危险性废弃物属于生态危险型经济活动。危险废弃物的储存地和填埋地是生态危险设施。

根据2011 年12 月3 日颁布的第 505–4 号哈萨克斯坦共和国法律，将第 6 款补充至本条

6. 禁止填埋含有哈萨克斯坦共和国关于持久性有机污染物的国际协约规定的持久性有机污染物的废弃物。只允许以消除该类持久性有机污染物为目的对其进出口。

第 299 条　废弃物安置场所的等级

1. 废弃物安置场所分为以下等级：

(1)第一等级——用于填埋危险性废弃物的填埋场所；

(2)第二等级——用于填埋非危险性废弃物的填埋场所；

根据 2011 年 12 月 3 日颁布的第 505–4 号哈萨克斯坦共和国法律，对第 3 项进行修订（见旧版）

(3)第三等级——用于填埋固体生活废弃物的填埋场所。

2. 在不同等级填埋场所填埋废弃物的清单由环境保护领域的授权机关确定。

第 300 条　废弃物填埋场所的生态要求

根据 2011 年 12 月 3 日颁布的第 505–4 号哈萨克斯坦共和国法律，对第 1 款进行修订（见旧版）

1. 未经事先处理，只能填埋非危险性废弃物。

2. 危险废弃物必须经过无害化处理、稳定化处理并采取其他方法以减少废弃物危害性的影响。

根据 2011 年 12 月 3 日颁布的第 505–4 号哈萨克斯坦共和国法律，对第 3 款进行修订（见旧版）

3. 禁止在非危险性废弃物填埋场所填埋危险性废弃物。

根据 2016 年 4 月 28 日颁布的第 506–5 号哈萨克斯坦共和国法律，将第 3–1 款补充至本条（自 2019 年 1 月 1 日起生效）

4. 某类等级废弃物填埋场所接收废弃物的标准应当根据以下因素确定：

(1)保护环境（特别是地下水和地表水）以及保护居民健康；

(2)确保废弃物填埋场范围内的废弃物的稳定性；

(3)所接收废弃物的质量成分；

(4)要求或者限制所接收废弃物的数量及其有机成分的生物降解能力；

(5)根据保护标准限制潜在危险性组成成分的数量；

(6)废弃物的生物毒性和形成过滤液的生物毒性。

第5款载于2011年12月3日颁布的第505-4号哈萨克斯坦共和国法律中(见旧版)

5. 禁止将废弃物储存在非指定地点和自发形成的垃圾填埋场。

6. 每个废弃物填埋场均应当配备存放废弃物所产生的大气排放(垃圾气体)监测系统、滤液系统和废水系统,以防止其对环境的不良影响。

根据2016年4月28日颁布的第506-5号哈萨克斯坦共和国法律,将第6-1款和第6-2款补充至本条(自2019年1月1日起生效)

7. 应当减少在废弃物填埋场填埋的废弃物的数量并降低其危险属性。

8. 废弃物填埋场所有人应当采取措施,通过减少可生物降解废弃物的填埋并引入垃圾气体监测和利用系统,从而减少废弃物填埋场沼气的形成。

9. 为防止环境污染,废弃物填埋场所有人应当根据废弃物分类实行统一的接收程序。

10. 废弃物填埋场的活动是在根据生态要求制定的地块使用计划的基础上,在经环境保护领域授权机关同意的期间内进行的。

根据2011年12月3日颁布的第505-4号哈萨克斯坦共和国法律,对第11款进行修订(见旧版)

11. 废弃物填埋场所有人应当建立清算基金用于执行土地生产力恢复相关的措施和在废弃物填埋场关闭后监测环境影响。

禁止在没有清算基金时使用废弃物填埋场。

12. 接收用于填埋的废弃物的接收程序和废弃物分类程序由废弃物填埋场所有人确定,并经环境保护领域授权机关的同意。

13. 环境保护领域的授权机关负责监督废弃物填埋场的废弃物填埋和填埋场维护要求的遵守情况。

第301条 废弃物填埋场禁止接收的废弃物

1. 禁止接收下列废弃物到废弃物填埋场进行填埋:

(1)液体废弃物;

(2)在废弃物填埋场条件下属于爆炸性、腐蚀性、可氧化性、高度易燃性或者易燃性的危险废弃物;

(3)与水发生反应的废弃物;

(4)来自受感染的医疗机构或者兽医机构的废弃物；

第5项载于2011年12月3日颁布的第505-4号哈萨克斯坦共和国法律中(见旧版)

(5)整个旧轮胎及其碎片,除了在生产力恢复工作中用作稳定性材料使用的旧轮胎及其碎片外；

(6)含有持久性有机污染物的废弃物；

(7)除莠剂；

(8)不符合接收标准的废弃物；

根据2016年4月28日颁布的第506-5号哈萨克斯坦共和国法律,将第9项至第19项补充至本款;第9项和第10项载于2017年4月5日颁布的第56-6号哈萨克斯坦共和国法律中(见旧版);第9项和第10项的效力终止于2018年12月31日

(9)废塑料,塑料,含有聚乙烯和聚对苯二甲酸乙二醇酯的包装；

(10)废纸,纸板和废纸屑；

(11)含汞的灯具和器具；

第12项的效力终止于2018年12月31日

(12)碎玻璃；

(13)有色金属废料和黑色金属废料；

(14)根据2017年4月5日颁布的第56-6号哈萨克斯坦共和国法律,本款已废止(见旧版)；

(15)锂电池,铅酸电池；

第16项载于2017年4月5日颁布的第56-6号哈萨克斯坦共和国法律中(见旧版)

(16)电子设备和电气设备；

(17)根据2017年4月5日颁布的第56-6号哈萨克斯坦共和国法律,本款已废止(见旧版)；

第18项和第19项的效力终止于2018年12月31日

(18)建筑材料废弃物；

(19)食品废弃物。

2. 禁止接受混合废弃物以达到接收标准。

根据2013年7月3日颁布的第124-5号哈萨克斯坦共和国法律,对第3款进行

修订(见旧版)

3. 地方执行机关采取措施以减少可生物降解废弃物的填埋,包括废弃物回收利用、堆肥、沼气生产和(或者)用于产品生产或者能源生产的措施。

根据2011年7月22日颁布的第479-4号哈萨克斯坦共和国法律,对第302条进行修订(见旧版)

第302条 禁止在用于填埋公共废弃物的废弃物填埋场内填埋固体工业废弃物和油浆状工业废弃物

在用于填埋公共废弃物的废弃物填埋场内禁止填埋下列固体工业废弃物和油浆状工业废弃物:

(1)氯气生产领域的化学工业的废弃物:

含汞及其化合物的合成橡胶、氯、氢氧化钠生产的石墨废渣;

甲醇、含有甲醇的有机玻璃的生产废弃物;

用于生产含有六氯环乙烷、甲醇、三氯苯的一氯乙酸盐的泥浆;

用于运输二氟苯基三氯乙烷、环六亚甲基四胺、代森锌、三氯苯酚铜、四甲基秋兰姆二硫化物的纸袋;

含有苯甲醛和二氯乙烷的三氯酚铜的污泥;

用于生产含有苯和二氯乙烷的塑性聚合物的废催化剂;

含有氯丁二烯的聚合物和欧米伽;

三氯苯废料、含六氯环乙烷和三氯苯的化肥生产废弃物。

(2)用于生产铬化合物的化学工业的废弃物:

生产单铬酸钠和氯化钠的浆液,含有六价铬的重铬酸钾的生产废弃物。

(3)苏打生产工业中含有锌的碳酸锌废弃物。

(4)人造纤维的生产废弃物:

含有对苯二甲酸二甲酯、对苯二甲酸、锌、铜的残渣;

来自己内酰胺过滤的含己内酰胺的废弃物;

含有甲醇的甲醇分解装置废弃物。

(5)油漆染料工业废弃物:

清漆和搪瓷薄膜,在清洁设备过程中产生的含有锌、铬、溶剂、氧化油的废弃物;

含有锌和镁的废渣。

(6)化学摄影行业的废弃物：

含有苯酚的次亚硫酸盐和亚硫酸盐的生产废弃物；

含有乙酸丁酯、甲苯、二氯乙烷、甲醇的磁性清漆，胶棉，油漆的废弃物。

(7)含有苯酚的塑料生产废弃物。

(8)来自氮工业的废弃物：

来自焦炉煤气清洁装置的废渣(树脂)和含有致癌物质的合成和压缩车间的废油；

含有单乙醇胺的单乙醇胺蒸馏的蒸馏余液馏渣。

(9)石油加工和石油化工的废弃物：

来自油类清洁和石蜡清洁的含有铬和钴的硅铝酸盐吸附剂；

硫酸含量超过30%的酸性焦油；

获取交谈和半焦气化的含苯酚的油泥和扶桑树脂残留物；

含铬的废催化剂；

含油的废黏土；

来自烷基酚添加剂装置的过滤过程中产生的含锌的废弃物。

(10)机械制造业的废弃物：

含铬的沉淀物；

含氰化物的沉淀物；

在有机黏合剂上的含有铬的棒状混合物；

在真空过滤器后，电镀车间的中和站的含有锌、铬、镍、镉、铅、铜、氯磷、硫醇的沉淀物。

(11)医疗行业的废弃物：

含有溴、二氯乙烷、甲醇的合霉素的生产废弃物；

含有重金属盐的废渣和泥浆。

第303条 针对危险性废弃物填埋场提出的生态要求

1.危险性废弃物填埋场的选址应当考虑以下内容：

(1)填埋场距离住宅区和休闲区、水体、农业用地和居民点的距离；

第2项载于2016年4月25日颁布的第505-5号哈萨克斯坦共和国法律中(见旧版)

(2)存在地下水、地表水及其水保护区和水保护带或者特别自然保护区；

(3)地质条件和水文地质条件;

(4)在该地块有发生洪水、低洼地、山体滑坡或者雪崩的风险;

(5)保护国家自然保护资源的客体。

2. 根据废弃物填埋场的性质和气象条件对下列活动进行规定:

(1)控制水体突然进入废弃物填埋场;

(2)防止地表水和(或者)地下水进入废弃物填埋场;

(3)收集和加工被污染水体和滤液以符合污水制定标准。

3. 收集、加工和使用填埋场气体时,应当采用方法尽可能减少对环境的损害或者恶化以及降低对公众健康的风险。

4. 应当采取措施最小化废弃物填埋场运作的后果:

(1)发出异味和产生灰尘;

(2)能被风吹散的材料、化合物和悬浮大气微粒;

(3)噪声和振动;

(4)鸟类、寄生虫和昆虫;

(5)火灾。

5. 废弃物填埋场应当配备适当的设备,以确保废弃物填埋场的污染物不会对公共道路和周围区域造成污染。

6. 应当保护废弃物填埋场,防止未经授权的人员随意进入。对每项技术工具的控制和准入系统都必须包含能够检测和防止非法使用工具的方案。

7. 由具有垃圾填埋场操作技术的自然人或者法人管理废弃物填埋场,并为废弃物填埋场的工作人员提供专业技术教育和培训。

8. 应当根据废弃物填埋场的设计,考虑废弃物填埋场所在地的特定水文地质条件,在环境许可证中确定允许的影响水平。

9. 向每个废弃物填埋场授予一个哈萨克斯坦共和国废弃物国家地籍登记册中的个人注册号。废弃物填埋场所有人应当制定一个文档管理系统,以便记录废弃物填埋场接收的垃圾。

第10款载于2014年9月29日颁布的第239-5号哈萨克斯坦共和国法律中(见旧版)

10. 在废弃物填埋场的项目中应当规定建立清算基金,用于关闭废弃物填埋场、修复废弃物填埋场以及在其关闭后监测和控制污染。清算资金的设立程序由环境保护领域的授权机关确定。

11. 废弃物填埋场所有人有义务每年向环境保护领域的授权机关通报被处置垃圾的种类和数量以及计划监测的结果。

第 304 条　废弃物的接收程序

1. 将废弃物交给废弃物填埋场的废弃物所有人有义务向废弃物填埋场的所有人提供关于能够确认废弃物属于某种类型的质量特征和数量特征的可靠信息,以及附在危险性废弃物登记证副本上的可靠信息。

2. 废弃物填埋场所有人有权只接收允许在该废弃物填埋场进行安置的废弃物类型以及生态许可证对其安置权规定的废弃物类型。

3. 废弃物填埋场所有人应当遵守以下废弃物接收程序:

(1)核查废弃物的文件,包括危险性废弃物的登记证;

(2)在入口和安置地对废弃物进行目视检查;

(3)将内容与废弃物所有人提供文件中的描述进行核对;

(4)记录所安置废弃物的数量和特征,并说明来源、交付日期、生产者或者废弃物收集者的身份,以及在具有危险性废弃物时表明废弃物在废弃物填埋场的明确安置位置;

(5)为防止放射性物质进入废弃物填埋场,有必要对每批废弃物进行剂量监督。

4. 废弃物填埋场所有人必须随时为废弃物填埋场收到的每批废弃物提供书面确认书,并确保该文件的保存期限为 5 年。

5. 安装测量仪器以确定接收点处进入废弃物的数量。

第 305 条　废弃物填埋场运营时的监督和监测

1. 废弃物填埋场所有人每年向环境保护领域的授权机关提交环境影响监测报告。

2. 废弃物填埋场所有人应当向环境保护领域的授权机关通报在监督和监测过程中发现的不利环境影响,并且与环境保护领域的授权机关协商采取矫正措施的特点和时间。

3. 应当由经许可的实验室进行监督、监测和(或者)分析。

4. 应该从试点处抽取滤液和地表水的样品。滤液容量和成分的选择和测量必须在滤液形成地块的每个点上分别进行。

第5款载于2011年12月3日颁布的第505-4号哈萨克斯坦共和国法律中(见旧版)

5. 按照环境保护领域的授权机关批准的方法,对固体生活废弃物填埋场的每一部分进行气体监测。

6. 在环境排放许可证所附的监测计划中对选择和分析的频率的合理性进行论证。

7. 根据所安置废弃物的成分调整要测量的参数和要分析的物质。

8. 从地下水中抽取样品的分析参数应当取决于滤液的预期成分和该地区地下水的质量。在选择用于分析计算的参数的过程中,必须确定地下水流量的速率和方向。参数应当包括能够确保及早发现水质变化的指示性指标。

第306条　关闭、复垦以及监测废弃物填埋场(废弃物填埋场的部分区域)的程序

1. 在取得生态许可证后允许关闭废弃物填埋场(废弃物填埋场的部分区域)。

2. 只有环境保护领域的授权机关和卫生防疫领域的国家机关的负责人在现场完成最终检查,对废弃物填埋场所有人提供的全部信息进行评估,并通知其有关批准关闭废弃物填埋场(废弃物填埋场部分区域)的信息后,废弃物填埋场(废弃物填埋场部分区域)可视为关闭。同时,废弃物填埋场所有人不能免除遵守环境许可条件的责任。

根据2016年4月28日颁布的第506-5号哈萨克斯坦共和国法律,对第3款进行修订(见旧版)

3. 在废弃物填埋场(废弃物填埋场部分区域)关闭后,废弃物填埋场所有人应当进行生产力恢复作业,并且一级废弃物填埋场应当在30年内对垃圾场气体和滤液排放进行监测,二级废弃物填埋场应当在20年内对垃圾场气体和滤液排放进行监测,三级废弃物填埋场应当在5年内对垃圾场气体和滤液排放进行监测。对受损土地的土地生产力恢复作业以及后续监测所需的资金由废弃物填埋场的清算基金出资。

根据2016年4月28日颁布的第506-5号哈萨克斯坦共和国法律,将第3-1款补充至本条

3-1. 废弃物填埋场的土地生产力恢复作业包括采取措施稳定废弃物填埋

场的废弃物，对废弃物进行耐侵蚀防护并根据废弃物填埋场所在区域的自然和气候条件对坡地进行绿化。由哈萨克斯坦共和国标准对废弃物填埋场土地生产力恢复的要求进行规定。任何组织和法律形式的个体工商户和法人均必须执行废弃物填埋场土地生产力恢复的标准要求。

第4款载于2014年12月29日颁布的第269-5号哈萨克斯坦共和国法律中（见旧版）

4. 废弃物填埋场所有人根据项目条件完成废弃物填埋场（废弃物填埋场部分区域）的土地生产力恢复作业后，并且在环境保护领域的授权机关参与下，其完成的作业经验收委员会决议通过后，所有人可终止环境监测。

第四十四章　放射性废弃物的储存点和填埋点的生态要求

第 307 条　放射性废弃物及其分类

1. 放射性废弃物包括以下物质，这些物质在任何聚集状态下均不得继续使用：

（1）放射性核素含量超过哈萨克斯坦共和国立法规定程度的材料、产品、设备、生物来源的客体；

（2）不适合再加工的乏核燃料；

（3）耗尽自身资源的或者受损的放射性核素源；

（4）从地下资源中提取的和储存在堆放场和尾矿堆放场的放射性核素含量超过哈萨克斯坦共和国立法规定含量的岩石、矿石和废渣尾矿和滤矿废渣。

2. 放射性废弃物的聚集状态、来源、放射性水平、放射性核素的半衰期是放射性废弃物的分类依据。

3. 按照放射性废弃物的聚集状态可以将放射性废弃物分为液态放射性废弃物和固态放射性废弃物。

液态放射性废弃物包括无机物质的溶液、过滤材料的纸浆、有机液体。

固态放射性废弃物包括产品、机器和机械装置的零部件、材料、生物客体、放射性辐射废弃源。

4. 如果其所含的放射性核素的比活度大于受监管的放射性物质规定的放射性物质辐射安全标准值，在放射性核素成分未知的情况下，其比活度大于以下数值的废弃物属于放射性废弃物：

（1）每千克 100 千贝克勒尔——用于发射 β（射线）的放射性核素；

（2）每千克 10 千贝克勒尔——用于发射 α（射线）的放射性核素（不包括超

铀的放射性核素)；

(3)每千克1千贝克勒尔——用于超铀放射性核素。

5. 根据形成来源,放射性废弃物可分为以下几类：

(1)采矿业废弃物；

(2)研究和核电厂产生的废弃物；

(3)核爆炸废弃物；

(4)未使用的放射性辐射源和运营使用期限已截止的放射性辐射源。

6. 根据放射性水平,固态放射性废弃物可以分为以下几类：

(1)低放射性废弃物,是指用于发射β(射线)的放射性核素的其比活度(每千克千贝克勒尔)低于1000的废弃物;用于发射α(射线)的放射性核素(不包括超铀的放射性核素)的其比活度(每千克千贝克勒尔)低于100的废弃物;用于超铀放射性核素的其比活度(每千克千贝克勒尔)低于10的废弃物。

(2)中放射性废弃物,是指用于发射β(射线)的放射性核素的其比活度(每千克千贝克勒尔)在1000到10000000之间的废弃物;用于发射α(射线)的放射性核素(不包括超铀的放射性核素)的其比活度(每千克千贝克勒尔)在100到1000000之间的废弃物;用于超铀放射性核素的其比活度(每千克千贝克勒尔)在10到100000之间的废弃物。

(3)高放射性废弃物,是指用于发射β(射线)的放射性核素的其比活度(每千克千贝克勒尔)10000000以上的废弃物;用于发射α(射线)的放射性核素(不包括超铀的放射性核素)的其比活度(每千克千贝克勒尔)1000000以上的废弃物;用于超铀放射性核素的其比活度(每千克千贝克勒尔)100000以上的废弃物。

第308条　放射性废弃物储存点和(或者)填埋点的分类

1. 放射性废弃物储存点和(或者)填埋点包括用于储存和(或者)填埋放射性废弃物的天然(自然)或者人造场所、容器或者处所。

2. 放射性废弃物填埋点包括用来安置废弃物并且后续无意清除该废弃物的站点。

3. 按照接收废弃物的来源对放射性废弃物储存点进行分类：

(1)来自地质勘探作业、采矿作业和矿业作业的主要含有天然放射性核素的废弃物；

（2）来自核电工程、核爆炸和放射性同位素产品的主要含有人造放射性核素的废弃物。

4. 根据放射性废弃物收集场所的规模，将放射性废弃物的储存点和（或者）填埋点分为局部放射性废弃物的储存点和（或者）填埋点和区域放射性废弃物的储存点和（或者）填埋点。局部放射性废弃物的储存点和（或者）填埋点，是指用于安置一个客体或者一个地区客体的废弃物的站点；区域放射性废弃物的储存点和（或者）填埋点，是指用来安置两个或者两个以上的客体和（或者）地区的废弃物的站点。

第309条　放射性废弃物的储存点和（或者）填埋点应当遵守的生态要求

1. 针对放射性废弃物储存点和（或者）填埋点的全部项目均应当进行国家生态鉴定和国家卫生防疫鉴定以及按照哈萨克斯坦共和国关于地下资源和地下资源使用法律规定的鉴定。其设计应当符合哈萨克斯坦共和国立法规定的建设规范和规则。

2. 在项目书中应当标明：

（1）放射性废弃物的产生源，在放射性废弃物储存点和（或者）放射性废弃物填埋点可预测影响范围内会对环境造成放射性影响的其他来源及其数量特征和质量特征；

（2）工业辐射监督的组织结构、规模和程序；

（3）计算放射性废弃物储存点和（或者）放射性废弃物填埋点可预测影响范围内的居民耐受剂量，允许该范围内所有辐射源产生影响的水平和监控程度，并评估该范围内所有辐射源的影响。

3. 在项目书中应当根据特殊的勘探研究和经济评估，并考虑环境影响，评估关键人群的耐受剂量，论证备选方案中建设废弃物储存点和（或者）废弃物填埋点的选址。

4. 工程勘察，包括大地测量勘探、地质勘探、水文地质勘探和水文气象勘探，是确保以下决议的论据：

（1）废弃物储存点和（或者）废弃物填埋点的选址以及防止其受到自然因素和人为因素的不利影响的工程保护的选择；

（2）环境保护措施。

5. 在放射性废弃物储存站和（或者）填埋站的项目书中应当规定消除放射

性污染后或者其他活动后对受破坏的土地生产力进行恢复。

6. 在放射性废弃物填埋点周围建立卫生防护带,应当根据哈萨克斯坦共和国有关居民卫生防疫保障的立法划定该卫生防护带的边界。

7. 禁止在如下地区安置放射性废弃物填埋点:

(1)在居民区;

(2)未经在研究和使用地下资源领域的国家授权机关的许可,在矿层所在区;

(3)在活跃性岩洞地带;

(4)在山体滑坡、泥石流和雪崩等其他危险地质过程地带;

(5)在湿地;

(6)在地下水源饮用水区;

(7)在度假村的卫生保护区;

(8)在城市的绿色地带;

(9)在特别自然保护区;

(10)在饮用水地下水源和地表水源的卫生保护区,供水系统清洁设备的卫生防护区,主要输水管道卫生防护区的Ⅰ、Ⅱ、Ⅲ带区域;

(11)在流域分界线地区;

(12)在被森林、森林公园和其他绿色植被覆盖或者拟议覆盖,并具有保护和卫生功能的居民休闲场所的区域。

8. 在选择土地地块用于建设时,必须符合以下条件:

(1)具有不适合饮用供水和矿化技术供水的地下水;

(2)围岩的高吸附电容特性;

(3)地下水蕴藏深度极深(60 米和 60 米以上);

(4)地下水位到放射性废弃物储存点底部和(或者)废弃物填埋点底部的距离超过 4 米;

(5)与下伏含水层没有水力联系的非含水层的地质层;

(6)无断层构造和强烈压裂,与地震危险断层的距离超过 40 公里;

(7)对排放、下沉、压塌的敏感性非常低;

(8)没有受到侵蚀;

(9)地貌稳定;

(10)坚硬和非常密集的土壤和基岩;

(11)超过10米的不透水基岩;

(12)坡度不大于5%的微丘地带;

(13)与地下水或者地表水源最近的取水口的距离不得小于4公里;

(14)土地的实际使用不具有显著的经济效益,同时土地的潜在使用也没有得到公认评估;

(15)在4公里范围内没有重要的文化价值和民族价值;

(16)不具有旅游价值,且附近居民区的居民很少到访的地方。

9. 在不符合本条第8款规定的条件时,应当通过以下方法制定有关保护环境免受放射性废弃物储存点和(或者)填埋点有害影响的措施或者保护放射性废弃物储存点和(或者)填埋点免受自然因素和人为因素的有害影响的措施:

(1)用低渗透率和吸收能力的材料(聚乙烯、混凝土、陶瓷、黏土、沸石)建造工程屏障;

(2)创建排水系统以确保地表水、地下水的排放避开放射性废弃物储存点和(或者)填埋点。

10. 对于铀矿和非铀矿开采加工企业的低活度(放射性)废弃物,可以使用以前位于通风带之下以及处于其他具有较高吸收能力属性的岩石之间的放射性废弃物的矿内巷道(排除放射性核素转移到站点范围之外的可能性)。

11. 对于铀矿和非铀矿开采加工企业的中活度(放射性)废弃物,同时可以使用配有用黏土、沸石和其他放射性核素的吸附材料制作的技术壁垒的附加设备的矿内巷道。

12. 在具备天然或者人造的不渗透岩石或者其他材料的基底时,可以利用地势中自然凹陷的地方长期安置低活度(放射性)的固体和液体放射性废弃物。

13. 禁止填埋液体废弃物。应当对液体废弃物进行脱水处理以达到环境中松散岩层的湿度或者使其凝固硬化。

14. 中活度(放射性)废弃物的储存点和(或者)填埋点必须要提供保护措施和警报,低活度(放射性)废弃物的储存和(或者)填埋站应当提供保护措施,无须提供警报。

15. 计算耐受剂量并且按照关键人群的耐受剂量计算结果制定有关居民辐射防护的有效措施。通过分析和确定放射性物质到达该人群的途径来确定关键人群。

16. 在能够确定溶液和污染物的过滤速率、其迁移能力和含水岩石的吸附能力的专业的水文研究和水文地质研究的基础上，计算地表水、地下水的放射性污染扩散。

17. 应当根据落实有关土地生产力恢复作业的保护措施的活动费用，评估因放射性污染对环境造成的影响所导致的损害。

第45章标题载于2011年12月3日颁布的第505-4号哈萨克斯坦共和国法律中(见旧版)

第四十五章　国家对温室气体排放和消耗臭氧层物质排放行为的管理

第310条　地球气候和臭氧层保护的基本原则

地球气候和臭氧层的保护应当基于以下几项基本原则：

(1)预防、减缓气候变化(包括全球)的不可逆后果和地球臭氧层的退化；

(2)国家对大气中的温室气体和臭氧层消耗物质进行强制性管理；

(3)关于地球气候变化和地球臭氧层退化信息的公开性、完整性和可靠性；

(4)地球气候和地球臭氧层保护方法的科学有效性、系统性和综合性。

第311条　国家在地球气候保护和地球臭氧层保护领域的管理

国家在地球气候保护和臭氧层保护领域的管理由环境保护领域的授权机关实施。

第312条　根据2013年7月3日颁布的第124-5号哈萨克斯坦共和国法律,本条已废止(见旧版)

第313条载于2011年12月3日颁布的第505-4号哈萨克斯坦共和国法律中(见旧版)

第313条　对臭氧层物质的使用行为进行管制

1. 国家为了管制臭氧层物质的使用,应当确定臭氧层物质的最大允许排放量和最大允许使用量的限额(配额)。

臭氧层物质使用限额(配额)应当由环境保护领域的授权机关根据哈萨克斯坦共和国有关破坏臭氧层物质的国家条约确定。

第2款载于2013年6月21日颁布的第107-5号哈萨克斯坦共和国法律中(见旧版)

2. 从非关税联盟成员国向哈萨克斯坦共和国境内进口臭氧层物质和含有臭氧层物质的产品,以及从哈萨克斯坦共和国境内向非关税联盟成员国出口臭氧层物质和含有臭氧层物质的产品,在哈萨克斯坦共和国境内过境除外,应当根据环境保护领域的授权机关签发的许可证进行。

禁止自然人以个人使用为目的(非商业用途)转移臭氧层物质。

第314条　允许进行温室气体和臭氧层物质排放的经济活动和其他社会活动应当遵守的一般性要求

第1款载于2013年6月21日颁布的第107-5号哈萨克斯坦共和国法律中(见旧版)

1. 进口和出口臭氧层物质及含有臭氧层物质的产品,使用臭氧层物质的工程、修理、安装和维护含有臭氧层物质的设备属于生态危险型经济活动。

根据2013年6月21日颁布的第107-5号哈萨克斯坦共和国法律,将第1-1款补充至本条;其载于2014年9月29日颁布的第239-5号哈萨克斯坦共和国法律中(见旧版)

1-1. 使用臭氧层物质的工程、修理、安装和维护含有臭氧层物质的设备,应当按照环境保护领域的授权机关确定的程序,在环境保护领域的授权机关签发的许可证的基础上进行。

见:国家服务标准《使用臭氧层消耗物质的施工作业,维修、安装和维护含有臭氧层消耗物质的设备的许可证签发》(2015年4月23日颁布的第301号哈萨克斯坦共和国能源部长令的附件3)

2. 在建设城市居民点和其他居民点时,设计、安置、建设、改造和运行经济活动及其他社会活动客体时,应当减少温室气体的排放并保持其吸收剂的吸收水平。

根据2011年12月3日颁布的第505-4号哈萨克斯坦共和国法律,将第3款补充至本条;根据2013年6月21日颁布的第107-5号哈萨克斯坦共和国法律,对其进行

修订(见旧版)

3. 进口和出口臭氧层物质,以及使用臭氧层物质进行施工作业,从事修理、安装和维护含有臭氧层物质的设备的法人和个体工商户应当:

(1)在产品上贴上“破坏臭氧层”的标签,并在用于保存或者运输臭氧层物质或者含有臭氧层物质的产品包装上明确标注类似的标签;

(2)确保其安全储存和运输;

(3)在随货凭证中注明臭氧层物质的名称和数量,包括产品中所含有的物质;

(4)制定和实施有关收集臭氧层物质并将其储存在密封容器中以便利用和(或者)无害化处理的措施。

根据2011年12月3日颁布的第505-4号哈萨克斯坦共和国法律,将第4款补充至本条

4. 禁止设计、改造、技术改造、扩建和新建使用哈萨克斯坦共和国限制或者禁止使用的臭氧层物质清单中所列的臭氧层物质的技术、设备、物质和材料的设施,用于利用和(或者)无害化处理上述臭氧层物质的设施除外。

第314-1条　根据2016年4月8日颁布的第491-5号哈萨克斯坦共和国法律,本条已废止(见旧版)

第315条载于2010年3月19日颁布的第258-4号哈萨克斯坦共和国法律(见旧版);根据2011年12月3日颁布的第505-4号哈萨克斯坦共和国法律,对其进行修订(见旧版);其载于2013年6月21日颁布的第107-5号哈萨克斯坦共和国法律中(见旧版)

第315条　对臭氧层物质利用情况的统计

第1款载于2014年9月29日颁布的第239-5号哈萨克斯坦共和国法律中(见旧版)

1. 使用臭氧层物质的法人和个体工商户应当根据环境保护领域的授权机关制定的程序对臭氧层物质的使用情况进行统计。

2. 应当对下列活动类型进行臭氧层物质使用情况的统计:

(1)臭氧层物质的生产;

(2)臭氧层物质的进口和出口;

(3)使用臭氧层物质的工程,修理、安装和维护含有消耗臭氧层物质的设备。

见:国家服务标准《使用臭氧层消耗物质的施工作业,维修、安装和维护含有臭氧层消耗物质的设备的许可证签发》(2015 年 4 月 23 日颁布的第 301 号哈萨克斯坦共和国能源部长令的附件 3)

根据 2013 年 6 月 21 日颁布的第 107-5 号哈萨克斯坦共和国法律,对第 316 条进行修订(见旧版)

第 316 条 对臭氧层物质消费情况的统计和国家清查

1. 环境保护领域的授权机关组织对哈萨克斯坦共和国国际条约规制的臭氧层物质的使用情况进行国家地籍登记。

根据 2014 年 9 月 29 日颁布的第 239-5 号哈萨克斯坦共和国法律,对第 2 款进行修订(见旧版)

2. 为编制臭氧层物质的国家地籍册,从事臭氧层物质进口和出口的法人和个体工商户应当:

记录进口、出口和销售的臭氧物质的数量,并注明采购组织的名称和地点以及预期用途;

每年不迟于本报告年度下一年的第一季度,按照环境保护领域的授权机关规定的形式根据臭氧层物质的使用用途向环境保护领域的授权机关提交有关进口、出口和销售臭氧层物质的数量信息。

3. 有关使用臭氧层物质的国家地籍登记数据是公开发布的。

第 317 条 根据 2011 年 12 月 3 日颁布的第 505-4 号哈萨克斯坦共和国法律,本条已废止(见旧版)

根据 2011 年 12 月 3 日颁布的第 505-4 号哈萨克斯坦共和国法律,对第 318 条的标题进行修订(见旧版)

第 318 条 对臭氧层物质的生产监督

根据 2011 年 12 月 3 日颁布的第 505-4 号哈萨克斯坦共和国法律,对第 1 款进行修订(见旧版)

1. 具有大气臭氧层物质排放源的法人应当按照环境保护领域的授权机关规

定的程序，每年对臭氧层物质排放进行年度清查，以对臭氧层物质进行生产监督。

根据2011年12月3日颁布的第505–4号哈萨克斯坦共和国法律，对第2款进行修订（见旧版）

2. 向环境保护领域的授权机关提交关于组织环境服务和负责对臭氧层物质进行生产监督的人员信息以及臭氧层物质的清查结果。

第九编　生态违法责任和生态纠纷的解决

第四十六章　生态违法责任和生态纠纷的解决

根据2014年7月3日颁布的第227-5号哈萨克斯坦共和国法律，将第319条补充至本法典

第319条　生态违法的类型

生态违法分为以下类型：

（1）违反哈萨克斯坦共和国生态立法，应当承担财产责任；

（2）环境保护领域和自然资源利用领域的行政违法行为；

（3）生态刑事犯罪。

见：2016年11月25日第8号哈萨克斯坦共和国最高法院《关于法院就民事问题适用哈萨克斯坦共和国环境立法的若干问题》的规范性决议

第320条　关于违反哈萨克斯坦共和国的生态立法应当承担的法律责任

违反哈萨克斯坦共和国的生态立法应当依照哈萨克斯坦共和国的法律承担责任。

第321条　因违反哈萨克斯坦共和国生态立法所造成损失的赔偿

1. 生态违反者应当根据本法典和哈萨克斯坦共和国的其他立法对其造成的损害进行赔偿。

2. 因下列原因对环境、公民的健康、自然人和法人的财产造成损害的应当给

予赔偿：

（1）自然资源的毁灭和损害；

第2项载于2014年12月29日颁布的第271–5号哈萨克斯坦共和国法律中（见旧版）

（2）非法使用自然资源和不合理使用自然资源；

第3项载于2016年4月25日颁布的第505–5号哈萨克斯坦共和国法律中（见旧版）

（3）擅自排放；

第4项载于2016年4月25日颁布的第505–5号哈萨克斯坦共和国法律中（见旧版）

（4）超标排放。

3. 根据哈萨克斯坦共和国的立法，生态违法者应当自愿或者按照法院裁决对个人健康的损害，对自然人和法人、国家财产的损害进行赔偿。应当考虑受害者的劳动能力丧失的程度、其治疗和恢复健康的费用、护理病人的费用、其他费用和损失，进行全面赔偿。

4. 因违反哈萨克斯坦共和国环境立法而对环境造成的损害的赔偿应当是自愿的或者由法院根据经济损失评估做出裁决，并且按照本法典规定的程序进行。

5. 与环境高度危险性活动有关的自然人和法人，若不能够证明损害是由于不可抗力或者是受害者故意造成的，则该自然人和法人必须赔偿高度危险源所造成的损害。

6. 因违反哈萨克斯坦生态立法所造成的精神损害，应当根据哈萨克斯坦共和国民事立法规定的程序进行赔偿。

根据2011年12月3日颁布的第505–4号哈萨克斯坦共和国法律，将第7款补充至本条

7. 超标安置废弃物以及向能够预防地表、地下资源和地下水体受污染的用于处理废弃物和排放污水的装备设施超标排放污染物质的情况，不视为环境损害。

根据2011年12月3日颁布的第505–4号哈萨克斯坦共和国法律，将第8款补充至本条

8. 化学物质进入或者污水流入生产场所时，其防护设备能够预防化学物质和污水进入地标、地下资源和地下水体，则不视为环境损害。

根据2016年4月25日颁布的第505-5号哈萨克斯坦共和国法律，将第9款补充至本条

9. 与伴生气加工发展计划以及环境排放项目文件和排放标准草案发生偏离的情况，包括自然资源利用者为国家生态鉴定提交的气体燃烧情景和（或者）时间表发生变更，且未超过最大允许排放标准的情况，均不被视为未经授权的排放和过量排放。

见：2016年11月25日第8号哈萨克斯坦共和国最高法院《关于法院就民事问题适用哈萨克斯坦共和国环境立法的若干问题》的规范性决议

第322条　对违反哈萨克斯坦共和国生态立法所造成损害进行赔偿的程序

1. 对环境造成损害的人员有权自愿消除造成的损害或者以其他方式进行补偿。应当在保证书中注明其消除或者补偿损失的义务。

2. 可以使用对环境造成损害人员的自有资金或者保险金用来赔偿损害。

3. 损害赔偿的费用包括用于将环境恢复至造成损害前的状态的资金，用于实施有关自然资源再生措施的资金，用于赔偿原告其他损失（包括预期可得利益）的资金。

4. 经当事人双方同意，根据法院裁决，可以通过被告承担恢复环境责任的方式，以实物的形式进行赔偿。

5. 实物损害赔偿的形式包括将环境恢复到造成损害前状态的措施，有关提供等价自然资源来代替被损毁或者被破坏的自然资源的措施。实物损害赔偿是通过签订合同和（或者）协议进行，在合同（或者）协议中应当规定赔偿损害的程序、条件、期限和赔偿数量。

6. 损害赔偿金应当转入国家预算，并在哈萨克斯坦共和国法律规定的情况下转交给受害人。

7. 对环境损害进行损害赔偿的人员，不能因此免除其行政责任和刑事责任。

见：2016年11月25日第8号哈萨克斯坦共和国最高法院《关于法院就民事问题适用哈萨克斯坦共和国环境立法的若干问题》的规范性决议，赔偿因违反哈萨克斯坦共和国在保护、再生和使用动物界领域的立法而造成的损害的金额

第323条　生态纠纷解决程序

1. 生态纠纷由法院按照哈萨克斯坦共和国立法规定的程序解决。

2. 生态关系主体间的生态纠纷可以通过谈判的方式解决，包括专家参与或

者根据双方事先商定的纠纷解决程序解决。

见:2016 年 11 月 25 日第 8 号哈萨克斯坦共和国最高法院《关于法院就民事问题适用哈萨克斯坦共和国环境立法的若干问题》的规范性决议

第四十七章　附则条款和过渡性条款

第 324 条　过渡性条款

1. 在本法典正式生效之前自然资源利用者获得的自然资源利用许可证在其签发期间内有效。

2. 自然资源利用许可证有效期截止时，哈萨克斯坦共和国的自然人和法人应当取得生态许可证。

3. 废弃物填埋场和废弃物长期贮存场所的所有人应当根据本法典第四十三章规定的生态要求在 2007 年 12 月 31 日前编制废弃物填埋场和废弃物长期贮存场所的运营计划，并取得环境保护领域授权机关的许可。

4. 自本法典生效之日起 1 年内，持有环境设计许可证、环境标准化和生态鉴定领域工作许可证、生态审计活动许可证的自然人和法人必须按照哈萨克斯坦共和国立法规定的程序在环境保护领域的授权机关处重新办理上述许可证。在上述期限截止时，上述许可证将自动失效。

第 5 款载于 2014 年 9 月 29 日颁布的第 239-5 号哈萨克斯坦共和国法律中（见旧版）

5. 根据环境保护领域授权机关批准的清单目录，无须遵照本法典取得许可证的生态危险型经济活动的许可证的有效期，自本法典颁布之日起终止。

自本法典正式生效之日起的 6 个月内，持有环境保护领域授权机关批准的清单目录中规定的生态危险型经济活动许可证的自然人和法人，应当将许可证返还给环境保护领域的授权机关。

根据 2008 年 12 月 4 日颁布的第 97-4 号哈萨克斯坦共和国法律（自 2009 年 1 月 1 日起生效），将第 6 款补充至本条

6. 根据自然资源利用者于 2009 年 1 月 1 日起向环境保护领域授权机关的

地方机关提交的材料，由环境保护领域授权机关的地方机关审核和签发Ⅱ、Ⅲ和Ⅳ客体的排放许可证。

见：国家服务标准《签发第Ⅱ类、第Ⅲ类和第Ⅳ类客体的排放许可证》（2015年4月23日颁布的第301号哈萨克斯坦共和国能源部长令的附件6）

根据2011年12月3日颁布的第505-4号哈萨克斯坦共和国法律，将第7款补充至本条

7. 第一个国家温室气体排放配额分配计划于2013年获得批准。

根据2011年12月3日颁布的第505-4号哈萨克斯坦共和国法律，将第8款补充至本条（自2013年1月1日起生效）

8. 含有持久性有机污染物的废弃物的持有人和所有人应当在2025年之前制定有关消除该废弃物的计划，并确定资金来源，以及在本条款正式生效之日起的3个月内或者获得该类废弃物所有权或者持有权之日起的3个月内将该计划提交给环境保护领域的授权机关。

根据2016年4月8日颁布的第491-5号哈萨克斯坦共和国法律，将第9款补充至本条

9. 根据本法典第94-2条第2款和第94-5条分配和签发的温室气体排放配额，于2018年1月1日起终止其效力。

根据2016年4月8日颁布的第491-5号哈萨克斯坦共和国法律，将第10款补充至本条

10. 在2018年1月1日以前，由从事验证（鉴别）和鉴定的独立组织对温室气体清查报告进行核实鉴定。

根据2016年4月8日颁布的第491-5号哈萨克斯坦共和国法律，将第11款补充至本条；其载于2017年4月5日颁布的第56-6号哈萨克斯坦共和国法律中（见旧版）

11. 本法典第94-2条、第94-4条、第94-7条、第94-9条的效力终止于2018年1月。

根据2017年4月5日颁布的第56-6号哈萨克斯坦共和国法律，将第12款补充至本条

12. 本法典第301条第1款第9项、第10项、第12项、第18项、第19项的效力终止于2018年12月31日。

第 325 条　本法典的适用程序

本法典适用于本法典生效后所产生的法律关系。

在本法典生效前通过的用于规制环境保护、再生和使用自然资源领域关系的规范性法律法规,在不与本法典发生冲突的情况下,可以适用。

第 326 条　本法典生效的程序

1. 自本法典正式颁布之日起 10 日届满时生效。

2. 哈萨克斯坦共和国下列法律失效:

(1)1997 年 3 月 18 日颁布的《哈萨克斯坦共和国生态鉴定法》(哈萨克斯坦共和国议会公报,1997 年第 6 号,第 67 条;1998 年第 24 号,第 443 条;1999 年第 11 号,第 357 条;2003 年第 14 号,第 112 条;2004 年第 23 号,第 142 条);

(2)1997 年 7 月 15 日颁布的《哈萨克斯坦共和国环境保护法》(哈萨克斯坦共和国议会公报,1997 年第 17-18 号,第 213 条;1998 年第 24 号,第 443 条;1999 年第 11 号,第 357 条;第 23 号,第 931 条;2001 年第 13-14 号,第 171 条;第 24 号,第 338 条;2002 年第 17 号,第 155 条;2004 年第 10 号,第 57 条;第 23 号,第 137 条,第 142 条;2005 年第 7-8 号,第 23 条;第 14 号,第 57 条;2006 年第 1 号,第 5 条;第 3 号,第 22 条);

(3)2002 年 3 月 11 日颁布的《哈萨克斯坦共和国大气保护法》(哈萨克斯坦共和国议会公报,2002 年第 5 号,第 54 条;2004 年第 23 号,第 142 条;2006 年第 1 号,第 5 条;第 3 号,第 22 条)。

哈萨克斯坦共和国总统

纳扎尔巴耶夫

阿斯塔纳,阿索尔达,2007 年 1 月 9 日第 211-3 号哈萨克斯坦共和国法律

专业术语对照表

俄文	中文
А	
аварийное загрязнение окружающей среды	事故性环境污染
Б	
биологическое разнообразие	生物多样性
биологические ресурсы	生物资源
благоприятная окружающая среда	良好环境
В	
валидация	验证
верификация	检验
вид отходов	废弃物类型
водные объекты	水体
временное хранение отходов	临时保存废弃物
вторичный оборот	二次流通
вторичное сырье	再生原料
Г	
генетически модифицированные организмы	转基因生物
генетически модифицированные продукты	转基因产品
гидрологический мониторинг	水文监测
государственный реестр углеродных единиц	国家碳单位登记册
государственный кадастр	国家清查
Д	
диспергенты	分散介质

续表

俄文	中文
Е	
единица установленного количества	既定数量单位
единица квоты	配额单位
единица поглощения парниковых газов	温室气体的吸收单位
единица сокращения выбросов	减排单位
единица сертифицированного сокращения выбросов	经核证的减排单位
единица внутреннего сокращения выбросов	内部减排单位
Ж	
жидкие отходы	液体废弃物
З	
захоронение отходов	废弃物填埋
загрязнение окружающей среды	环境污染
знак экологически чистой продукции	生态清洁产品的标识
И	
инвентаризация парниковых газов	温室气体清查
использование отходов	利用废弃物
источников выбросов парниковых газов	温室气体排放源
истощение природных ресурсов	自然资源枯竭
К	
качество окружающей среды –	环境质量
квота на эмиссии в окружающую среду	环境排放配额
классификация отходов	废弃物分级
классификатор отходов	废弃物分类手册
комплексная вневедомственная экспертиза проектов	本部门以外的综合性的鉴定
комплексная градостроительная экспертиза	综合性的城市鉴定
коммунальные отходы	公共废弃物
Л	

续表

俄文	中文
лимиты на эмиссии в окружающую среду	环境临时排放限额
М	
механизм совместного осуществления	联合执行机制
механизм чистого развития	清洁发展机制
мониторинга выбросов парниковых газов	监测温室气体排放
Н	
наблюдательная сеть	监控网络
наилучшие доступные технологии	最佳可行技术
независимый поставщик информации	独立的信息提供者
неопасные отходы	非危险废弃物
нормативы качества окружающей среды	环境质量标准
нормативы эмиссий	排放标准
О	
обезвреживание отходов	无害化处理废弃物
обращение с отходами	废弃物处理
озоноразрушающее вещество	臭氧消耗物质
окружающая среда	环境
опасные отходы	危险废弃物
опасные химические вещества	危险化学物质
оператор государственного реестра	登记册的操作员
оператор установки	设备操作者
оператор расширенных обязательств производителей (импортеров)	生产者(进口商)的扩大义务的经营者
отходы производства	生产废弃物
отходы потребления	消费废弃物
охрана окружающей среды	环境保护
П	

续表

俄文	中文
паспорт опасных отходов	危险废弃物登记证
паспорт установки	设备的出产证
парниковые газы	温室气体
передвижной источник выбросов загрязняющих веществ в атмосферу	向大气排放污染物质的移动源
переработка отходов	加工废弃物
поглощение парниковых газов	温室气体吸收
погашение квот на выбросы парниковых газов	注销温室气体排放配额
природопользователь	自然资源使用者
природные объекты	自然客体
природные ресурсы	自然资源
пункт наблюдений	观察点
P	
раздельный сбор	分类收集
размещение отходов	安置废弃物
расширенные обязательства производителей (импортеров)	生产者(进口商)的扩大义务
радиоактивные отходы	放射性废弃物
реализация объекта экспертизы	实施鉴定客体
C	
самовольные эмиссии	未经授权的排放
сбор отходов	收集废弃物
сверхнормативные эмиссии	超标排放
среда обитания	生存环境
стационарный источник выбросов парниковых газов	温室气体排放固定源
стойкие органические загрязнители	持久性的有机污染物
сточные воды	废水

续表

俄文	中文
Т	
твердые бытовые отходы	固体生活废弃物
технические удельные нормативы эмиссий	技术的单位排放标准
типовой договор	示范协议
торговля квотами на выбросы	排放交易
транспортировка отходов	运输废弃物
У	
углеродная единица	碳单位
удаление отходов	废弃物处理
удельный коэффициент выбросов парниковых газов	温室气体排放单位系数比率
уполномоченный орган в области охраны окружающей среды	经授权的环境保护领域的机关
установленное количество	既定数量
установка	设备
устойчивая модель производства и потребления	可持续的生产和消费模式
утилизация отходов	废弃物利用
участки загрязнения окружающей среды	环境污染区域
учет отходов	废弃物统计
ущерб окружающей среде	环境损害
Х	
хозяйственная и иная деятельности	经济活动和其他社会活动
хранение отходов	保存废弃物
Ц	
целевые показатели качества окружающей среды	环境质量指标
Э	
экологическая экспертиза проектов	项目生态鉴定
эмиссия в окружающую среду	环境排放

续表

俄文	中文
экологический контроль	生态监督
экологически опасный вид	生态危险型
экологическое просвещение	(非学校的)生态教育
экологический аудит	生态审计
экологическое образование	(学校开展的)生态教育
экологические (зеленые) инвестиции	生态(绿色)投资
экологическая система	生态系统
экологическая опасность	生态危险
экологическая безопасность	生态安全
экологически опасный объект	生态危险客体
экологически опасные техника и оборудование	生态危险技术和设备
экологически опасные технологии	生态危险技艺
экологический менеджмент	生态管理
экологический мониторинг	生态监测
экологическое нормирование	生态标准制度
экологическое разрешение	生态许可证
экологические требования	生态要求
экологическая маркировка	生态标志
экологический риск	生态风险

法律名称对照表

俄文	中文
Базельская конвенция о контроле за трансграничной перевозкой опасных отходов и их удалением	《控制危险废物越境转移及其处置巴塞尔公约》
Закон «Об особо охраняемых природных территориях»	《关于特别自然保护区法》
Закон «О техническом регулировании»	《关于技术规则》
Закон «Об обязательном экологическом страховании»	《哈萨克斯坦共和国的强制性生态保险法》
Методика распределения квот из резерва объема квот Национального плана распределения квот на выбросы парниковых газов	《国家温室气体排放配额分配计划》中的配额量储备分配配额的方法
Методические указания по применению экологических требований по обращению с отходами	有关废弃物处理的生态要求的应用指南
Нормативное постановление Верховного Суда Республики Казахстан от 25 ноября 2016 года № 8 «О некоторых вопросах применения судами экологического законодательства Республики Казахстан по гражданским делам»	最高法院的规范性决议《关于法院在民事案件中适用哈萨克斯坦共和国生态立法的若干问题》
Ответ Министра охраны окружающей среды РК от 24 января 2012 года на вопрос от 16 января 2012 года № 118642 «Журналы учета эмиссий ПОД-1, ПОД-2 и ПОД-3»	哈萨克斯坦共和国环境保护部部长对2012年1月16日问题的第118642号答复《排放统计杂志POD-1号,POD-2号和POD-3号》

续表

俄文	中文
Ответ Министра охраны окружающей среды РК от 29 ноября 2012 года на вопрос от 20 ноября 2012 года № 175227 (e. gov. kz) «Разрешениями на эмиссии в окружающую среду не регулируются объемы образования отходов производства и потребления, подлежащие вывозу или реализации согласно заключенным договорам	哈萨克斯坦共和国环境保护部部长对2012年11月20日第175227号(e. gov. kz)的答复《环境排放许可证不适用于根据订立的合同出口或出售的生产和消费废弃物的产生量的规制问题》
Постановление Правительства Республики Казахстан от 27 января 2016 года № 28 «Об утверждении Правил реализации расширенных обязательств производителей (импортеров)»	政府决议《关于批准执行生产者(进口商)扩大义务的规则》
Правила мониторинга и контроля инвентаризации парниковых газов	监测和监督温室气体清算的条例
Правила ведения Государственного регистра выбросов и переноса загрязнителей	国家污染源排放和转移登记册的管理条例
Правила организации и проведения производственного экологического мониторинга при проведении нефтяных операций в казахстанском секторе Каспийского моря	《在里海的哈萨克斯坦段进行石油作业时组织和开展生产生态监测的条例》
Правила реализации экологических (зеленых) инвестиций	落实生态(绿色)投资的条例
Приказ Министра природных ресурсов и охраны окружающей среды Республики Казахстан от 21 июня 2006 года № 215-п «Об утверждении положений о системах мониторинга экологического состояния территорий военно-космических и испытательных полигонов»	哈萨克斯坦共和国自然资源和环境保护部命令《关于批准军事空间和试验场地区生态状况监测条例》
Приказ Министра энергетики Республики Казахстан от 13 июня 2016 года № 245 «Об утверждении формы плана мониторинга выбросов парниковых газов»	能源部法令《关于批准温室气体排放监测计划的形式》
Письмо Налогового комитета МФ РК от 13 декабря 2008 года № НК 12-23/10887	哈萨克斯坦共和国财政部财务委员会第HK-12-23/10887号信件

续表

俄文	中文
Письмо Министерства охраны окружающей среды Республики Казахстан от 1 февраля 2010 года № 06-06-01-7/187-и «Относительно предложения по вопросу утилизации изношенных шин»	第06-06-01-7/187-u号哈萨克斯坦共和国环境保护部信件《关于废旧轮胎利用问题的建议》
Письмо Министерства охраны окружающей среды Республики Казахстан от 25 августа 2007 года № 03-2-1-4/8548	第03-2-1-4/8548号哈萨克斯坦共和国环境保护部信件
Письмо Министерства охраны окружающей среды Республики Казахстан от 21 августа 2007 года № 04-2-2-5/7729	第04-2-2-5/7729号哈萨克斯坦共和国环境保护部信件
Рекомендация по разработке Программы производственного экологического контроля	《有关制定生产生态监督计划的建议》
Стандарт государственной услуги « Выдача заключений государственной экологической экспертизы для объектов I категории»	国家服务标准《签发第一类客体的国家生态鉴定结论》
Стандарт государственной услуги « Выдача заключений государственной экологической экспертизы для объектов Ⅱ, Ⅲ и Ⅳ категорий»	国家服务标准《签发第二类、第三类和第四类客体的国家生态鉴定结论》
Стандарт государственной услуги « Заключение соглашения о конфиденциальности»	国家服务标准《缔结保密协议》
Стандарт оказания государственной услуги «Предоставление экологической информации»	提供国家服务的标准《提供生态信息》
Стандарт государственной услуги « Выдача разрешения на производство работ с использованием озоноразрушающих веществ, ремонт, монтаж, обслуживание оборудования, содержащего озоноразрушающие вещества»	国家服务标准《使用臭氧层消耗物质的施工作业，维修、安装和维护含有臭氧层消耗物质的设备的许可证颁发》
Стандарт государственной услуги « Выдача разрешения на производство работ с использованием озоноразрушающих веществ, ремонт, монтаж, обслуживание оборудования, содержащего озоноразрушающие вещества»	《为使用臭氧消耗物质进行施工，修理、安装和维护含有臭氧消耗物质的设备颁发许可证》国家服务标准